U0113751

新视角读「三十六史」

# 新视角读

# 清史

宋玉山 著

中国文史出版社

图书在版编目（CIP）数据

新视角读清史 / 宋玉山著. —北京：中国文史
出版社，2023.3
（新视角读"二十六史"）
ISBN 978-7-5205-4112-1

Ⅰ.①新… Ⅱ.①宋… Ⅲ.①中国历史—清代—通俗
读物 Ⅳ.①K249.09

中国国家版本馆 CIP 数据核字（2023）第 093261 号

责任编辑：金　硕
策　　划：金　硕　曲童利

出版发行：中国文史出版社
社　　址：北京市海淀区西八里庄路 69 号　　邮编：100142
电　　话：010 - 81136606/6602/6603/6642（发行部）
传　　真：010 - 81136655
印　　装：北京温林源印刷有限公司
经　　销：全国新华书店
开　　本：787mm×1092mm　1/16
印　　张：21
字　　数：302 千字
版　　次：2024 年 1 月北京第 1 版
印　　次：2024 年 1 月第 1 次印刷
定　　价：69.00 元

# 总序　历史是最好的老师

**魏礼群**

习近平总书记多次强调指出，"历史是最好的老师，它忠实记录下每一个国家走过的足迹，也给每一个国家未来的发展提供启示。""领导干部要多读一点历史，从历史中汲取更多精神营养。"

历史是人民创造的。历史经验是社会发展规律的体现和反映，是人类长期生活的总结和升华，是现代人民用来对照的一面明镜。欲知大道，必先知史。学习历史，可以观成败、鉴是非、知兴替、明规律，可以以史资政、修身励志、汲取力量、创造人生。

我党历来重视历史。我党历代领导人都善于把历史经验运用到中国革命、建设和改革的实践当中，都强调领导干部要多学习一些历史知识。在新的历史时期，要实现中华民族伟大复兴的中国梦，更需要我们用好历史这个最好的老师，遵循规律、明确方向、坚定道路、凝聚共识，去书写新的历史，创造新的辉煌。

尊重历史也是中华民族的优良传统。中国历史源远流长，旷古悠久。从黄帝时代开始，中华民族有着五千年的文明史，经历了若干个朝代。一般来说，每个朝代都有为前一个朝代撰修史书的传统，经过官方撰修或认可的史书，称为正史。

清朝乾隆皇帝将《史记》《汉书》《后汉书》《三国志》《晋书》《宋书》《南齐书》《梁书》《陈书》《魏书》《北齐书》《周书》《隋

书》《南史》《北史》《旧唐书》《新唐书》《旧五代史》《新五代史》《宋史》《辽史》《金史》《元史》《明史》等二十四部史书，钦定为"二十四史"。民国时期，大总统徐世昌又把《新元史》列入正史，形成了"二十五史"。但"二十四史"和"二十五史"都只写到明代，如果再加上记载清朝历史的史书，就应该是"二十六史"。

正史是由官方修撰或认可，尤其是由后面的朝代完成的，史料比较全，真实性比较高，史实价值比较大，因而是历史研究中的主要参考依据。由于这些正史数量繁多，语言晦涩，除了专业人员外，很少有人能够通读下来。

"新视角读'二十六史'丛书"，对这些数量繁多的史书，做了精心挑选和简化概括，并有作者读史后的认识和体会，创作形成了一篇篇简明扼要的故事，以新的形式呈现给读者。这些故事，既独立成章，又相互联系、脉络清晰，能使人们大致了解历史进程、重大事件和主要人物。该书语言简练，通俗易懂，适合大部分人群，中学生阅读也没有问题。特别是该书站在现代社会的角度，以新的视角分析看待历史，有许多新观点、新见解，能够给人以启发和借鉴。因此，我认为，撰写"新视角读'二十六史'丛书"，是一项很有意义的工作。

我感觉，"新视角读'二十六史'丛书"的基本特点，是"忠于原著，丰富史料；以史为鉴，启迪人生"。

所谓"忠于原著，丰富史料"，是指作者撰写的每一篇历史故事，都是根据原著的记载写成的，都有史料依据，没有进行虚构。为了增强可读性，在语言细节方面做了适当的文字加工，但主要内容都是原著所提供的。同时，在忠于原著的基础上，为了使一些历史事件和历史人物更加丰满，也适当增加了一些其他史料，增添的史料也是有依据的。该书一个显著特点，就是史料丰富、知识点多、信息量大，能够让人开阔视野，增长知识。

所谓"以史为鉴，启迪人生"，是指作者创作历史故事的目的，是为了借鉴历史经验，服务于现代社会。所以，作者站在历史唯物主义和辩证唯物主义的立场上，辩证地、一分为二地看待历史现象，并且在故事的过程中，或者在故事的结尾，往往有着哲理性的评论和观点，给人以有益的启迪。我们学历史的目的，不仅是要了解历史知识，更重要的是要通过汲取历史经验和教训，对我们的工作和生活有所启发和借鉴。该书较好地做到了这一点，这是该书另一个显著的特点。

作者曾经是我得力的部下，我对他十分熟悉和了解。作者勤奋好学，长期从事政策研究和文字工作，理论素养和文字功底较好；先后在乡、县、市、省、国家五个层级工作过，有着丰富的阅历和实践经验；做事严谨，为人厚道，工作勤勉。尤为难能可贵的是，他把退休作为第二生命的开始，退而不休，锲而不舍，继续为社会做贡献，其志可贵，精神可嘉！

希望该书能够使人借鉴历史经验，起到以史为鉴、激励人生的作用。

是为序。


（魏礼群，曾任国务院研究室主任、国家行政学院党委书记、中国行政体制改革研究会会长，现任中国国际经济交流中心常务副理事长兼学术委员会主任。）

# 前　言

　　清朝，是中国历史上第二个由少数民族建立的全国性政权，也是中国最后一个封建王朝，历经二百九十六年、统治全国二百六十八年。

　　记述清朝历史的史籍很多，但到目前为止，尚无一部定稿的正史。笔者主要依据《清史稿》《清实录》以及其他史书的记载，撰写了九十五篇清朝故事。这些故事，既独立成章，又相互连贯，使读者大体能够了解清朝的历史脉络、重大事件和重要人物，从而对这一时期有一个大概的印象。

　　笔者在撰写过程中，坚持"忠于原著，丰富史料；以史为鉴，启迪人生"的原则，对史书记载的事件和人物不作虚构，只是在细节和语言方面适当做些加工，以增强可读性。同时，适当阐述笔者个人的体会和观点。

　　笔者在撰写过程中，根据史书记载和个人的体会，提出了一些新的观点和看法。比如，《两度兴盛女真族》《孝庄是否下嫁多尔衮》《顺治有无当和尚》《同光中兴回光返照》《英名受污刘步蟾》《光绪是被毒死的》等。这些观点仅作为一家之言，敬请读者指正。

　　由于笔者水平有限，书中难免存在错误、缺陷和不足之处，希望广大读者给予批评纠正，笔者将不胜感激。

# 目录

# 清朝尚无正史

　　清朝是中国历史上最后一个封建王朝，自然格外引人注目。关于清朝的史书很多，但到目前为止，还没有一部成熟的正史。

　　所谓正史，一般具有两个特点：一是按照纪传体形式编写；二是由官方修撰或认可。人们熟悉的"二十五史"，都具备这两个特点。正史作为研究历史最重要的参考资料，历来受到人们重视。

　　许多关于清朝的史书公开发行，得到认可，但不是按纪传体形式编写的，不属于正史。《清史稿》是官方按纪传体形式撰修的，符合正史特点，但只是史稿，不算成书。所以，清朝迄今尚无定稿的正史。

　　《清史稿》虽未成书，但官方组织大批人员，花了十几年时间撰修，积累了丰富史料，受到史学界重视。

　　《清史稿》是中华民国初年，在北洋政府时期设馆编修的，记载了上至努尔哈赤建立后金，下至清朝灭亡共二百九十六年的历史，清朝的兴衰过程、重大事件和重要人物尽在其中，史料十分丰富。

　　1912年，孙中山领导辛亥革命推翻了清朝统治，建立了中华民国。由于各种原因，北洋军阀首领袁世凯成为中华民国大总统。

　　1914年，经袁世凯批准，官方成立了清史馆，开始编修清朝历史。修史工作由赵尔巽负总责。

　　赵尔巽，山东莱州（一说奉天铁岭）人，汉族，进士出身，在清朝时任翰林院编修，做过朝廷高官。赵尔巽先后在安徽、陕西、甘肃、新疆、山西、湖南、江西、四川任职，最后官至东三省总督。赵尔巽忠于清朝，反对共和，清朝灭亡后，他隐居青岛不出。

袁世凯当上总统以后，多方拉拢有名望的人，邀请赵尔巽担任民国官职。赵尔巽表示忠臣不事二主，予以拒绝。

后来，袁世凯请他出任清史馆馆长，负责撰修清史。赵尔巽欣然答应，对人说："我是清朝官，修清史仍然是为清朝做事，义不容辞。"

赵尔巽对撰修清史很积极，当时国力衰微，经费极为紧张，他克服重重困难，很快将清史馆筹建起来，投入工作。

赵尔巽聘请一批史学家和文人参加清史修撰，前后有三百多人。这些史学家和文人，很多是清朝旧臣遗老，有些人脑后还拖着辫子。总纂柯劭忞，山东胶州人，当过溥仪的老师，对旧主怀有感情，就坚决不肯剪辫子。由这样一些人编纂清史，其政治立场和思想观念可想而知。

经过十四年辛勤工作，完成了清史初稿。全书共五百三十六卷，其中本纪二十五卷、志一百四十二卷、表五十三卷、列传三百一十六卷，八百多万字，在历代史书中规模最大。

清史初稿完成时，袁世凯早就死了，又逢国内军阀混战，战火纷飞，因而无人过问。赵尔巽已经八十三岁了，来日不多，于是赶紧刊印了一千多部，匆忙问世。

赵尔巽在《发刊缀言》中说，此书作为史稿披露，属于急就之章，并非成书，所以取名《清史稿》。在《清史稿》刊印当年，赵尔巽就死了。

《清史稿》的史料来源，主要是清朝的《清实录》《清国史》和清廷档案，内容庞杂，史料丰富。

《清史稿》最大的问题，是在政治方面。《清史稿》基本上是由清朝旧臣遗老们写的，他们站在清朝统治者的立场上，具有反对民主革命、颂扬清朝正统的思想，这种思想倾向，不可避免地在《清史稿》中流露出来。所以，在当时国民政府中，有不少人提出，要禁止《清史稿》发行。另外，由于没有进行系统性修改，书中存在许多错误，诸如遗漏、重复、颠倒、文理不通等现象。

《清史稿》只是史稿，不是成书，其价值是不能与"二十五史"

相比的。不过，《清史稿》修撰者出于史学家基本的职业道德，总体上能够尊重史实，《清史稿》的真实性仍然高于一些野史笔记。

《清史稿》刊印以后，国内战争持续不断，先后经历土地革命战争、抗日战争、解放战争，很少有人关注《清史稿》，也没有人对其进行修改完善。

国民党政府败退台湾之后，学者张其昀、萧一山、彭国栋等人将《清史稿》略加修改和补充，形成了《清史》，但影响不大。

新中国成立以后，国家十分重视对清朝历史的研究，出版了大量关于清朝历史的书籍和文章。2002 年 12 月 12 日，国家成立了清史编纂委员会，组织了大批专家学者，对清朝历史进行广泛而深入的研究。

# 清朝兴衰历程

清朝，是中国历史上第二个由少数民族建立的全国性政权，也是最后一个大一统的封建王朝。清朝的兴衰历程，展现了中国封建社会结束前复杂曲折的历史画面。

清朝的建立和发展，经历了一个由小到大、由弱到强的过程。1616年，建州女真首领努尔哈赤统一东北女真各部，建立了后金政权，开创了清朝基业。后来，皇太极把女真族改为满族，把后金改为大清，正式建立了清朝。1644年，大清跨越山海关，夺取中原，定都北京，统一天下，形成了大一统王朝。1912年，孙中山领导辛亥革命，推翻了清朝统治，中国封建社会宣告终结。

如果从努尔哈赤建立后金算起，清朝历史有二百九十六年，历经十二位皇帝；如果从皇太极建立大清算起，清朝有二百七十六年，历经十一位皇帝；如果从清朝入关、定都北京算起，清朝统治全国有二百六十八年，历经十位皇帝。

清朝是满族贵族建立的政权，满族的前身是女真族。女真族发源于中国东北，历史悠久，曾经两度辉煌。第一次是在宋朝时期，女真族在东北地区建立了大金国，势力强盛后出兵南下，灭掉辽国和北宋，统治中国北方百余年，与南宋政权长期对峙。著名民族英雄岳飞，对抗的就是大金国。第二次是在明朝末期，努尔哈赤重建大金国，史称后金，逐步取得天下，形成了大清王朝。

努尔哈赤是中华民族发展史上杰出的政治家、军事家。努尔哈赤靠着祖上十三副遗甲起兵，经过三十多年浴血奋战，统一了东北女真各部，建立了后金，为大清王朝奠定了基业，被称为清太祖。

1626 年，努尔哈赤去世，享年六十八岁，其八子皇太极继位。皇太极也是一位杰出的政治家、军事家，他将后金改为大清，参照汉族政权的模式，建立政府机构，设置官吏，加强中央集权，实行一系列新政。

皇太极四处用兵，征服朝鲜和蒙古部落，频繁攻打明朝，扩大了疆域，基本上控制了东北地区。皇太极为清朝的建立和发展做出了重大贡献。

1643 年，皇太极病逝，享年五十二岁，在位十七年。皇太极死后，多尔衮与豪格为夺皇位两强相争，结果让六岁的福临渔翁得利，登上皇位，年号顺治。多尔衮当了摄政王，执掌大权。

1644 年，李自成起义军打进北京，崇祯皇帝自缢，明朝灭亡。多尔衮趁此良机，与吴三桂勾结，率军入关，打败李自成，入主北京，占领中原，开始了对全国的统治。清军随后进军江南，经过数年奋战，灭掉南明几个政权，占领了南方大部分地区。多尔衮为清朝入关、夺取天下立有大功。

1650 年，多尔衮意外受伤身亡，十三岁的顺治皇帝亲政。顺治对多尔衮擅权极为不满，次年清算多尔衮罪行，清除其亲信党羽，把皇权掌握在自己手中。

顺治皇帝在母亲孝庄皇太后辅佐下，改变了多尔衮一味使用武力的做法，以招抚和收服人心为主。顺治皇帝尊崇孔子，推广儒学，重用汉臣，拉拢汉族知识分子，最终统一了全国，正式形成了大一统王朝。

1661 年，顺治皇帝去世，年仅二十四岁，在位十八年，亲政十一年，庙号世祖。顺治是清朝第三位皇帝，也是定都北京、统治全国后的首位皇帝。顺治在孝庄皇太后辅佐下，为稳定局势、统一全国做出重大贡献。关于孝庄是否下嫁多尔衮，顺治有无出家当和尚，后世争论不休。

1661 年，在孝庄皇太后主持下，年仅八岁的玄烨继位，成为清朝第四位皇帝，年号康熙，庙号圣祖。

康熙在位六十一年，是中国历史上在位时间最长的皇帝；康熙雄才伟略，政绩突出，开启了康乾盛世，是中国历史上最有作为的皇帝之一，不少人尊之为"千古一帝"。

康熙皇帝最大的贡献，是奠定了近代中国版图，形成并捍卫了统一的多民族国家。康熙智除鳌拜，平定三藩之乱，收复台湾，击退沙俄侵略，三征噶尔丹，六次下江南，表现了文韬武略，做出了丰功伟绩，大清王朝开始兴盛。

1722年，康熙皇帝去世，享年六十九岁。他的第四子胤禛继位，成为清朝第五位皇帝，年号雍正。

雍正执政有两个明显特点：一是兴利除弊，推行改革，在政治、经济、社会、文化等方面采取一系列措施，推动社会向前发展，对康乾盛世起到承前启后的作用；二是为政严苛，加强思想统治，实行文化专制，大兴文字狱，造成吕留良等一批大案冤案。关于雍正的登基和死亡，后世存在许多争议和传说。

1735年，雍正皇帝突然死亡，享年五十八岁，在位十三年，庙号世宗。他的第四子弘历继位，成为清朝第六位皇帝，就是赫赫有名的乾隆皇帝。

乾隆也是一位大有作为的皇帝，他认为康熙为政过宽，雍正为政过严，于是采取了宽严相济政策。乾隆在位六十年，实际执政长达六十三年，活了八十九岁，创造了中国历代皇帝执政时间最长、寿命最高两项纪录。乾隆文治武功，政绩显著，把康乾盛世推向顶峰。不过，乾隆六下江南，侈奢豪华，耗资巨大，在晚年时又昏庸不明，宠信大贪官和珅，社会矛盾丛生，发生了白莲教起义，清朝由顶峰开始走下坡路了。

康熙、雍正、乾隆三朝共一百三十四年，刚好占清朝统治全国时间的一半。三位皇帝都是有为君主，接力把清朝推向鼎盛，被称为康乾盛世。

从中国社会自身发展来看，康乾时期是一个治世，疆域辽阔，社会稳定，经济发展，百姓安居乐业。可是，就是在康乾盛世期间，世界发生了巨变，欧洲兴起民主化、工业化浪潮，推翻封建专制，走向资本主义。而清朝统治者却妄自尊大，故步自封，实行闭关锁国政策，结果被时代潮流淘汰，陷入日后落后挨打境地。所以，从世界发展大势来看，康乾盛世是中国封建社会由盛而衰的转折点。

1795 年，当了六十年皇帝的乾隆让位给儿子颙琰，自己当了太上皇，但仍然攥着大权不放。1799 年，乾隆去世后，颙琰才真正掌握了皇权，是为嘉庆皇帝。

嘉庆执政时，乾隆晚期的弊政开始显现，社会矛盾尖锐起来。嘉庆勤政节俭，但没有父亲、祖父那样的雄才大略，能力平庸，无法解决矛盾和问题。因此，在嘉庆时期，清朝由盛世转入衰落。

嘉庆上台后遇到的第一件大事，是白莲教起义。白莲教起义早在乾隆晚年就开始了，后来声势越来越大。嘉庆调集大批清军，花费了两亿两白银，用了九年时间，才把起义镇压下去。不久，又爆发了天理教起义，一些教徒甚至攻进皇宫，天下震惊。两次大规模起义，造成清朝国库空虚，人心涣散，社会动荡不安。

大清王朝在内忧的同时，外患也日益严重起来。英国已经完成了工业化，成为世界第一强国，不断对外扩张。嘉庆仍然坚持闭关锁国政策，英国开始派军舰前来挑衅，并在澳门登陆。嘉庆采取强硬态度，将英军驱逐出去。

1820 年，嘉庆皇帝病逝，享年六十一岁，在位二十五年，庙号仁宗。他的嫡长子旻宁继位，成为清朝第八位皇帝，年号道光。

道光皇帝即位时三十九岁，年富力强，很想有所作为，可惜他与父亲一样，也是能力不足，因循守旧，因而不能遏止清朝下滑的趋势。在此期间，发生了改变中国历史走向的鸦片战争，西方列强用大炮轰开了中国大门，中国开始沦为半封建半殖民地社会。道光是中国历史上第一个签订丧权辱国条约的皇帝。

1850 年，道光皇帝去世，享年六十九岁，在位三十年，庙号宣宗。他的第四子奕詝继位，成为清朝第九位皇帝，年号咸丰。

咸丰即位时二十岁，年轻气盛，推行改革，试图挽救清朝危局。但他缺乏气魄和能力，清朝问题又积重难返，因此无力回天。在此期间，先是爆发了声势浩大的太平天国运动，席卷全国；接着又爆发第二次鸦片战争，英法联军打进北京，火烧圆明园。面对内忧外患，山河破碎，咸丰皇帝一筹莫展。

清朝前期康熙、雍正、乾隆三位皇帝，都是雄才大略，合计执政一百三十四年，接力把清朝推向鼎盛。乾隆后期，已经由顶峰开始走下坡路了。乾隆之后的嘉庆、道光、咸丰三位皇帝，都是能力一般，合计执政六十二年，大清王朝步步下滑，国力大衰，抵挡不住西方列强的侵略。

1861 年，咸丰皇帝病逝，享年三十一岁，在位十一年，庙号文宗。他唯一的儿子载淳继位，成为清朝第十位皇帝，年号同治。

同治登基时只有六岁，咸丰为他安排了八名顾命大臣。可是，同治的母亲慈禧野心勃勃，发动辛酉政变，铲除八大臣，夺得大权，实行垂帘听政。同治以及后来的光绪皇帝，都是挂名的傀儡，实权掌握在慈禧太后手里。

慈禧执政长达四十七年，前期还颇有作为，平定了太平天国和捻军起义，收复新疆，支持洋务运动，史称同光中兴。可是，慈禧与之前的清朝皇帝一样，不肯顺应历史潮流，死抱着封建专制制度不放，清朝与西方国家的差距越拉越大。

在慈禧执政后期，发生了中日甲午战争、义和团运动和八国联军侵华等一系列重大事件，中国完全陷入半封建半殖民地状态，处于任人宰割的境地，中华民族面临重大危机。

为了挽救国家危亡，在光绪皇帝支持下，康有为等维新派搞起了戊戌变法。慈禧为了维护封建专制，发动政变，囚禁光绪，诛杀六君子，扼杀了只有百日的维新变法运动。

社会改良的道路走不通，以孙中山为代表的革命党人，兴起轰轰烈烈的资产阶级民主革命。革命党人采取暴力手段，多次发动武装起义，立志推翻封建专制制度，建立共和国体。

慈禧大力镇压民主革命，但革命烈火越烧越旺，她已经无能为力了。慈禧晚年时，打算搞君主立宪，但完全是骗局，只不过是想为封建专制制度盖上一块遮羞布而已。

1908 年，光绪和慈禧相继死去，只有两岁多的溥仪继承了皇位，成为清朝末代皇帝。

1911 年 10 月 10 日，武昌起义爆发，全国各省纷纷响应，多数省宣布独立，脱离清朝。清朝迅速崩溃。

1912 年 1 月 1 日，孙中山在南京成立中华民国临时政府，就任临时大总统。

1912 年 2 月 12 日，清朝皇帝被迫宣布退位，清朝灭亡。清朝的灭亡，标志着中国两千多年的封建专制制度宣告终结。

从清朝历史来看，清朝历代皇帝总体上还是不错的，既没有昏君，也没有暴君，多数有所作为。清朝灭亡的根本原因，是没有顺应世界潮流，而是极力维护腐朽的封建专制制度，这就不可避免地被历史淘汰。正像孙中山说的那样："世界潮流，浩浩荡荡，顺之则昌，逆之则亡。"

清朝兴衰历程表明：只有顺应历史潮流，与时俱进，才能永葆生机与活力。

# 两度兴盛女真族

　　清朝是满族贵族建立的政权，满族的前身是女真族。女真族在中国历史上赫赫有名，曾经两次崛起和兴盛。第一次建立了金国，灭掉辽国和北宋，统治北方一百多年；第二次建立了清朝，统一全国，统治全国二百六十八年。

　　《金史》记载，女真族的祖先，源自肃慎。肃慎民族是中国东北最早的居民之一，生活于"白山黑水"，有几千年的历史。现在一般认为，东北地区最早的民族，有汉族、肃慎、东胡、濊貊四大基本族系，在长期的历史进程中，各民族相互融合发展。

　　在《左传》《国语》《山海经》《史记》《汉书》等许多古籍中，都有关于肃慎民族的记载。传说早在舜、禹时期，肃慎与中原地区就有联系，肃慎人曾经臣服于中原政权。肃慎后来衍生出许多民族，女真族是其中之一。

　　女真族在历史长河中，与其他民族相互融合，包含了许多民族成分。女真族在历史上有过许多名字，汉晋时称挹娄，南北朝时期叫勿吉，隋唐时称靺鞨，宋辽时称女真、女直，等等。"女真"一词，最早始于唐代。1635 年，皇太极在盛京（今沈阳）发布诏令，以女真族为主体，吸纳汉人、蒙古人、锡伯人、索伦人等，形成了满洲族，简称满族。

　　女真族长期生活在东北地区，主要依靠狩猎，也有农业、渔业和畜牧业。女真人身体强壮，身手敏捷，机智勇敢，敢于同猛兽搏斗，但由于部落分散，形不成统一力量，因而长期受其他民族统治。

　　在南北朝时期，北方的契丹民族强盛起来，建立了辽国，统治着北方很大一片地区，后来与北宋对抗，时常发生战争。当时居住在东北地区的女真族，也在辽国的统治之下。

辽国统治者畏惧女真人的凶猛，采取分而治之的政策，把一些强宗大姓迁往辽东半岛，编入契丹国籍。这部分人逐步与契丹融合，被称为熟女真；另一部分则分散居住在松花江流域，被称为生女真。

生女真有大小几十个部落，力量分散，只得受辽国奴役。北宋时期，女真族完颜部落的首领完颜石鲁和他的儿子完颜乌古乃，经过数十年奋战，征服了女真各部落，成立了女真部落联盟，开始形成统一的力量。

完颜乌古乃的孙子完颜阿骨打，是女真族著名英雄人物。他继任部落联盟首领之后，加强部落管理，完全统一了女真各部，又大力发展冶铁业，制造了大量兵器，扩充军队，女真族势力强盛起来。

1115 年，完颜阿骨打联合东北地区的其他民族，将契丹势力驱逐出东北，建立了金国，当上皇帝，被称为金太祖。从此，女真族的政权登上了中国历史舞台。

金太祖完颜阿骨打具有雄才大略，他崇尚汉文化，按照汉族政权的做法，建立了中央集权的国家制度，设置机构和官吏，推广儒学，实行科举考试制度，并创造了女真文字。金太祖重视军队建设，改革兵制，强化训练，将金军打造成一支勇猛善战之师。金国势力强盛，便开始对外扩张。

1125 年，金国与北宋联合，灭掉了建国已有二百一十八年历史的辽国，占领了辽国的地盘，金国势力更加强大。

1127 年，金军大举南下，攻击北宋，攻破北宋都城开封，俘虏了宋徽宗、宋钦宗两位皇帝，灭掉了北宋，占领了整个北方地区。此后，金国统治着中国北方，与地处江南的南宋政权对峙多年。

金国建立以后，统治区域辽阔，东到大海，西至关中，南抵淮河，北部包括华北、东北和俄罗斯远东地区，面积达三百六十多万平方千米。蒙古草原也在金国势力控制之内，成吉思汗就当过金国的官员。金国传了十位皇帝，享国一百一十九年。这是女真族第一次崛起和兴盛。

金国统治北方百余年，大量女真人南迁到中原地区，与汉族融合。1234 年，大蒙古国与南宋联手，灭掉了金国。后来，元朝又灭掉南宋，统一了天下。在元朝统治时期，居住在中原地区的女真人与汉人待遇差不多，甚至许多女真人被视为汉人，女真文字也逐渐失传。

在元朝统一天下之前，中国大地上分别建有南宋、金国、辽国三个国家，统治时间都很长。因此，元朝在撰修《宋史》的时候，曾经为谁是正统而争论不休，最后，分别撰修了《宋史》《金史》《辽史》，才解决了争议。这三史，都被列为"二十四史"，都属于正史。

东北地区是女真族的发源地和聚居区，人数仍然不少。元朝统治者在东北地区设置机构和官吏，也招抚女真部落的首领，对女真族进行统治和管理。

朱元璋建立了明朝，出兵北伐，推翻了元朝统治。东北地区的女真部落纷纷归附，其中斡朵里部首领爱新觉罗·孟特穆（猛哥帖木儿）率部归依了明朝，被任命为建州左卫指挥使，他是努尔哈赤的六世祖。

明朝对东北女真采取"众建之而分其力"的办法，陆续设置三百八十四卫、二十四所等机构，加强对女真族的统治。在明朝前期，由于国力强盛，东北地区比较平稳，很少发生叛乱；到了后期，明朝的统治力下降，朝政混乱，东北地区也开始乱了起来。

土木之变以后，蒙古不断侵扰明朝，也时常袭击东北女真部落。女真各部分化，有的依然忠于明朝，与蒙古对抗，有的则依附了蒙古。女真各部之间，也时常发生战争。随着明朝国力衰弱，背离明朝的女真族部落越来越多，明朝逐渐失去了对东北女真各部的控制。

明朝原本在东北地区驻有不少军队，但通过万历三大征和抗日援朝，兵力损耗很大，已经无法有效地控制东北地区。明朝统治者采取了"分其枝，离其势，互合争长仇杀，以贻中国之安"的政策，放任女真各部争斗不管，造成东北地区分裂和混战不休，东北处于乱世。

常言道，乱世出英雄。在乱世之中，女真族英雄努尔哈赤应运而生，他依靠祖上遗留的十三副甲胄起兵，经过三十多年浴血奋战，征服了大大小小的女真部落，将分散的女真部落统一起来，建立了后金政权，形成了强大势力，为大清王朝奠定了基础。

不屈不挠的女真族再创辉煌，迎来了第二次崛起和兴盛。

# 十三副遗甲起兵

大清王朝的开创者，是爱新觉罗·努尔哈赤。努尔哈赤是中国历史上杰出的政治家、军事家，他经过几十年浴血奋战，统一了东北女真各部，形成了强大势力，建立了后金政权，奠定了清朝大业，被尊称为清太祖。

努尔哈赤最令人敬佩和称道的是，他开始起兵创业的时候，实力十分弱小，只有数十人和祖上遗留的十三副甲胄，却通过长期艰苦卓绝的努力，最终开创了一个新的朝代。因此，努尔哈赤十三副遗甲起兵的故事，被后世广泛传颂。

努尔哈赤于 1559 年生于赫图阿拉（今辽宁省新宾县），当时是明朝嘉靖后期。努尔哈赤有兄弟五人，他是老大。

《清实录》对努尔哈赤的祖先进行了神化，说他的祖先叫布库里雍顺，是仙女的儿子。长白山东北部有座布库里山，山下有个湖，湖水清澈透明，常有仙女下界洗澡。

有一天，三名仙女从天而降，把衣服脱在湖边，下水戏耍。一只老鹰飞来，口衔一枚红果，红果落在仙女佛库伦的衣裙上。佛库伦把红果吃了，不料顿感身体沉重，无法起飞升天。另两个仙女对她说："你这是怀孕了，只有生下孩子，才能升天。"

佛库伦无奈，只好留在湖边，不久生下一个男孩。孩子生下来就会说话走路，几天时间就长大成人了。

佛库伦对儿子说："你是神鹰的后裔，天意让我生下你，你要去安邦定国。"佛库伦为儿子取名叫布库里雍顺，姓爱新觉罗。佛库伦随即腾空而起，飞回天庭。

《清史稿》采用了这个传说，说布库里雍顺后来成为部落首领，其部落称为满洲，满洲自此始。清王朝建立以后，尊奉布库里雍顺为清始祖。

过了若干年以后，到了元末时期，布库里雍顺的后代爱新觉罗·孟特穆（也叫猛哥帖木儿）当了部落首领。孟特穆率部南迁，到达建州一带，被称为建州女真。当时，东北地区的女真部落众多，比较大的有建州女真、海西女真、东海女真（也叫野人女真）。

朱元璋推翻元朝之后，东北地区的女真部落纷纷归服。明朝将建州女真分成三卫，叫建州卫、建州左卫、建州右卫，分别设置指挥使，孟特穆被任命为建州左卫指挥使。孟特穆是努尔哈赤的六世祖。

努尔哈赤的祖父叫爱新觉罗·觉昌安，承袭祖上的官职，仍然担任建州左卫指挥使，但此时的建州左卫，势力已经弱小。努尔哈赤的父亲叫爱新觉罗·塔克世，是觉昌安的第四子。努尔哈赤的外祖父叫王杲，是建州右卫指挥使。

努尔哈赤虽然出身于部落首领之家，却历经坎坷。在他十岁的时候，母亲死了，继母对他很刻薄，经常虐待他。努尔哈赤小小年纪，就被迫进山挖人参、采松子、拾蘑菇、捡木耳，还常常遭到打骂。后来，外祖父王杲看不下去了，将努尔哈赤接了过去。因此，努尔哈赤与外祖父王杲、舅舅阿台关系十分亲密。

努尔哈赤从小没人管束，喜欢四处闯荡，稍大一点后，就外出做生意，到塞外贩马，与汉人、蒙古人进行贸易活动。努尔哈赤走南闯北，见多识广，广交朋友，熟悉了社情民意，积累了丰富经验，为日后创业打下了基础。

努尔哈赤没有上过学，但在做生意过程中，他学会了汉文、蒙古文，掌握了一定的文化知识。努尔哈赤喜欢汉文化，尤其喜爱读《三国演义》《水浒传》，他崇拜英雄，希望能干一番大事业。

有的史书说，努尔哈赤参加了明军，作战勇敢，得到辽东总兵李成梁赏识。有的史料甚至说，努尔哈赤做了李成梁的随从和侍卫，两人关系密切，"谊同父子"。这段从军经历，使努尔哈赤增长了军事才干。不过，有人认为，努尔哈赤没有从军，与李成梁也没有密切关系。

在明朝前中期，东北地区的女真族各部落臣服于朝廷，基本上风平浪静；到了明朝后期，由于政府腐败，国力衰落，朝廷对东北地区的控制力下降，东北地区便暗流涌动，开始混乱起来。

　　明朝推翻了元朝统治，将蒙古势力驱逐到漠北，但始终没有解决好蒙古问题，双方长期为敌。蒙古军队多次南下侵扰明朝，也时常袭击东北地区的女真部落。女真部落开始分裂分化，有的依附了蒙古，有的依然忠于明朝，各部落之间也相互争斗。

　　努尔哈赤的外祖父王杲，掌管建州女真右卫，势力较强。他见明朝势力衰弱，便率部反叛，袭击抚顺，杀死守备彭文洙，在抚顺城大肆抢掠。明朝辽东副总兵黑春率军平叛，却被王杲打败，黑春被杀。王杲率部犯辽阳，劫孤山，略汤站，前后杀死明将数十人，声势大振。

　　明朝在东北地区采取的政策是，凡女真各部之间的战争，一概放任不管，任其互相杀戮；凡公开反叛明朝的，则坚决予以镇压。辽东总兵李成梁调集重兵，平息了叛乱，将王杲俘获后凌迟处死。

　　努尔哈赤的祖父觉昌安，当时是建州左卫指挥使，他与王杲虽然是亲家，但安分守己，没有参加叛乱。努尔哈赤当时十六岁，对外祖父的惨死悲痛不已。

　　王杲的儿子阿台侥幸逃脱，逃到古勒城，召集旧部，休整兵马，过了几年，恢复了一些实力。阿台为报父仇，频繁袭击明军。女真族另一部落首领尼堪外兰，是图伦城主，他忠于明朝，时常与阿台发生战争。

　　1583年，尼堪外兰与明军联合，包围了古勒城，打算彻底消灭阿台，古勒城面临一场浩劫。努尔哈赤的祖父觉昌安、父亲塔克世，一直老老实实，与朝廷关系不错，便向李成梁建议，进城劝说阿台投降，同时也是为了救自己的孙女。李成梁同意了。

　　觉昌安、塔克世与阿台是亲戚，在他们的劝说下，阿台答应投降。不料，尼堪外兰求功心切，趁其不备，突然设计攻破城池。明军大举入城，展开疯狂屠杀，杀死居民两千多人，觉昌安、塔克世、阿台均遭杀害。

噩耗传来，努尔哈赤悲愤交加，质问李成梁："我祖父、父亲何罪之有？为何被杀？"李成梁理屈词穷，只得说是误杀。李成梁归还努尔哈赤祖父、父亲的遗体，赐他敕书三十道，马三十匹，封龙虎将军，以示安慰。

努尔哈赤怒气未消，要求惩办罪魁祸首尼堪外兰，李成梁不答应。尼堪外兰为明朝立下功劳，被封为"满洲国主"。尼堪外兰为了斩草除根，下令追杀努尔哈赤。

这时，建州三卫已经分裂，部众离散。努尔哈赤的家里，只剩下祖父、父亲遗留下的十三副甲胄。于是，二十五岁的努尔哈赤，怀着满腔悲愤，凭借十三副遗甲，聚集起数十人，毅然起兵。

从此，努尔哈赤开始了他征战沙场的一生，创造了非凡的英雄传奇。

# 重振建州打根基

1583 年，努尔哈赤与弟弟舒尔哈齐一道，依靠祖上遗留下来的十三副甲胄起兵，开始了他不平凡的戎马生涯。

努尔哈赤身强力壮，仪表雄伟，为人豪气，结识了不少朋友，很快聚集起数十人，不久超过百人。人数虽然不多，但都是剽悍勇猛之士，并且对努尔哈赤十分崇拜，因而战斗力很强。

女真族著名勇士额亦都，年幼时父母和全家人都被仇人杀害，他当时没在家，幸免于难。额亦都从小苦练武功，立志报仇，他十三岁的时候，独身手执单刀，诛杀了仇人全家。后来，额亦都遇见努尔哈赤，两人一见倾心，结为朋友。

努尔哈赤起兵时，额亦都立即响应，从此跟随努尔哈赤征战数十年，屡立大功，成为清初开国五大臣之一。其他开国功臣费英东、何和理、扈尔汉、安费扬古等人，也陆续投奔了努尔哈赤。

努尔哈赤起兵，是打着报仇的旗号，他的祖父、外祖父、父亲、舅舅都死于明军之手，努尔哈赤心中充满了对明朝的仇恨。不过，他起兵之初，势力弱小，不敢向明军复仇，于是，他把满腔仇恨，全都发泄到明军帮凶尼堪外兰身上。

尼堪外兰属于建州女真加哈部，他从小学习汉语，读了不少汉文书籍，一心想挤进明朝官吏队伍，因而死心塌地追随明朝，与李成梁关系不错。在围攻古勒城之战中，尼堪外兰率先攻破城池，造成努尔哈赤祖父和父亲被杀。努尔哈赤立志报仇，便首先拿尼堪外兰开刀。

努尔哈赤起兵不久，就去攻打尼堪外兰所在的图伦城。当时，努尔哈赤的兵马不到两百人，但个个如狼似虎，尤其是猛将额亦都，武功高强，勇不可当。图伦城不大，很快就被攻破，尼堪外兰见势不妙，仓皇逃跑。

努尔哈赤一举攻破图伦城，打败尼堪外兰，在女真各部中引起震动，努尔哈赤的名声开始显现。攻占图伦城，是努尔哈赤起兵以后的第一次战斗，规模虽然不大，影响却十分深远。努尔哈赤趁机招兵买马，扩大力量，四方豪杰纷纷聚集在他的麾下。

尼堪外兰逃脱了性命，先后逃到嘉班城、鹅尔浑城等地，犹如丧家之犬。努尔哈赤只要得到尼堪外兰的消息，便立即率兵追击，似乎报仇意志十分坚决。其实，努尔哈赤除了报仇之外，更重要的是，他要借与尼堪外兰开战之机，聚集旧部，扩充实力，炫耀军威，抢占地盘。

努尔哈赤追击攻打尼堪外兰达三年之久，在此期间，他消灭了与尼堪外兰关系密切的诺米纳、萧喀达等部落首领，收降了他们的部众，占领了巴尔达城、萨尔浒城等地，势力迅速扩大。

1586 年，努尔哈赤听说尼堪外兰逃到了鹅尔浑城，立即率兵前去攻打。鹅尔浑城属于女真浑河部落，势力不是很强。努尔哈赤攻破城池，斩杀了尼堪外兰，吞并了浑河部落，终于报了祖父和父亲之仇。

努尔哈赤追杀尼堪外兰、借机吞并其他部落的做法，引起努尔哈赤家族的担忧和不安，他们害怕会招惹明朝，危害家族，于是纷纷进行规劝，努尔哈赤不听。努尔哈赤的族叔龙敦等人秘密商议，打算派刺客刺杀努尔哈赤。

一天夜里，一团漆黑，伸手不见五指。一名黑衣刺客潜入努尔哈赤家中，意图行刺。努尔哈赤为人机警，睡觉都要睁着一只眼，身边又有额亦都等勇士，刺客没有得逞，反而被生擒活捉。

在审讯之下，刺客招认，是龙敦派来的。众人大吃一惊，纷纷要求处死刺客。努尔哈赤叹口气说："如今大事未成，不宜引发内部争斗。"努尔哈赤挥挥手，把刺客放走了。后来，龙敦又几次派来刺客，被努尔哈赤抓获后一律放回。努尔哈赤以宽阔包容的胸怀，避免了家族内部的分裂。

其实，龙敦等人的担忧是多余的。这个时候，是明朝万历时期。

万历皇帝昏庸，二十多年不上朝，造成朝廷混乱，国力衰弱，失去了对东北地区的有效控制。在这种情况下，明朝采取了对女真各部争斗放任不管的政策，甚至希望女真内部越乱越好。所以，努尔哈赤势力才能够趁机崛起。

努尔哈赤形成一定势力以后，开始重整建州女真。建州女真原是女真族较大的部落之一，明朝时分为三卫，努尔哈赤的祖父、外祖父分别掌管左卫和右卫。此时，三卫已经崩溃，建州女真分裂成董鄂部、哲陈部、苏完部、苏克苏浒部等八个部落，犹如一盘散沙。努尔哈赤决心将建州女真统一起来，掌握在自己手中，作为开创大业的基础。

努尔哈赤恩威并用，采取招抚和打击两手，开始了统一建州女真的战争。努尔哈赤家族在建州女真部落中有良好的基础和声望，他的招抚政策成效显著。多数部落首领率部来归，愿意跟随努尔哈赤开创大业。但也有的部落见努尔哈赤年轻，势力不大，不愿意依附。

董鄂部居住在翁科洛城，依仗势力较强，不肯归附。努尔哈赤派兵包围了翁科洛城，准备武力征服。努尔哈赤为了鼓舞士气，身先士卒，带头攻城。

翁科洛城中有两个神箭手，一个叫鄂尔果尼，另一个叫洛科。鄂尔果尼一箭射中努尔哈赤的头盔，洛科一箭射中努尔哈赤的脖子。努尔哈赤血流如注，昏厥过去。主帅受伤，努尔哈赤部队只好撤兵，第一次攻城受挫。

努尔哈赤伤好以后，再次围攻翁科洛城。这次做好了充分准备，采用火攻的方法，终于攻占了城池，并活捉了鄂尔果尼和洛科。

众将建议杀掉二人，以报一箭之仇。努尔哈赤却亲自解开二人身上的绳索，好言抚慰，并授二人牛录额真的官职。鄂尔果尼和洛科感恩戴德，从此归于努尔哈赤麾下，征战沙场，屡立战功。

努尔哈赤用武力征服了董鄂部、苏克苏浒部等部落，只剩下哲陈部了。哲陈部不服，与努尔哈赤展开决战。努尔哈赤提刀上马，亲自上阵杀敌。将士们受到鼓舞，人人奋勇向前，结果大获全胜，敌军死伤惨重，主将也被杀了。

哲陈部主力遭受重创，但仍不肯投降，凭借山寨、山洞负隅顽抗。额亦都率军追剿，经历多次战斗，终于将哲陈部彻底征服。在攻打哲陈部战斗中，额亦都身受创伤五十余处，仍坚持不肯离开战场。战后，努尔哈赤授予额亦都"巴图鲁"勇士称号。

1589 年，努尔哈赤通过五年多时间征战，统一了建州八部，拥有部众三万多户，精锐将士近两万人，使建州女真再次成为女真族中最强大的部落之一，为努尔哈赤开创大业奠定了根基。

明朝统治者昏聩不明，对努尔哈赤势力崛起麻木不仁，封给努尔哈赤官职，使他名正言顺地当上建州女真的首领。努尔哈赤为了统一东北女真各部，表面上臣服于明朝，时常进贡，保持着友好关系。因此，在努尔哈赤统一女真各部战争中，明朝袖手旁观，没有阻拦。

努尔哈赤势力崛起，却引起了海西女真、东海女真等部落的恐慌，他们知道努尔哈赤胸怀大志，早晚会吃掉自己，于是，九个部落联合起来，组成了九部联军，气势汹汹地杀来，企图一举将努尔哈赤消灭。

面对九部联军的大举进攻，努尔哈赤处于极大危险之中。那么，努尔哈赤会怎样应对呢？

# 击败九部联军

1593 年九月的一天，一份紧急军报传到建州，顿时引发轩然大波，一石激起千层浪。

军报说，以海西女真为主，联合长白山女真和蒙古共九个部落，组成了三万余人的联军，正向建州杀来，准备一举灭掉刚刚兴起的努尔哈赤。军情十万火急。

海西女真，又称扈伦四部，是对居住在松花江一带女真人的统称。海西女真是女真族三大主要部落之一，分为乌拉、哈达、辉发、叶赫四大部落，势力比较强盛，与建州女真长期存在着矛盾。

努尔哈赤重振建州女真，势力再度强盛起来，自然引起海西女真不安。海西女真采用威逼、恐吓、结亲、破坏等各种方法，企图阻止努尔哈赤兴起，但均未奏效，努尔哈赤势力越来越强大。

海西女真不甘心，他们知道，努尔哈赤势力崛起，必定会造成致命威胁，于是决定发动战争，以武力手段解除危险。海西女真担心自己实力不足，经过较长时间的联络，勾结了长白山女真和蒙古部落，组成九部联军，向努尔哈赤发动了进攻。

九个部落人多势众，兵力强大，而建州女真刚刚重聚不久，兵力不多，明显敌众我寡、敌强我弱，努尔哈赤面临一次关系生死存亡的重大危机。

在危机到来之时，建州女真许多人惊恐不安，有些人甚至想逃跑避难。努尔哈赤手下的将领们，一个个神情紧张，两眼盯着努尔哈赤，关注他如何应对这场危机。

努尔哈赤得到军报以后，面色平静，似乎什么事情也没有发生，又好像松了一口气，放下了一副重担。努尔哈赤什么话也没有说，挥挥手，让围聚在他身边的将领们散去，然后回家睡觉了。将领们一个个面面相觑，心中忐忑不安。

当天夜里，努尔哈赤睡得很香，鼾声如雷。身边的妻子富察氏却翻来覆去睡不着，她忍不住推醒丈夫，焦虑地说："你是不是害怕了，乱了方寸？"

努尔哈赤打着哈欠说："胡扯！如果害怕，怎么能睡得着呢？我早知道他们会来，但不知道哪天来，所以前些日子没有睡好觉；如今知道他们来了，心里安定下来，睡意自然就上来了。"话没说完，努尔哈赤翻过身去，又呼呼大睡了。

第二天一早，努尔哈赤一跃而起，精神焕发，升帐点将，部署兵力，准备迎敌。努尔哈赤知道海西女真迟早会来进犯，早就做好了各种准备，谋划好了破敌之策，已经成竹在胸。努尔哈赤决心打一个漂亮仗，打出军威和声望。

努尔哈赤是一位卓越的军事家，运筹帷幄，用兵如神，他就像一名高明的棋手，谋划好了几步妙棋，分步实施，九部联军即将遭受沉重打击。

努尔哈赤的第一步棋，是凭坚据守，重创敌军。九部联军进攻建州，必须要经过古勒山（今辽宁新宾县境内），努尔哈赤早已在山上山下，修筑了坚固工事，设置了重重障碍，只派少数兵力坚守。联军大队人马到来，建州军依靠坚固工事，打下檑木滚石，箭如飞雨，联军士兵成片地倒下，死伤无数。

努尔哈赤的第二步棋，是诱敌入伏，聚而歼之。建州军并不死守工事，在让敌军付出重大代价以后，假装不敌，主动后撤，将一部分敌军引诱到埋伏圈里，然后伏兵四起，一举全歼。

努尔哈赤的第三步棋，是先打蛇头，擒贼擒王。九部联军的盟主，是叶赫部的贝勒布寨和纳林布禄。努尔哈赤集中优势兵力，由猛将额亦都率领，专打两个盟主，结果布寨被杀，纳林布禄逃走，所率部队全军覆灭。九部联军虽然人多，但缺乏统一指挥调度，心也不齐，见盟主一死一逃，立刻撤退溃败。

努尔哈赤的第四步棋，是骑兵追杀，横扫溃敌。努尔哈赤料定联军必会溃散，事先准备好了数千精锐骑兵待命，准备追杀溃逃之敌。联军溃散之时，大批建州骑兵蜂拥而出，像黑云压城一般扑了上去，联军溃兵毫无招架之力，任由骑兵砍杀。建州骑兵追杀一百多里，沿途布满了联军士兵的尸体。

古勒山大战，以努尔哈赤完胜而告终，九部联军损失惨重，仅斩首就达四千多人，伤者不计其数。努尔哈赤声威大震，其他部落闻之丧胆。大战之后，努尔哈赤乘胜吞并了讷殷、珠舍里、鸭绿江等许多部落，并将长白山女真纳入自己的统治范围，努尔哈赤势力空前强盛。

古勒山之战，是努尔哈赤起兵后的重要转折点，此后，女真各部再也没有力量与努尔哈赤抗衡。努尔哈赤掌握了战略主动权，他在整顿巩固内部之后，便开始了统一东北女真各部的战争。

# 创立八旗制度

　　努尔哈赤在重整建州女真、击败九部联军之后，地盘扩大，部众增多，实力增强，初步具备了统一东北女真各部的条件。但努尔哈赤具有雄才大略，他并没有立即对外用兵，而是用了数年时间，整顿、治理、巩固自己的统治，形成了一个无与伦比的强大集团。

　　努尔哈赤在其管辖范围内，制定了一系列政治、经济、军事、人才、对外关系等方面的政策和制度，其中影响最大、作用最明显的，是创立了八旗制度。

　　八旗制度的源头，是女真族的狩猎形式。女真族早先以狩猎为主，为了获取更多的猎物，也为了对付凶恶的猛兽，他们往往采取集体围猎的方式。十几个猎人为一队，选出指挥者，形成狩猎团体，被称为牛录。在大规模围猎活动中，多个牛录相互配合，协同一致，狩猎效果十分显著。因此，女真族有着较强的集体观念和团结协作传统。

　　努尔哈赤在起兵之初，由于兵力不多，只有一队人马，以黑旗为标志。后来兵马多了，又增设了一队，以红旗为标志。努尔哈赤亲率红旗军，黑旗军则交给弟弟舒尔哈齐统领。

　　努尔哈赤统一建州女真和击败九部联军以后，兵力和部众越来越多，如何建设军队，如何管理部众，就成为迫在眉睫的一件大事。努尔哈赤经过认真思考，决定借鉴女真人狩猎的组织形式，创立八旗制度。

　　努尔哈赤对军队设置做了大幅度调整，规定三百人为一牛录，五牛录为一甲喇，五甲喇为一固山；设置的首领叫额真，分别称为牛录额真、甲喇额真、固山额真；每固山兵力在七千五百人左右，分别打着黄、白、红、蓝旗帜。

当时，努尔哈赤的军队只有黄、白、红、蓝四旗，后来兵力扩充，便在原来旗帜上镶上一个边，形成了正黄、镶黄、正白、镶白、正红、镶红、正蓝、镶蓝八个旗，八旗名称由此而来。

努尔哈赤亲自统领正黄、镶黄两旗，其次子代善统领正红、镶红两旗，其五子莽古尔泰统领正蓝旗，其侄阿敏（舒尔哈齐之子）统领镶蓝旗，其八子皇太极统领正白旗，其孙杜度（努尔哈赤长子的儿子）统领镶白旗。八旗主帅都是努尔哈赤一家人。八旗将士多数是女真人，因而被称为满洲八旗。

八旗制度不仅是军事组织，也是社会组织、生产组织、司法组织。八旗的基层单位是牛录，每三百户人家为一牛录，每户出一兵，父死子继，兄亡弟代，始终保持着充足的兵源。士兵上马征战，下马为民，兵器马匹自备，有很强的灵活性。在统治部众方面，也以牛录为单位进行管理。因此，八旗制度具有军事、行政、社会管理、生产等多方面的职能。

努尔哈赤创立的八旗制度，具有女真族的特点和习惯，适应战争和社会需要，组织严密，协调一致，有着很高的管理效能和很强的战斗力。在战争中，八旗军队几乎战无不胜。努尔哈赤之所以能够统一东北女真各部，后来清朝之所以能够平定天下，在很大程度上是依仗着这支无坚不摧的八旗军队。

后来，努尔哈赤统一东北女真各部，建立了后金，地盘越来越大，部众越来越多，他把蒙古人、汉人也单独编制成军。到了皇太极时期，正式形成了蒙古八旗和汉人八旗，总数达到二十四旗。有的史书说，清朝把其他民族也编成八旗，总共有三十二旗。但人们在习惯上，仍然称为八旗。

在清朝统一全国的战争中，八旗军队立下赫赫战功。清朝定都北京以后，将内城的汉人全部逐出，分为八个区域，皆由满洲八旗驻守，拱卫皇城。后来，八旗军队陆续分布各地，控制着全国。

八旗制度的特点是以旗统人，以旗统兵，在旗的民众称为旗人，数量庞大，他们是清朝统治的社会基础。清朝统治者得到天下以后，对旗人给予不同于其他民众的特殊待遇，保障其生活来源，旗人可以不劳而获，尽情享受，结果逐步腐败颓废，失去了进取精神和生产技能，使清朝统治的社会基础崩塌，这是清朝灭亡的重要原因之一。所以，不少人认为，清朝成于八旗，也败于八旗。

不过，在努尔哈赤时期，他创立的八旗制度焕发出了勃勃生机，八旗军队全是骑兵，战斗力强悍，足可以与历史上的蒙古铁骑相媲美。努尔哈赤率领着英勇无敌的八旗军队，即将横扫东北大地，统一女真各个部落，谱写英雄壮丽的辉煌篇章。

# 统一女真建后金

努尔哈赤创立八旗制度以后，实力大增，无人能及，他便开始了统一东北女真各部的战争。

努尔哈赤的主要对手，是海西女真。海西女真分为哈达、辉发、乌拉、叶赫四部，实力都很强大，皆有吞并其他部落的野心。因此，海西女真在对外时尚能保持一致，但内部矛盾十分尖锐。努尔哈赤采取利用矛盾、分化瓦解、远交近攻、各个击破的策略，用了多年时间，最终吞并了海西女真。

哈达部在海西女真诸部中位置偏南，离建州最近。哈达部落势力较强，首领王台野心勃勃，一心想当海西诸部的霸主，与叶赫部矛盾很深，曾经发生过战争。

王台死后，二子争位，哈达陷入内乱。最终，二儿子孟格布禄夺位成功，当上首领，但势力已经衰弱。叶赫部趁机攻打哈达，孟格布禄向建州求援。努尔哈赤见海西女真起了内讧，心中窃喜，派出两千兵马支援哈达部。

叶赫部见有外敌插手，不想海西内部分裂，便与哈达部讲和，并唆使哈达部消灭建州援军。孟格布禄有勇无谋，竟然同意了。建州援军本来是去支援哈达部的，没有防备，被哈达军队打了个措手不及，大败而回。

消息传来，努尔哈赤又怒又喜，怒的是孟格布禄背信弃义，喜的是讨伐哈达出师有名了。建州将士个个义愤填膺，摩拳擦掌，纷纷要求惩罚哈达部，军中士气十分高涨。

1599 年，努尔哈赤率大军攻打哈达部，经过六天激战，攻破了哈达城，活捉了孟格布禄和他的儿子吴尔古代。努尔哈赤占领城池以后，一改往日女真人打仗抢掠的习惯，对城内居民秋毫无犯，目的是收买人心。此举取得显著成效，也表现出了努尔哈赤的深谋远虑。

努尔哈赤以背信弃义的罪名杀了孟格布禄，却让他的儿子吴尔古代继任哈达首领，还把女儿嫁给了他。此后，努尔哈赤实际上已经控制了哈达部落。由于努尔哈赤出师有名，又处置得当，海西女真诸部无话可说。

1601年，哈达部落发生大灾荒，几乎无法生存。吴尔古代没有办法，只好率部归顺了努尔哈赤。努尔哈赤没有费很大力气，就把哈达部落纳于自己的管辖之下。

吞并了哈达部，努尔哈赤又向辉发部下手了。辉发部在海西诸部中实力较弱，叶赫部常想吃掉它。辉发部既要讨好叶赫部，又不敢得罪努尔哈赤，左右为难，时常被迫自食其言，出尔反尔。

1607年，努尔哈赤以"兵助叶赫"和"背约不娶"为理由，发兵攻打辉发部。此时，满洲八旗兵强马壮，辉发部根本不是对手，很快就被吃掉了。

满洲八旗灭掉辉发部之后，又马不停蹄攻打乌拉部。乌拉部地盘很大，势力强盛，听说建州军队来犯，派出兵马截击。双方在乌碣岩展开大战，结果建州军取得胜利，杀敌三千多人，获马五千多匹。

努尔哈赤说，讨伐乌拉部就像砍大树，不可能一刀而断，需要多砍几次。在吞并乌拉部的策略上，努尔哈赤采取了消耗其实力、先取周边土地、孤立都城、最后攻之的办法，分步实施。与此同时，努尔哈赤向叶赫部示好，希望他们不要干预。

经过几年战斗，乌拉部大片土地丢失，兵力损失严重。不过，乌拉部首领布占泰手中，仍然握有三万兵马，镇守乌拉城，准备与努尔哈赤决一死战。

1613年，努尔哈赤亲率三万大军，出征乌拉。努尔哈赤不敢轻敌，挑选精兵强将，猛将额亦都等五大臣和儿子代善、莽古尔泰、皇太极，侄子阿敏等悉数出战，决心一举吞并乌拉部。

布占泰不甘示弱，把三万兵马拉出城外，与努尔哈赤决战。六万多人混战在一起，杀得天昏地暗，血流成河，喊杀声、怒骂声、刀枪撞击声震天动地，令人胆战心惊。双方兵力相等，乌拉兵面临生死存亡，拼命死战，但敌不过凶悍的八旗兵，十之六七被杀，其余见势不妙，退入城中，凭坚据守。

努尔哈赤早有准备，命士兵每人扛一包土抛在城下，不到半天时间，土与城墙高度平齐，八旗兵蜂拥入城。布占泰见大势已去，率百余人突围逃窜，遭到代善截杀。最终，布占泰单人独马投奔叶赫部，乌拉部灭亡了。

海西女真只剩下叶赫部了，叶赫部离建州最远，力量也最强大。努尔哈赤向叶赫部索要布占泰，遭到拒绝。努尔哈赤立志统一东北女真，叶赫部是最后一个强敌，自然不肯罢休。

在灭掉乌拉部不久，努尔哈赤亲率四万大军，向叶赫部发动进攻。叶赫部倾其全部兵力，奋起抵御，但挡不住八旗兵的凌厉攻势。经过数月激战，八旗兵消灭了大量叶赫军队，攻占了吉当阿、兀苏、呀哈、黑儿苏等十九座城池，直逼叶赫都城。叶赫部面临灭亡危险，只好向明朝求救，明朝派军援助。努尔哈赤暂时不想与明朝为敌，撤兵而回。

这一次，努尔哈赤虽然没有完全吞并叶赫部，但叶赫部已经损失惨重，元气大伤，不足为虑了。不久，叶赫部也被努尔哈赤灭掉了。

东北女真主要有建州女真、海西女真、东海女真三大部，如今，努尔哈赤已经占有了两部，势力如日中天。剩下的东海女真，主要散居在黑龙江和乌苏里江流域，部落分散，路途遥远，无法与努尔哈赤抗衡，多数部落表示归服。有少数不服的，努尔哈赤派兵一一消灭。

经过多年浴血奋战，努尔哈赤终于完成了统一东北女真各部的宏伟事业。在金国灭亡三百多年之后，女真族又第二次凝聚在一起，势力再度强盛。

1616年，努尔哈赤在赫图阿拉城建立政权，国号大金，史称后金。后金实行贵族共和政体，由八和硕贝勒共治国政，八和硕贝勒是满洲八旗的主帅。努尔哈赤被拥戴为"大金覆育列国英明汗"，也称天命大汗。

后金疆域东到大海，西至辽东长城，南抵鸭绿江，北临嫩江，占据了东北大部分地区。

努尔哈赤时年五十八岁，距离起兵三十三年。努尔哈赤由十三副遗甲起兵，经过三十多年的不懈努力，终于成就了非凡的事业，在中国历史上谱写了一段英雄传奇。

然而，努尔哈赤并没有满足和停滞，统一女真各部、建立大金政权，只是他开创大业的第一步。不久，努尔哈赤向天下发布反明七大恨，开始向明朝进攻了。

# 发布反明七大恨

努尔哈赤十三副遗甲起兵的直接动因，是明朝杀了他的祖父、父亲、外祖父、舅舅多位亲人，他要报仇雪恨。如今，努尔哈赤统一了东北女真，建立了后金政权，势力大盛，他就要复仇雪耻、与明朝为敌了。

1618 年，努尔哈赤向天下发布七大恨的讨明檄文，公开与明朝决裂，并开始攻击明朝。

七大恨的原文已经散佚，只在《满洲实录》《清实录》等史书中有记载，内容不完全一样，但大同小异。主要内容有以下七条。

努尔哈赤说，我的祖父和父亲，一向忠于明朝，恪尽职守，未曾损害明朝一草寸土，却被明军无辜杀害。这是一大恨。

明朝屡次挑衅，我心怀修好，双方设碑立誓，不得越土，但明朝逞强，时常越界，欺凌我族。这是二大恨。

明朝人居于清河以南，但经常越河侵扰，掠我财物，杀我族人。这是三大恨。

我本已聘叶赫之女为妻，但明朝令其改嫁蒙古，使我蒙受耻辱。这是四大恨。

柴河、三岔、抚安等地，世代为我族居住，明朝却派兵驱赶，强行占有。这是五大恨。

叶赫部落有罪，明朝却不明事理，偏听偏信，出兵帮助叶赫。这是六大恨。

明朝作为天下共主，却处事不公，倒置是非，哈达首先攻击我族，明朝反而为哈达撑腰。这是七大恨。

有的史书中，把九部联军攻打而明朝坐视不管、视女真如同外番等事项，也列为七大恨的内容。

从努尔哈赤发布的七大恨来看，除了杀害其祖父和父亲之外，并没有多少深仇大恨，也没有很多实质性的内容，因此，七大恨的政治性远大于感情性。

努尔哈赤起兵三十多年来，一直担任明朝的官职，对朝廷十分顺从，从没有提复仇之事。在努尔哈赤统一东北女真各部战争中，明朝基本上未加干涉。明朝以为努尔哈赤没有异心，甚至努尔哈赤建立后金的前一年，蓟辽总督还向朝廷奏报，说努尔哈赤"唯命是从"。可以说，努尔哈赤势力坐大，是明朝放任不管、养虎遗患的结果，也暴露了明王朝的腐朽无能。

努尔哈赤发布七大恨，实际上是打着报仇的旗号，意在挑起女真人对明朝的仇恨，从而实现自己争夺天下的政治野心。公开发布七大恨，也表明努尔哈赤要实行战略重点转移，由原来统一女真各部转向攻击明朝，夺取明朝江山。

努尔哈赤发布七大恨之后，便兵分两路攻击明朝。努尔哈赤亲率四个旗的兵力，攻打抚顺城；另一路也是四个旗的兵力，攻击东州城、马根单堡等地。此役是努尔哈赤公开反明的第一仗，努尔哈赤调集了精兵强将，务求旗开得胜，一炮打响。

努尔哈赤对攻占抚顺做了精心谋划，他按照皇太极的建议，事先派出大批金兵，装扮成老百姓，混入抚顺城内，准备里应外合。明朝对努尔哈赤反叛毫无防备，抚顺城戒备松懈，使得努尔哈赤的计谋轻松得逞。

金军在城中布置好以后，努尔哈赤随即率大军包围了抚顺。抚顺守将叫李永芳，与努尔哈赤素有交往，彼此印象不错。努尔哈赤给李永芳写了一封信，劝他投降。

努尔哈赤在信中说："我大军攻城，志在必得。你很有才华，如果归顺，我一定重用，城中百姓也可保全；如果执迷不悟，我认识你，我军弓箭可不认识你，必有性命之忧。你不要认为我在恐吓你，我军已做好了充分准备，如果连区区一城都打不下来，还出什么兵呢？望你三思，从速决断。"

李永芳看信后，没有回复，立即调动兵马，上城抵御，亲自登上南门城楼督战。李永芳全神贯注地抵御城外金军，却不料城内发生事变，四面起火，杀声震天，金兵在城内动起手来。城外金军趁势架起云梯，纷纷攀上城墙。明军大乱溃散，将领王命印、王学道、唐钥顺等人战死。

李永芳见城池已陷，只好叹口气，走下南门楼，向努尔哈赤投降。努尔哈赤很高兴，好言抚慰，并传令勿杀城中百姓。后金把抚顺百姓编为千户，设置官员进行管理。

李永芳是辽宁铁岭人，有史书说他是原辽东总兵李成梁的孙子。李永芳是明朝第一个投降后金的将领，被后金先后授为三等副将、三等总兵官等职，并娶了努尔哈赤的孙女为妻。李永芳对后金十分忠心，率领一支万余人的汉人军队，多次攻打明朝，因功获得免死三次的特权，于1634年病逝。

努尔哈赤采取里应外合的办法，一举攻占了抚顺城。另一路兵马也进展顺利，捷报频传。金军先是攻破东州城，斩杀守将李弘祖；接着攻克马根单堡，生俘守将李大成。金军士气高涨，锐不可当，乘胜突破鸦鹘关，进犯清河城，守将邹储贤、张旆战死。

努尔哈赤出兵攻打抚顺等地，震惊了辽东巡抚李维翰，急令驻守广宁的总兵官张承胤率军前去增援。张承胤是陕西榆林人，出身将门，久经沙场，他得令后，亲率万余兵马，日夜兼程赶往抚顺。

努尔哈赤料到明朝必会派来援军，已经做好了准备，在抚顺城外设置了埋伏圈。张承胤率兵疲惫不堪地赶到抚顺，突然遭到后金军队伏击。八旗兵骑着战马，挥舞钢刀，高声呐喊，从四面八方杀来。明军猝不及防，阵形大乱，顿时溃败。

张承胤带领身边亲兵，拼死奋战，多处受伤，壮烈殉国。明军五十多名将领阵亡，士兵死伤无数。最后，明军几乎全军覆灭，逃回去的士兵不足十分之一。张承胤是明朝牺牲在辽东战场上的第一位总兵官。

努尔哈赤此次出兵，首战告捷，战果辉煌，被清朝统治者视为开启鸿基之战。康熙、乾隆、嘉庆、道光等皇帝，都曾经到过抚顺，追忆祖上创业之功绩。

嘉庆皇帝还专门作诗一首："征明应运启前麾，天佑皇清时雨师。境逼孤城围劲旅，书持一纸竖降旗。永芳向化遵王道，抚顺安生沐帝慈。德洽群黎拓疆域，我朝自此建鸿基。"

努尔哈赤公布七大恨、发兵攻占抚顺等地的消息传到北京，明朝震怒，立即派出几十万大军，分进合击，企图一举灭掉努尔哈赤。努尔哈赤又将如何应对呢？

# 萨尔浒之战显神威

努尔哈赤发兵攻打抚顺等地，首战告捷，得胜后返回都城赫图阿拉。努尔哈赤很高兴，下令摆酒庆贺，奖赏功臣。全军将士兴高采烈，猜拳行令，吆五喝六，大吃大喝。

忽然，紧急军报传来，说明朝调集四十七万大军，向赫图阿拉杀来。明军主帅是兵部右侍郎兼辽宁经略杨镐，统兵将领有杜松、马林、刘铤、李如柏，四人都是总兵官，身经百战，是明朝著名战将。

后金八旗军队只有六万多人，敌众我寡；赫图阿拉城不大，也不坚固，后金明显处于劣势。面对巨大危险，有些将领变了脸色，目光齐聚努尔哈赤，看他如何应对。

努尔哈赤面色平静，微微一笑，十分轻松地说："万历老儿昏庸，用人不明；杨镐一介书生，不懂打仗，只会纸上谈兵。所以，别看明军人多，都是来送死的。"

努尔哈赤说得不错，当时是明朝万历后期，万历皇帝在位四十八年，却有二十多年不上朝，政务荒废，党争激烈，朝廷一片混乱，国力迅速衰落。所以，后世有不少人认为，明朝之亡，始于万历。当时，万历皇帝五十七岁，努尔哈赤六十一岁。

明军主帅杨镐，河南商丘人，进士出身，当过南昌、蠡县等地的县官，后入朝担任御史、大理评事等职，是个文官。杨镐为官清廉，擅长诗文，打仗却是外行，曾在抗日援朝战场上吃过败仗。不知道万历皇帝哪根筋搭错了，这次又让他担负重任。

明军号称四十七万，实际兵力有二十多万，又有朝鲜兵相助，实力依然比后金强大得多。杨镐信心满满，认为天朝大军一到，后金必定土崩瓦解。因此，他事先公布了悬赏规格：擒斩努尔哈赤者，赏银一万两，升都指挥使；擒斩八大贝勒者，赏银两千两，升指挥使；擒斩后金大小头目者，均有不同的奖赏。

1619 年三月，杨镐坐镇沈阳，发布军令，兵分四路，分别从西、北、东、南四个方向攻击赫图阿拉，务必一举捣毁后金巢穴，消灭努尔哈赤。

后金将领听说明军四路来攻，纷纷要求分头御敌。努尔哈赤笑着说："不用！不管他几路来，我只一路去。明军四路出兵，路途远近、行军速度各有不同，不可能同时到达。我军都是骑兵，行动快捷，正好一口一口地把他们吃掉。

努尔哈赤派出大批侦探，随时掌握明军动向，又整顿兵马，做好各种准备，打算集中优势兵力，各个歼灭敌人。

明军西路军的统领是杜松。杜松是陕西榆林人，长得高大乌黑，外号杜黑子。杜松骁勇善战，久经沙场，但有勇无谋，性格急躁。他率领的六万兵马，是明军的主力，从西面向赫图阿拉进攻。

杜松求功心切，想第一个到达赫图阿拉，抢个头功。因此，他命令部队日夜兼程，夜里打着火把赶路，每天行军在百里以上，搞得将士们疲惫不堪，怨声载道。

杜松军队很快到达离赫图阿拉百余里的萨尔浒一带，一条大河挡住去路。河很宽，但水不深，杜松令将士们留下重型武器，轻装涉水过河。

不料，明军将士刚走到河中间，上游洪水咆哮而下，大批明军士兵被洪水冲走。原来，努尔哈赤事先在上游筑坝堵住水流，此时毁坝放水，水淹明军。

明军失魂落魄，好不容易爬上河岸，忽听马蹄声如擂鼓一般，数万骑兵从四面八方冲杀过来。明军经过长途行军，并被河水淹了半天，体力不支，手中又没有重型武器，自然不是金军对手，死伤过半。

杜松带残兵抢占一座小山包，天色已晚，安营休息。可是，金军却不休息，趁着明军疲惫，夜里前来劫营。夜色漆黑，看不清楚，杜松令士兵点上火把迎敌，正好成了金军的活靶子。

金军万箭齐发，无数明军中箭身亡，杜松也被乱箭射死。主将一死，士兵们溃散逃命，被八旗兵追杀殆尽。可怜作为明军主力的西路军，还没有拉开架势开打，就全军覆灭了。

金军马不停蹄，转向北方，去攻击马林统领的北路军。马林也是明朝名将，他比杜松谨慎一些，在接近赫图阿拉的时候，没有冒险进兵，而是令部队占据一座山头，等待其他几路军队。

很快，杜松兵败身死的消息传来，马林大吃一惊，预料金军必来进攻，急令士兵抢修工事。

马林军队的工事尚未修完，大批金军骑兵蜂拥而至，将山头团团包围，随即展开凌厉攻势。

努尔哈赤的战术是速战速决，不给敌人喘息之机，因而挑选的全是精兵强将。大贝勒代善、二贝勒阿敏、三贝勒莽古尔泰、四贝勒皇太极全部上阵，分别带队冲锋。

马林的北路军只有四万人，根本抵挡不住，激战一天，全军覆灭。马林的两个儿子马燃、马熠全都战死。马林奋力杀出重围，只带数人逃了出去。三个月后，马林在开原被金军所杀。

坐镇沈阳的杨镐闻知两路兵败，惊慌失措，乱了方寸，急令东路军、南路军迅速撤退。

东路军由著名战将刘铤统领。刘铤是武状元出身，手中大刀重一百二十斤，比关羽的大刀还重许多，人称晚明第一猛将。刘铤率四万兵马，从东面向赫图阿拉进攻。东路军路途较远，沿途全是山路，荒无人烟，因而进军迟缓，也没有接到撤兵的命令。

努尔哈赤在消灭杜松、马林军队之后，改变战术，在东路军前方山谷中设下埋伏，张网以待，以逸待劳。

努尔哈赤担心刘铤听说明军兵败后撤退，于是心生一计，让金兵冒充杜松的使者，对刘铤说，杜松已经攻占了赫图阿拉，正等着与刘铤会合，追剿残敌，催促刘铤快些前去。

刘铤见杜松抢去了头功，懊悔地直拍大腿，传令部队加速进军。刘铤军队以急行军的速度向前挺进，很快进入金军的埋伏圈，结果又是一个全军覆灭。刘铤挥舞大刀，拼死力战，杀敌无数，终因寡不敌众，壮烈殉国。

南路军由名将李如柏统领，有六万多人。李如柏是李成梁的次子，年龄不大就随父征战，经验十分丰富。努尔哈赤还没来得及对付南路军，李如柏就得到杜松、马林兵败的消息，急忙停止前进，很快又接到杨镐撤军的命令，于是急速退兵。

金军骑兵火速追击，没有追上，只擒获了掉队的千余人。李如柏为明朝保存了一支部队，却遭到弹劾和人们非议，心中愤懑不平，后来忧郁自杀。

攻打赫图阿拉的明军，是辽东的精锐部队，统兵将领都是名将，本来实力不弱，却因为主帅杨镐失误，用兵分散，结果造成重大损失。就像一群雄狮，却由一只兔子统率，焉有不败之理？杨镐获罪入狱，后来被处死。

萨尔浒之战，是历史上用兵灵活、以少胜多的典型战例，表现了努尔哈赤卓越的军事才能和大智大勇。努尔哈赤大显神威，声名远扬。

萨尔浒之战，也是明清战争史上一个重要转折点。明朝大量精锐部队被歼灭，失去了辽东战场上的主动权，被迫由战略进攻转入战略防御；后金则士气大振，实力增强，由战略防御变为战略进攻，频频攻打明朝。决定胜负的天平，开始向后金政权倾斜了。

# 宁远惨败抱憾而逝

萨尔浒大战以后，明朝损失严重，再也没有力量进攻后金，被迫转入战略防御。第二年，万历皇帝死了，他的儿子天启皇帝即位。天启皇帝也是一个昏君，不务正业，迷恋做木匠活，被称为"木匠皇帝"，大权落在太监魏忠贤手里，大明王朝继续腐朽衰落。

与此相反，新兴的后金政权却是方兴未艾，蒸蒸日上。努尔哈赤雄才伟略，精心治理国家，推行一系列政治、经济、军事、社会方面的有效措施，创立满族文字，改善与蒙古的关系，使得后金国力强盛，欣欣向荣。

萨尔浒大战之后，后金对明朝实行战略进攻，努尔哈赤率领他的八旗军队，连续攻占开原、界藩、铁岭等地，彻底灭掉叶赫部，扩大了疆域，势力如日中天。

1621年，努尔哈赤率兵攻打沈阳。沈阳是东北重镇，明朝守军较多。总兵官贺世贤勇猛但无谋，他让副将尤世功守城，自己领兵出城迎敌。不料，八旗兵凶猛，明军不是对手，被围而歼之，贺世贤力战而死。尤世功出城相救，也阵亡了。努尔哈赤一举攻占了沈阳城。

努尔哈赤攻占沈阳以后，又去攻打辽阳。辽阳也是东北重镇，当时的地位比沈阳高，是辽东经略的驻地。辽东经略是明朝在东北地区的最高长官。结果辽阳守军不敌，城池陷落。辽东经略袁应泰不愿当俘虏，上吊自杀。

八旗军队善于连续作战，夺取辽阳以后，马不停蹄攻占金州、复州、海州、益州等地。明军一路败退，辽东十四卫全部落入后金之手。努尔哈赤为了便于统治，立即将都城迁至辽阳。

1622 年，努尔哈赤率大军强渡辽河，又向辽西进兵。八旗军队锐不可当，连续攻占辽西四十多个城池。明军被打得落花流水，残部和数十万汉民被迫南逃，逃往山海关。辽西大部分地区也被后金占领。

至此，锦州、宁远以北的广大东北地区，基本上全部处于后金统治之下。努尔哈赤将都城迁往沈阳，以强化对东北地区的控制。

努尔哈赤雄心勃勃，得到东北并不能满足他的政治欲望，他要带领八旗铁骑，踏平宁远城，冲破山海关，向明朝腹地进军，夺取整个天下。

宁远城位于山海关外二百里左右，战略地位十分重要，金军要想攻占山海关，必须经过宁远城。宁远城建城较晚，城池也不大，周长六里多地，只有四个门，守城军队不到两万。与沈阳、辽阳等重镇相比，宁远城显得十分弱小。

宁远守将叫袁崇焕，是广东东莞人。袁崇焕与杨镐一样，也是进士出身，当过福建邵武知县和朝廷官员，是个文官，当时担任宁前兵备佥事职务，是个名不见经传的小人物，而且从来没有打过仗，时年四十三岁。

努尔哈赤派人侦探到宁远情况和袁崇焕底细以后，鼻子哼了一声，不屑地说："又是一介书生。"满脸看不起的样子。

到这个时候，努尔哈赤起兵已有四十多年，历经大小战斗不下百次，几乎没有打过败仗，因而十分自负，认为小小的宁远城不在话下，袁崇焕根本不是他的对手。努尔哈赤万万没有想到，他即将败在袁崇焕这个文弱书生手里。

袁崇焕不是一般的书生和文官，他怀有强烈的忧国之情和报国之志，见东北局势危急，主动请求投笔从戎，毅然踏上了辽东战场。袁崇焕胆子很大，曾经不顾危险，一个人单身独马去山海关察看地形，并且豪迈地说："给我兵马粮草，我一个人就能守住山海关。"

袁崇焕是 1622 年奔赴辽东战场的，但只是负责在山海关一带督军和安抚流民，并没有上过战场。当努尔哈赤攻占辽东、辽西之后，明军残部和大量汉民逃到山海关。不少人认为，宁远城小，根本挡不住金军，应该放弃，把守军和居民也撤到山海关。

袁崇焕却认为，宁远是山海关的屏障，不应轻易放弃，他主张保关内必须坚守山海关，守山海关必须守宁远。辽东经略孙承宗支持袁崇焕的意见，并任命他为宁远守军主将。

1624年，袁崇焕主持宁远防务。袁崇焕到任后，见宁远城不够坚固，便组织大批民工，加高加固城墙，将城外百姓全部迁到城内，并在宁远城周围挖了许多深沟，设置了重重障碍。袁崇焕用了一年多时间，将宁远城打造成一座坚固的战斗堡垒。

袁崇焕虽然没有打过仗，手无缚鸡之力，但他善于动脑子，胸有谋略。袁崇焕认真分析了明军与金军作战失利的教训，认为八旗骑兵凶悍无比，擅长野战却不善攻城。在野战中，明军无论如何敌不过八旗骑兵，只有凭坚据守，不出城作战，才是上策。袁崇焕的分析完全符合实际情况。

袁宗焕还有更厉害的一手，他曾在福建任职，与占据台湾的荷兰人有过接触，知道西洋大炮的厉害，于是说服朝廷，花巨资买了十一门西洋大炮，安置在宁远城墙上。

因荷兰人多是红发，人们称西洋大炮为红夷大炮。红夷大炮射程远、威力大，是当时世界上最先进的火炮。许多人没有见过红夷大炮，更不知道它的威力。

1626年初，努尔哈赤亲率十三万八旗铁骑，号称二十万，气势汹汹向宁远杀来，企图一举荡平宁远城，攻占山海关，打开向明朝腹地进军的通道。

八旗骑兵进军速度很快，不久抵达宁远城下。努尔哈赤见天色已晚，便在城北五里处安营扎寨，准备休息一晚，次日攻城。同时，派使者入城，威吓袁崇焕投降。

袁崇焕严词拒绝，令红夷大炮齐放，轰击金军大营。红夷大炮发出雷鸣般的巨响，金军大营顿时血肉横飞，陷入一片火海。金军士兵从来没见过如此厉害的武器，疑是天神相助，一个个抱头鼠窜，死伤惨重。努尔哈赤大惊失色，只得转移到远处安营，躲避炮火。金军还没开战，就损失了大批人马。

努尔哈赤恼羞成怒，第二天组织兵力攻城。八旗骑兵手舞钢刀，狂呼乱叫，旋风般地扑向宁远城。不料，冲锋路上全是绊马障碍，金军人仰马翻。好不容易接近了宁远城，又被一道道深沟挡住去路，战马不能跃过。

金军的优势在于战马快捷和士兵箭术精良，袁崇焕针对金军特点，设置了重重障碍，使金军的骑射特长难以发挥。而宁远城头的红夷大炮却发挥了巨大威力，一炮打来，金军士兵成片地倒下，尸体被炸得残缺不全。大炮震耳欲聋，金兵闻之丧胆。努尔哈赤连续攻城数日，毫无进展，连宁远城边都没法靠近。

努尔哈赤狂怒，改变战术，不用骑兵，改用战车进攻。士兵们一边填平壕沟，一边推战车为掩护，艰难地前进。袁崇焕心生一计，用大炮猛轰后面的金军，而把前边的金兵放到城下。

一部分金军好不容易冲到城下，可没想到，袁崇焕早在城下埋设了火药，放置了木屑、棉花等易燃之物，此时引爆火药，城下烈火熊熊，冲到城下的金兵全部葬身火海，无一生还。

袁崇焕凭借着城坚炮利，掌握了战场上的主动权；精锐的八旗骑兵，敌不过红夷大炮，束手无策，被动挨打。金军攻城多日，不能奏效，宁远城外，到处布满了金兵的尸体，金军死伤数万人。努尔哈赤戎马一生，战无不胜，未有败绩，却在宁远城下碰得头破血流。

有一天，在红夷大炮轰击之后，金军营中传来一片哭声，显然有重要人物遇难。金军混乱，随即撤兵而走。有的史书说，是努尔哈赤被炮火炸伤了。

袁崇焕取得宁远大捷，这是明军在与后金多年战争中取得的第一次辉煌胜利，极大地鼓舞了明朝军民士气。袁崇焕随后又取得宁锦大捷，声威大震，成为抗击后金的中流砥柱。可是，明朝天启皇帝昏庸，魏忠贤专权，迫害忠良，袁崇焕不久被革职回乡。

宁远大捷有效阻止了后金军队南下的步伐，此后数年，金军未敢再向明朝进攻。后金领教了红夷大炮的巨大威力，后来皇太极仿照铸炮，也拥有了炮队，称之为红衣大炮。

1626年七月，在宁远惨败半年之后，努尔哈赤逝世，享年六十七岁。《清史稿》《清实录》说努尔哈赤是病死的，但有不少史书说，努尔哈赤在宁远之战中受了炮伤，没有治好，最终抱憾而逝。

努尔哈赤无疑是一位具有传奇色彩的英雄人物，开创了辉煌的事业。努尔哈赤死后，他千辛万苦开创的事业，会如何发展呢？

# 努尔哈赤的儿子们

努尔哈赤有十六个儿子，他一世英雄，儿子们也不简单，多数能够统兵征战，为开创大清王朝立下功劳，尤其是四大贝勒最为出名。

努尔哈赤的长子叫褚英，1580年生，母亲佟佳氏，是努尔哈赤第一位正妻。因此，褚英既是长子，又是嫡子，深受努尔哈赤喜爱。

褚英四岁时，努尔哈赤开始起兵。因佟佳氏早逝，努尔哈赤只好把褚英带在军营，过着刀光剑影的生活，因而造就了他勇敢和躁烈的性格。

褚英十几岁就上阵杀敌，十九岁时独领一军，在统一女真各部战争中功绩显赫，二十九岁时被授命执掌国政。人们都认为，他会是努尔哈赤的继承人。

褚英性情暴烈，心胸狭隘，加上战功赫赫，身份特殊，因而不把任何人放在眼里，与额亦都等五大臣以及兄弟们的关系都不好。褚英口出狂言："等我继了位，就把你们全杀掉。"

努尔哈赤闻知大怒，削弱了褚英的权势。褚英不知悔改，反而与父亲敌对，结交党羽，图谋不轨。在后金建立的前一年，努尔哈赤下令将褚英处死。褚英死时三十六岁。

努尔哈赤的次子叫代善，1583年生，是褚英的同母弟。代善也是十几岁就随父出征，骁勇善战，胸有谋略，几乎参加了所有重大战役，战功卓著，被授予"古英巴图鲁"称号。这个荣誉称号，在清朝一代仅为代善所独有。

代善与哥哥褚英截然不同，他性情温和，待人宽厚，与大臣和兄弟们的关系都很好。努尔哈赤命代善执掌国政，并对众人说："等我百年之后，诸幼子都托付给代善。"

人们都认为，代善是努尔哈赤的理想接班人。可是，代善却犯了一个令努尔哈赤十分厌恶的错误，他与努尔哈赤第四任大妃阿巴亥关系暧昧。努尔哈赤心中恼怒，但家丑不可外扬，只好用别的理由惩罚了阿巴亥，后来又让她陪葬。努尔哈赤自然也恼怒代善，剥夺了他的执政权力，由四大贝勒轮流执掌国政。代善的威信也一落千丈。代善活了六十六岁病逝。

努尔哈赤的三子阿拜、四子汤古代，都是侧妃生的，也都领兵打仗，立有战功，但军功和能力逊色一些，也没有野心，后来均得善终。

努尔哈赤的五子莽古尔泰，是努尔哈赤第二个正妻富察氏生的，因而属于嫡三子。莽古尔泰少年时期就征战沙场，身经百战。他身材高大，武艺高强，勇冠三军，曾经率军一连攻克乌拉部落六个城池，威名远扬。

莽古尔泰有勇无谋，性情刚烈，做事鲁莽，与皇太极的关系很不好。《清史稿》记载，莽古尔泰做了一件最不应该做的事情。富察氏犯了罪，努尔哈赤不忍心杀她。莽古尔泰为了取悦父亲，自告奋勇，亲手杀了自己的生母。此举受到人们普遍诟病，莽古尔泰威信扫地。

努尔哈赤死后，莽古尔泰恃着军功多，年龄大，又是嫡子，与皇太极争夺汗位。可是，没有一个人拥护他。皇太极继位以后，追究莽古尔泰弑母邀宠的罪责，降低其爵位，削夺其权力，并罚银万两。莽古尔泰又恼又怒又羞，抑郁成疾，不久病死，时年四十六岁。

努尔哈赤的六子塔拜、七子阿巴泰，均是侧妃生的，也立有战功，尤其是阿巴泰，功劳还很大。二人性格谨慎，待人宽容，得以善终。

努尔哈赤的八子皇太极，生于 1592 年，母亲是侧妃叶赫那拉氏，他不属于嫡子。皇太极胸有谋略，聪睿绝伦，文武双全，在努尔哈赤儿子中最为出色。

努尔哈赤死后，皇太极被推举为汗位继承人。他继承光大父亲的事业，将女真族改为满族，把后金改为大清，清朝正式建立。

努尔哈赤的其他儿子们，多数年龄尚小。后来为清朝统一天下做出卓越贡献的十四子多尔衮、十五子多铎，当时只有十几岁，最小的儿子费扬果，年仅六岁。

努尔哈赤的侄子阿敏，是努尔哈赤同母弟舒尔哈齐的儿子。舒尔哈齐与努尔哈赤一同起兵，在前期做出了重要贡献，后来企图搞分裂，被努尔哈赤囚禁致死。努尔哈赤善待侄子阿敏，封他为贝勒。阿敏为后金出生入死，屡立大功，活了五十五岁。

努尔哈赤建立后金政权的时候，按照儿子、侄子的功劳和能力，封了四大贝勒，按年龄排序，分别是代善、阿敏、莽古尔泰、皇太极。

四大贝勒居于后金的统治核心，轮流执政，都有资格继承汗位，最终皇太极胜出，历史进入皇太极时期。

# 聪睿绝伦皇太极

努尔哈赤死后，其八子皇太极继位。他与父亲一样，也是一位杰出的政治家、军事家。皇太极为了统治天下的需要，将后金改为大清，由大汗改称皇帝，正式建立了清朝，被称为清太宗。《清史稿》评价他："仪表奇伟，聪睿绝伦，仁孝宽惠，廓然有大度。"

皇太极自幼聪明伶俐，讨人喜欢。他酷爱读书，记忆力超强，能够过目不忘，既精通满文，也通晓汉文典籍，在诸兄弟中学问最好。皇太极也喜欢练武，从孩童时期就练习骑马射箭，能够箭不虚发，属于文武双全。

皇太极心思缜密，胸有计谋。他从七岁开始主持家政，把家里日常事务、钱财收支等都管理得井井有条。努尔哈赤十分喜欢这个儿子，称他为"心肝"。

皇太极长大以后，面色红润，眉清目秀，处事稳健，举止端庄，风度翩翩。他言语不多，城府较深，待人恭敬，在诸兄弟中人缘最好，深受努尔哈赤器重，兄长代善也很佩服他。

皇太极年龄不大，就随父兄征战沙场，二十多岁时独领一军，成为著名将领。皇太极打仗善用谋略，往往用最小的代价，获取最大的成果。在征讨哈达、消灭辉发、吞并乌拉、重创叶赫等战斗中，皇太极屡立大功，为统一东北女真各部、建立后金政权做出重要贡献。

1616年，努尔哈赤建立后金政权，任命代善、阿敏、莽古尔泰、皇太极为四大贝勒，由皇太极掌管正白旗。当时，皇太极二十五岁，年龄最小，因而在四大贝勒中排名最后。但这并不意味着他的地位最低，四大贝勒按月轮流执政，地位是一样的。

努尔哈赤建立后金以后，发布七大恨，开始攻击明朝，发兵攻打抚顺。皇太极献计说："抚顺城中正在开马市，来往客商很多，我们可以派人混进城去，里应外合。"努尔哈赤认为是个好办法，欣然接受，结果顺利攻占了抚顺。

在萨尔浒大战中，皇太极率领他的白旗军，与众兄弟一起，在几天之内，转战数百里，一一击败了明朝四路大军，取得辉煌战果。萨尔浒大战之后，皇太极又独自率军，击败蒙古首领林丹汗，打得林丹汗狼狈逃窜。

皇太极在诸兄弟中以谋略见长，常有出人意料、克敌制胜之策。努尔哈赤对皇太极青睐有加，军国大事常与他商议。在宁远之战中，面对威力巨大的红夷大炮，皇太极也束手无策，结果金军惨败而归。皇太极目睹了红夷大炮的厉害，即位后开始研究仿造大炮，很快制造出来，称为红衣大炮，清军如虎添翼。

宁远惨败半年之后，努尔哈赤驾崩。谁来继承大汗之位，就成了迫在眉睫的头等大事。

后金实行贵族共和政体，由八和硕贝勒共治国政，大汗的继承人也由八和硕贝勒共同推举。当然，努尔哈赤的意见，是起主导作用的。可是，努尔哈赤在临终前，并没有留下遗命。这样，八和硕贝勒的推举，就起着决定性作用。

贝勒，原为满洲贵族的称号，后来成为一种爵位，级别很高。和硕，是满语对地方或旗的称呼；和硕贝勒是最高的爵位，一般只有皇室成员才能被授予。

努尔哈赤时期的八和硕贝勒，说法不一，比较多的说法是，除了四大贝勒之外，还有努尔哈赤的十二子阿济格、十四子多尔衮、侄子济尔哈朗，以及代善的长子岳托等人。

后金当时正处于艰苦创业时期，又刚遭受宁远惨败，人们都希望推举一位德才兼备的大汗，以便领导后金事业向前发展。因此，八和硕贝勒总体上能够以大局为重，考虑问题比较公道。所以，推举大汗的八和硕贝勒会议，并没有剑拔弩张，争得你死我活，而是表面上心平气和，互相谦让。当然，背后暗斗是免不了的。

按照后金制度，新大汗应该在功勋卓著的四大贝勒中产生，其他人往后考虑，这是符合当时情况和人们意愿的。

大贝勒代善，时年四十四岁，是事实上的嫡长子。他征战多年，功勋卓著，阅历丰富，掌管正红、镶红两旗，手下有岳托等五个执掌兵权、能征善战的儿子和侄子，在诸贝勒中实力最强，本来最有资格继位，但他曾与父亲的大妃有苟且之事，德行有亏，威信受到很大影响。

代善知道自己做过错事，难以服众，同时，代善性情温和，野心不大，又佩服皇太极的智谋和才能，于是首先提议，由皇太极继承汗位。代善位高权重，在八和硕贝勒中年龄最大，自然说话分量很重。

二贝勒阿敏，时年四十一岁，虽然也有继位的资格和野心，但毕竟是努尔哈赤的侄子，在当时情况下，汗位不可能轮到他。于是，阿敏也推举皇太极。

三贝勒莽古尔泰，时年四十岁。他自认为是嫡子，又战功赫赫，勇猛绝伦，很想争夺汗位，事先也做了一些工作。但他性格鲁莽，又做了亲手弑母违背人伦之事，人们对他嗤之以鼻，无一人推举他。莽古尔泰垂头丧气，默不作声，最后不得不表示拥立皇太极。

阿济格、多尔衮、济尔哈朗、岳托等人，都认为皇太极胸怀大志，智勇双全，谋略过人，时年三十五岁，年富力强，是理想的大汗继承人，纷纷推举他。这样，皇太极几乎得了全票，成为后金新的大汗。

当然，也有的史书说，皇太极搞了一些阴谋诡计，才夺得大汗之位。一些文学作品，更是把皇太极登位写得刀光剑影，离奇曲折。

有人说，多尔衮是嫡子，应该由他继位。可是，多尔衮当时只有十四周岁，没有任何战功，何况他前头还有一个二十二岁的同母兄阿济格，汗位是轮不到他的。不论从哪个角度看，皇太极继位都是正常的。

皇太极得到众人推举，自然谦虚推让一番，然后在 1626 年农历九月初一，焚香告天，正式登上汗位。不久，皇太极将后金改为大清，自己当上皇帝。

应该说，八和硕贝勒会议是公正的，推举皇太极也是正确之举，保证了后金事业继续向前发展。皇太极不负众望，励精图治，开创了一个更加辉煌的时代。

# 征朝鲜稳固后方

皇太极即位第二年，明朝天启皇帝死了，其弟崇祯皇帝继位。崇祯很想有所作为，上台三个月就铲除了魏忠贤阉党集团，试图重振朝纲。崇祯皇帝重新起用袁崇焕，并破格提升他为兵部尚书，兼辽东经略，负责辽东战事。

袁崇焕重返东北战场，他为了抵御清军南下，构建加固关宁锦防线，以山海关为后盾、宁远为中坚、锦州为先锋，沿途建了许多联防据点，能够有效阻挡清军骑兵进攻。

皇太极对袁崇焕复出十分不安，对宁远惨败心有余悸，又见关宁锦防线难以逾越，便采取缓兵之计，遣使与袁崇焕议和。

袁崇焕在复出之时，曾向崇祯皇帝夸下海口，说五年之内收复辽东。可是，明军遇到的最大问题，是粮饷和兵力不足，因而无力反攻。袁崇焕只得以防御为主，同意议和。不料，此举引起崇祯皇帝疑心，为日后袁崇焕被杀埋下伏笔。

明清之间暂时停息了战火，皇太极腾出手来，开始考虑巩固后方，他需要首先解决朝鲜问题。朝鲜是明朝的藩属国，一向帮助明朝攻打后金，在萨尔浒之战中就曾出兵协助明朝。朝鲜离后金很近，经常受明朝指使，派兵袭扰后金后方。另外，明朝将领毛文龙率兵驻在朝鲜，对后金虎视眈眈。因此，朝鲜是个很大的后顾之忧。

1627年初，皇太极命二贝勒阿敏为主帅，岳托、杜度、阿济格、济尔哈朗等人统兵，出动大军攻打朝鲜。皇太极发布圣谕说："朝鲜屡次获罪我国，理应讨伐。但此行并非专伐朝鲜，明毛文龙部驻在朝鲜，危害我国，应一并图之。"皇太极此次出兵的目的，不是为了吞并朝鲜，而是想征服它，变成自己的附庸。

阿敏率领清军铁骑，以朝鲜降将姜弘立为向导，悄悄渡过鸭绿江，突然袭击义州。义州城毫无防备，很快被攻破。阿敏将城中守军屠尽，留下一千名清兵镇守，然后马不停蹄继续向南攻击。

清军骑兵进军神速，很快抵达铁山。铁山是明军毛文龙部驻地，明军同样没有防备，被打得大败溃散，三名将领被俘。毛文龙率残部逃入海岛。

朝鲜国王听说清兵入侵，知道难以抵挡，急忙派使者议和。阿敏断然拒绝，并不理会，只顾一路挥军南下，攻城略地。清军兵强马壮，所向披靡，连续攻克定州、郭山、安州，抵达平壤。

平壤城内，百姓惊恐万分，哭声一片。人们扶老携幼，纷纷出城逃难。守城将士也人人恐慌，无心作战。清军刚一攻城，守军就溃散逃命。清军进了平壤，发现几乎是座空城，人们都跑光了。

朝鲜国王再次遣使求和，同时紧急向明朝求救。在北京的朝鲜使臣金尚宪，奉命求见崇祯皇帝，请求明朝出兵攻打辽东，以解朝鲜之围。崇祯皇帝立刻下令，命袁崇焕出兵。

袁崇焕接到诏令后，感到左右为难。他很想率兵反攻，收复辽东失地，但军费困难，士兵数月没有发饷，军心不稳，时常发生哗变。另外，清军既然敢于攻打朝鲜，肯定做好了抵御明军的准备，此时进兵，不仅不能取胜，反而可能遭受损失。

袁崇焕犹豫再三，最后只派赵率教率数千兵马，去攻击清军兵力薄弱的辽河下游，对朝鲜战场没有起到作用。袁崇焕的敷衍做法，引起崇祯皇帝极大不满。

清军占领平壤以后，阿敏还要率军南下。手下将领李永芳建议说："我们出征之前，皇上曾经说过，只要朝鲜服软求和，即可班师。如今朝鲜已经两次遣使议和，应该与他们结盟。"其他将领都同意李永芳的意见。

阿敏却勃然大怒，叱责道："你这个蛮奴，怎么这么多话，难道我不敢杀你吗？"

阿敏下令继续进兵，清军大举南下，又攻占了黄州、瑞兴、平山等地，直逼朝鲜都城汉城。朝鲜国王惊慌失措，逃往江华岛。

阿敏打算一鼓作气攻占汉城，并打算占据汉城长驻。阿敏拉拢杜度说："我想留兵屯耕，咱们叔侄同居于此，岂不快乐？"不料，杜度变色说："皇上也是我叔，岂有远离他而与你同居之理？"

朝鲜又一次派使者求和，并携带大量礼物，包括一百匹良马、一百张虎豹皮、四百段绵绸、一万五千匹布。岳托、阿济格、济尔哈朗等人都认为，此战已经达到目的，一齐劝阿敏与朝鲜结盟。

阿敏迫于压力，只得与朝鲜和谈，双方签订盟约。清军要求朝鲜与明朝断交，与清结成兄弟之国，认清为兄，每年进贡财物，等等。朝鲜无不应允，等于投降了。此后，朝鲜虽然内心仍不服大清，却不敢公开帮助明朝了。

阿敏班师回朝，皇太极很高兴，亲自到郊外迎接，但他得知阿敏有在朝鲜自立的想法后，心中非常不满。三年后，阿敏与明军作战失利，丢了四座城池，皇太极借机剥夺了他的官职，幽禁起来。阿敏十年后病逝，享年五十五岁。

皇太极解决了东边朝鲜问题，可西北蒙古问题也不少。努尔哈赤和皇太极都对蒙古采取安抚政策，通过联姻、封赏等多种形式，与蒙古大多数部落保持着友好关系。但也有一些部落不买账，时常前来侵扰，这也是一个不小的后顾之忧。

1628 年，皇太极亲自率领八旗军队，讨伐不肯归附的蒙古部落。经过八个月的战斗，先后征服了多罗特、席伯图等部，与喀喇沁、科尔沁、敖汉、喀尔喀等部签订盟约，巩固了大清对蒙古各部的统治。

皇太极胸怀大志，他在解决了朝鲜、蒙古两个后顾之忧之后，便举兵南下，再次攻打明朝。这一次，清军铁骑出其不意，偷袭北京，引发天下震动。

# 出奇兵偷袭北京

　　皇太极素怀大志，他在解决了后顾之忧、巩固后方之后，便开始谋划如何攻击明朝，夺取天下。

　　明朝崇祯皇帝即位以后，励精图治，节俭勤政，力图挽救明朝危局。可是，从万历皇帝以后，朝政混乱，奸臣当道，经济衰退，国库空虚，社会动荡，民不聊生，大明王朝已经病入膏肓，无药可救了。崇祯皇帝无力回天。

　　崇祯皇帝即位时，只有十六周岁，阅历浅薄，缺乏治国经验，他又刚愎自用，不能听取别人意见。崇祯皇帝最大的缺陷，是疑心很重，猜忌大臣，刑罚严峻，不会用人。因此，朝廷大臣人人自危，互相提防，朝政依然混乱。

　　偏在这个时候，老天也来捣乱。明朝末期，正处于"小冰河时期"最严重的时候。"小冰河时期"是一种气候现象，若干年才出现一次，不幸被崇祯皇帝撞上了。这一时期，地球气温大幅度下降，自然灾害频发，水灾、旱灾、蝗灾、冰冻、鼠疫等灾害持续不断。《明史》《清史稿·灾异志》都记载了许多奇异气象。

　　陕西连续数年大灾，粮食绝产，蓬草树皮都吃光了，人们只能吃观音土，大批百姓腹胀而死，流民遍地，饿殍遍野，惨不忍睹。从天启末年开始，陕西爆发大规模农民起义，到崇祯时期，起义达到高潮，李自成起义军达到上百万人。崇祯皇帝命洪承畴等重臣率军镇压，但无济于事。东北战场明军减少，又缺军费，袁崇焕收复辽东的计划也成了泡影。

　　明朝内忧外患，千疮百孔，天怒人怨，濒临崩溃。皇太极兴高采烈，觉得攻灭明朝是天赐良机。大清派人与李自成联系，要求联合作战，南北夹击，推翻明朝，平分天下。李自成没有理睬。

皇太极准备率军南下，攻打明朝。但袁崇焕利用明清停战机会，已经把关宁锦防线修筑完备，十分坚固。关宁锦防线分南北两段，全长四百多里。北段自宁远开始，经塔山、连山、松山、锦州，直抵大凌河，沿途修筑了大量堡台工事，坚不可破。清军要想冲破关宁锦防线，从山海关出兵，势必付出沉重代价。

皇太极不愧足智多谋，他苦思冥想，终于想到了一步妙棋。皇太极打算避开关宁锦防线，不出山海关，而是绕道向西，通过蒙古地区，突破明长城蓟镇防区的龙井关和大安口，出其不意，偷袭北京。

这是一着妙棋，也是一步险棋。蓟镇防区山高林密，道路崎岖，地形险峻，如果明朝准备充分，前后一堵，清军就成瓮中之鳖了。不过，皇太极料定，崇祯皇帝没有这样的眼光和谋略，他决定冒险一试。

皇太极预料得不错，明朝根本就没有注意到这一点。崇祯皇帝在阅历、谋略、胸怀、能力各个方面，都比不上雄才大略的皇太极，两人不在一个水平线上。

崇祯皇帝虽然没有想到，但谋略过人的袁崇焕却想到了，可是，蓟镇防区不在他的管辖之内。袁崇焕只好向皇帝上书，说："臣在宁远，敌必不能越关南下；臣担心蓟门薄弱，建议布置重兵，以防万一。"

奏书上报以后，没有音讯。袁崇焕不放心，再次上书，说得更加直白。奏书说："蓟门陵京肩背，万一被敌攻破，北京危矣。"可是，袁崇焕两次上书，都如同泥牛入海。崇祯皇帝除了重视不够之外，他也抽不出兵来。

1629年十一月，皇太极亲率十万清军，悄悄往西进入蒙古地区，然后以蒙古喀喇沁部骑兵为向导，掉头南下，翻山越岭，经过二十多天艰苦行军，突然出现在长城关隘龙井关、大安口面前。两处关口的明军不多，又无防备，被清军一举突破。

清军乘胜进军，攻占了天险喜峰口。喜峰口是燕山山脉东段的重要隘口，古称卢龙塞，在北京东边，约五百里地。喜峰口扼守交通要道，出了喜峰口，往西南经遵化、蓟州，便可到达北京，沿途再无险阻。皇太极大喜，偷袭北京的计划眼看就要实现。皇太极摧动大军，气势汹汹地向北京扑来。

得知清军即将兵临城下，北京城内一片惊慌。北京多年没有经历过战火，城防疏薄单弱。由于辽东、陕西战场占用了大量兵力，北京守军不多，而且没有良将。北京城处于极大危险之中。

崇祯皇帝惊慌失措，又恼又怒，他埋怨袁崇焕没有在关外堵住清军，反而让清军打到了北京城下。但事已至此，无可奈何，崇祯皇帝只好连下多道命令，紧急部署防御。一是任命年已七旬、退休在家的孙承宗为统帅，负责北京防务；二是征调皇亲国戚和朝廷官员的家丁奴仆，全都上城墙守卫，以弥补兵力不足；三是令他信任的太监们上城头督军；四是急令离北京较近的满桂部、侯世禄部火速来援。崇祯皇帝认为，袁崇焕远在关外，肯定是指望不上了。

袁崇焕身在宁远，却时刻关注清军动向。他得知清军突破龙井关、大安口后，大惊失色，知道北京危在旦夕，心急如焚。袁崇焕立即令驻守山海关的赵率教部直插遵化，不惜任何代价阻击清军，迟滞清军进兵速度。与此同时，袁崇焕以最快的速度，调集二万骑兵，赶赴北京救援。袁崇焕亲率九千精锐，作为先锋，日夜不停，飞马前行。

赵率教是袁崇焕手下的得力大将，忠心耿耿，骁勇善战，屡立大功。他听说清军偷袭北京，也是心急如焚，率领手下四千多名骑兵，火速奔向遵化，截击敌人。从山海关到遵化有四百多里，赵率教骑兵一天一夜就赶到了，抢在了清军前头。

遵化守军没有接到命令，不敢开城门，赵率教便在城外列阵，迎战清军。不久，清军大队人马赶到，黑压压的望不见边。赵率教明知不敌，依然下令攻击。赵率教大声疾呼："用我们的血肉之躯，挡住敌人，保卫北京！"四千骑兵皆抱定必死之决心，扑上前去，与敌混战，结果全部为国捐躯。

清军虽然歼灭了赵率教骑兵，却被明军视死如归的大无畏精神所震惊，严重影响了士气，行军速度缓慢了许多。

　　袁崇焕率领精锐骑兵，一路向南疾驰，日夜不停，吃饭都在马背上，千里路程，五天就赶到了，抢在了清军抵达北京城之前。

　　皇太极听说袁崇焕援军赶到，大吃一惊，感到自己偷袭北京的计划恐怕要落空，叹口气说："袁崇焕真是大敌，此人不除，后患无穷。"

　　皇太极开动脑筋，谋划反间计，一心想除掉袁崇焕这个心头大患。那么，皇太极的计谋能够得逞吗？

# 反间计冤死袁崇焕

反间计，是兵法"三十六计"之一，意思是以假乱真，离间敌人内部，借敌人之手达到自己的目的。皇太极巧施反间计，引起崇祯皇帝猜疑，是导致袁崇焕被害的重要原因。

袁崇焕援救北京心切，昼夜疾行，几天时间就赶到蓟州。蓟州是北京的东大门，离北京不足二百里。袁崇焕决心在蓟州阻击清军，向全军下达命令说："宁可全部战死，也绝不能让敌人前进一步！"

皇太极得知袁崇焕占据蓟州，尽管清军拥有优势兵力，却不去攻打，而是绕过蓟州，奔向通州。皇太极开始实施他的反间计划，令人四处散布谣言，说袁崇焕与皇太极关系密切，这次清军入关，就是他引来的。

很快，北京城内谣言四起。有的说袁崇焕通敌，纵容清军入关；有的说袁崇焕与清军勾结，企图谋取北京；有的说袁崇焕一心议和，把清军引来，是想逼朝廷与清军立城下之盟。当年迫害袁崇焕的魏忠贤余党王永光、高捷、袁弘勋、史䰂等人借机陷害，劝皇帝提防袁崇焕。崇祯皇帝疑心很重，听了半信半疑。

袁崇焕想在蓟州阻敌的计划落空，见清军绕道而去，便想率军进入北京。他的部下也听到了流言蜚语，有些担心。副将周文郁劝他："按大明律令，没有圣命，军队是不能擅入京城的。如果进京，有违制之嫌，于将军不利。"

袁崇焕说："现在是非常时期，顾不上那么多了。"袁崇焕赤胆忠心，一心要救北京，不顾个人得失，毅然率兵抵达北京城下。袁崇焕把兵马安置在广渠门外，自己进城去见皇帝。

在危急时刻，崇祯皇帝还是热情接见了袁崇焕，好言慰劳一番，还赐他貂裘和御用食物。可是，袁崇焕提出，军队远道而来，长途行军，十分疲惫，请求入城休整，崇祯皇帝却断然拒绝了。

袁崇焕又提出为军队补充粮饷，也被崇祯皇帝搪塞过去了。崇祯皇帝要求袁崇焕统领各路援军，在城外与清军作战。皇太极的反间计，初步起到了作用。

袁崇焕的军队驻扎在广渠门外，满桂、侯世禄的援军驻扎在德胜门外。皇太极反间计的第二招，是置袁崇焕军队于不顾，先集中兵力攻打德胜门外的明军。

皇太极下了死命令，凡后退者杀。清军士兵人人拼死向前，凶悍无比，明军死伤惨重，抵挡不住，主将满桂也多处受伤。崇祯皇帝下令，打开德胜门的瓮城，让满桂、侯世禄的残兵入城休整，这与对待袁崇焕形成了鲜明对比。

皇太极打垮了德胜门的明军，炫耀了强大武力，接着又去打广渠门外袁崇焕的部队，可没打几下，就撤兵走了，袁崇焕取得广渠门胜利。后来，袁崇焕又在左安门打败清军。皇太极移军到南海子一带，一边休整，一边放牧马匹，不再进攻。

袁崇焕连续取得两次胜利，本来是个好事，不料谣言又起，说袁崇焕与清军有勾结，双方打仗只是摆摆样子，不是真打。这谣言自然是皇太极散布的。

满桂为了减轻战败的耻辱和责任，也说袁崇焕与清军有猫腻。崇祯皇帝听了，疑心又加重了几分。皇太极的反间计成功了一半，而袁崇焕始终蒙在鼓里。

袁崇焕一心为国，没有其他想法，更没有防人之心。他见满桂军队能够入城，于是又向皇帝请求，让他的部队进城休整，治疗伤员。不料，再次遭到崇祯皇帝拒绝，粮饷之事也没有结果。袁崇焕一头雾水，想不明白。

皇太极继续实施反间计，使出了最厉害的一招，直接让崇祯皇帝拿到了袁崇焕通敌的"罪证"。袁崇焕在劫难逃了。

据《崇祯长编》记载，清军在屯兵南海子期间，抓获了两个可疑之人，经过审讯，原来是明朝宫中两个太监，一个叫杨春，一个叫王成德。皇太极眼珠一转，决定在这两个人身上，好好做一番文章。

皇太极谋划好了计策，把杨春、王成德关到一间屋子里，然后召来副将高鸿中和参将鲍承先、宁完我等人，面授机宜。几个将领都是汉人。

高鸿中等人进入关押杨春、王成德的隔壁房间，喝起酒来。不一会儿，高鸿中喝醉了，大声说："今天我特别高兴，皇上已经与袁崇焕商定好了，近日就要里应外合，拿下北京城。"

鲍承先赶紧制止说："这是天大的机密，千万不要泄露了。"

高鸿中满不在乎地说："怕什么？这里又没有外人。这等机密大事，你们还不知道吧？"高鸿中趁着酒兴，把里应外合的计划详细讲了一遍。

两个房间虽不相通，却不隔音，杨春、王成德听得清清楚楚，不禁出了一身冷汗。二人商议，这是老天爷相助，让他们在无意中得到了这天大的机密，必须想办法逃回去，报告皇帝，挽救大明。两人经过一番商量，费了好大劲，最终成功逃脱了。

杨春、王成德逃回朝廷，立即向崇祯皇帝报告。崇祯皇帝也吓出了一身冷汗，他历来信任太监，但事关重大，又慎重地询问了一些细节，觉得没有破绽，于是相信了。

崇祯皇帝下诏，要袁崇焕进城，商议粮饷之事。袁崇焕大喜，粮饷是他最头疼、最关心的大事，于是赶紧来到北京城下。

北京城门紧闭，城头放下一个筐来，把袁崇焕吊了上去。袁崇焕进城刚到平台，十几名锦衣卫一拥而上，剥掉官服，戴上刑具，把他押送到大牢里去了。

皇太极得知袁崇焕入狱，高兴得手舞足蹈，他的反间计成功了。美中不足的是，崇祯皇帝并没有立即杀掉袁崇焕，只是把他关了起来，这让皇太极仍然有些担心。

这个时候，明军各路援军陆续赶到，皇太极见攻占北京已经不可能了，于是在北京周围烧杀抢掠一番，撤兵北返。皇太极临走前再一次散布谣言，说明朝皇帝识破机密，抓了袁崇焕，不能搞里应外合了，所以只得撤兵。皇太极又在袁崇焕背上狠狠插了一刀。

袁崇焕入狱九个月后，被崇祯皇帝下令处死，时年四十七岁。《明史》说，袁崇焕被车裂而死。有的史书说，袁崇焕被凌迟处死。

袁崇焕含冤而死，皇太极的反间计固然是原因之一，但还有一些因素，也起到了重要作用。

一是崇祯皇帝对袁崇焕的期望落空，心生怨恨。崇祯皇帝亲手把袁崇焕提拔到重要岗位，委以重任，授予他尚方宝剑，希望他收复辽东失地，袁崇焕也打了包票。可是，袁崇焕不仅没有收复失地，反而让清军打到了北京，崇祯皇帝十分恼火。

这当然不是袁崇焕的责任，东北战场兵力不足，军费短缺，袁崇焕有心无力，能够守住关宁锦防线就很不错了。可是，崇祯皇帝不会从自己身上找原因，只会怪罪袁崇焕，认为他有负皇恩，并有欺君之罪。

二是袁崇焕议和引发崇祯皇帝强烈不满。努尔哈赤死后，袁崇焕为了探听虚实，派使者前去吊唁，不料却成了他的罪证之一。袁崇焕与皇太极议和，其实是权宜之计。崇祯皇帝性格刚烈，宁折不弯，特别反感议和，袁崇焕事先又没有请示，因而引起崇祯皇帝极大不满，同时对他与皇太极的关系也产生了怀疑，担心他有异心。

三是袁崇焕越权处死大将毛文龙，崇祯皇帝认为他藐视皇权，属于大不敬，心中十分恼怒。

四是朝中魏忠贤余党和一些大臣，为了各自的私利，纷纷对袁崇焕落井下石，栽赃陷害，为处死袁崇焕推波助澜。

由于以上多种因素的综合作用，最终促成了袁崇焕含冤被杀，在历史上留下了悲痛的一页。

袁崇焕死后，明朝再无良将，而且将士寒心，军心离散，不少人投降了大清，明朝十四年后就灭亡了。崇祯皇帝自毁长城，做了一件大蠢事。

皇太极虽然没有攻克北京城，但除去了袁崇焕这个心头之患，也是一个大胜利。此后，皇太极不再担心辽东战事，腾出精力，推行新政，精心治国，大清更加稳固强盛。

# 推新政大清兴盛

除掉了袁崇焕这个心腹大患，皇太极不再担心前方战事，于是腾出手来，精心治理内部。皇太极具有很强的治国才能，他推行一系列新政，把大清推向兴旺强盛。

皇太极精通满文和汉文，读过大量史书，因而与父亲努尔哈赤相比，他的眼界更高，视野更宽，格局更大。皇太极对于努尔哈赤制定的政策制度，有利的继续执行，不利的予以改正，同时与时俱进，根据形势发展需要，陆续推出一些新的举措，史称皇太极新政。

一是改革国家体制。努尔哈赤建立后金，按女真族的传统，实行贵族共和政体，由八和硕贝勒共治国政，参政者都是皇室成员，带有浓厚的民族原始特色。这种体制，在以部落为基础、国土和民众不多的情况下比较有利。

到了皇太极时期，地盘扩大，民众增多，除了女真族以外，还有大量其他民族的人，这样的体制显然不适宜了。皇太极崇尚汉族王朝的统治模式，在范文程辅佐下，开始构建封建专制制度。皇太极创立了议政王大臣会议制度，简称"国议制度"。

"国议制度"源于努尔哈赤的八和硕贝勒共议国政，但有很大不同。参加国议的成员，除了八和硕贝勒以外，扩大到宗室贵族和大臣，而且每旗设有三名专职的议政大臣。在议政大臣中，既有满族人，也有汉族和其他民族的人。

实行"国议制度"一举两得，既团结笼络了更多的贵族，同时也削弱了和硕贝勒的权力和地位。"国议制度"属于向封建专制集权过渡，随着清朝专制制度的确立，"国议制度"逐渐消失了。

二是改革政府机构和八旗制度。后金实行的八旗制度，八旗既是军事机构，也是行政机构和社会管理机构，随着形势发展，这种制度也不适应了。在范文程谋划下，皇太极将军政分开，仿照明朝体制，组建了专门的政府部门。政府机构初步设为内三院、六部、两院，分工明确，各司其职。

内三院是辅助皇帝处理政务的中枢机构，相当于明朝的内阁，主要成员叫大学士。范文程是第一批大学士之一，被称为清朝开国宰辅。

六部是政府行政机构，分为吏、兵、礼、户、刑、工部，与明朝六部相同。每部设长官三人，满、蒙、汉各一人。

两院指都察院和理藩院。都察院是监察机关，负责对法律和百官进行监督。理藩院负责协调民族关系和外交事务。

八旗没有了行政职能，成为专职军队，这有利于部队的训练和管理，进一步提高了战斗力。皇太极在满洲八旗基础上，扩编了蒙古八旗和汉人八旗，使正规军队达到三十万左右。大清兵强马壮。

三是加强中央集权。皇太极创立"国议制度"，改革政府机构和八旗制度，目的是实行封建集权，而封建集权的核心是皇权至上。过去，四大贝勒按月轮流执政，在接见下属时，四大贝勒并列而坐，不分上下。

皇太极将后金改为大清，自己当了皇帝，轮流执政自然消失了。无论是接见宗室贝勒，还是贵族大臣，只有皇太极一人面南独坐。皇太极通过采取许多措施，提高了个人权威，内三院、六部、两院的官员，都向皇帝一人负责。皇太极高高在上，独揽大权。

四是改善民族关系。大清建立以后，民族成分众多，民族关系是个大问题。在皇太极登基称帝大典上，大臣们分别用满语、蒙语、汉语上表祝贺，表明皇太极是天下各民族共同的皇帝。

皇太极着力笼络蒙古人，他称帝时册封的皇后和四妃，全是蒙古人。皇太极也拉拢汉人，他提出满汉一体，纠正努尔哈赤歧视汉人的做法，恢复科举考试，录用一批汉族知识分子为官。

皇太极还在经济、文化等方面推行新政，翻译了大量汉文书籍，要求满人学汉语，同时也要求汉人学习满文。在经济上转向重视农业，关心民生，减轻农民负担。

五是大力招降明军将领。明朝腐朽没落，许多将领丧失信心，心怀异志。皇太极利用封官许愿、金钱诱惑等多种办法，大肆招降纳叛。明军著名将领孔有德、耿仲明、尚可喜最早归顺了大清，均被封王，被称为"三顺王"。

孔有德等人降清时，不仅带来大批汉军，还带来了珍贵的红夷大炮。皇太极大喜，立即组织人员仿造，造出的大炮称为红衣大炮。此后，清军不仅有强悍的骑兵，也有了先进火炮，明军就更不是对手了。

六是开疆拓土，增强实力。大清的西面是蒙古地区，在努尔哈赤和皇太极怀柔政策下，蒙古大多数部落都已归顺，但漠南察哈尔部不肯臣服。皇太极三次派兵征讨，最终灭掉察哈尔部，将整个漠南完全纳入大清版图。

皇太极又出兵北伐，经过几年时间，占领了黑龙江上游、中游、下游广大地区，疆域扩展到今俄罗斯境内。

对东边的朝鲜，皇太极曾在即位次年出兵讨伐，与朝鲜签订了"兄弟之盟"。朝鲜不敢公开助明了，但仍然口服心不服。在皇太极称帝大典上，朝鲜派来使者庆贺，但使者死活不肯行三跪九叩大礼，惹得皇太极大怒。

1636 年，皇太极以朝鲜不够恭顺为由，亲自率领大军，第二次攻打朝鲜，一直打到朝鲜都城汉城。这次把朝鲜打怕了，朝鲜国王心服口服，与大清签订"君臣之盟"。从此，朝鲜向大清称臣纳贡，正式脱离明朝，转而成为大清的附属国。

皇太极先后对西、北、东三面用兵，对南面的明朝也没有放过。皇太极数次派兵，越过长城，侵扰明朝腹地，掠夺了大量人口和财物，并且两次兵临北京城下。不过，清军数次南下，都是绕过关宁锦防线，没有从山海关出兵。皇太极感觉很不方便，下决心要摧毁关宁锦防线。

皇太极通过四面用兵，大大拓展了疆域，其领土包括锦州以北、外兴安岭以南，西到贝加尔湖、东至库页岛，面积约有五百万平方千米，几乎与明朝控制的区域差不多，完全可以与明朝抗衡了。

皇太极在政治、经济、军事、社会等方面推行一系列新政，实质上是推进大清由奴隶制向封建制转变，因而具有很强的生命力，取得了显著成效。大清疆域扩大，民众剧增，社会稳定，经济发展，势力更加强盛。下一步，皇太极就要突破关宁锦防线，打开南下通道，夺取大明江山了。

# 战松锦摧毁明朝防线

1640 年至 1642 年，明清双方在辽西展开一场生死大决战，史称松锦之战。在松锦之战中，明朝关宁锦防线被彻底摧毁，明军主力损失殆尽，关外全部落入大清之手。

在长达两年的松锦之战中，皇太极胸怀全局，运筹帷幄，精心谋划，采取围点打援、断敌粮道、途中设伏、攻坚克敌等一系列灵活战术，取得辉煌胜利，展现了皇太极高超的战争指挥艺术，是他一生军事生涯的精彩之作。

松锦之战首先从围困锦州开始。锦州位于辽西走廊东端，是关宁锦防线的先锋，处在清军南下的咽喉之地，战略位置十分重要。锦州城池坚固，清军曾经几次攻打，均未攻克。

锦州守将叫祖大寿，在历史上赫赫有名。祖大寿是宁远人，出身将门，曾经跟随袁崇焕取得宁远大捷、宁锦大捷，战功卓著，成为袁崇焕的心腹大将。

袁崇焕含冤入狱后，祖大寿悲愤交加，私自率部离开北京，回到宁远。袁崇焕在狱中给祖大寿写信，劝他以大局为重，返回战场。祖大寿敬佩袁崇焕，于是领兵返回，继续与清军作战。后来，祖大寿奉命镇守锦州。

1631 年，祖大寿带一部分兵力去修离锦州不远的大凌河城，不料被多尔衮率军包围。清军围城三个多月，大凌河城弹尽粮绝，无法坚持了。皇太极素闻祖大寿忠勇，多次劝他投降。祖大寿走投无路，为保全城中军民，不得已出城投降。

祖大寿到了清营，皇太极很高兴，率众贝勒和大臣一齐出营迎接，以女真族最高的礼节相见，并大摆宴席款待。祖大寿表示，自己妻儿均在锦州城内，他愿回去夺取锦州城，献给大清。皇太极同意了。

不料，祖大寿是诈降之计，他回到锦州以后，立即组织防御，继续对抗清军。郑亲王济尔哈朗、豫亲王多铎气不过，领兵来打，结果大败。此后，祖大寿坚守锦州数年，清军不能越过。

清军将士深恨祖大寿，说他出尔反尔。皇太极却说："祖太寿忠于他的主子，又挂念妻儿，违背诺言，可以理解。像这样的忠勇之士，迟早会为我所用的。"祖大寿回锦州时，曾把儿子祖可法留在清营，皇太极一直以礼相待，没有为难他。

皇太极在推行一系列新政、大清进一步强盛之后，决定举兵南下，再攻明朝。这一次，皇太极相信，他已经有了足够的实力，一定能够摧毁关宁锦防线，歼灭明军主力，打开向关内进军的通道。

1640 年三月，皇太极把济尔哈朗、多铎召来，令他们率军包围锦州。二人大喜，他们痛恨祖大寿诈降，又吃过败仗，一直想报仇雪耻。

多铎摩拳擦掌说："早就该收拾祖大寿那小子了，如今我军有了红衣大炮，攻破锦州城不在话下。"多铎是努尔哈赤十五子，时年二十七岁，血气方刚，勇猛善战，是清军重要将领。

皇太极摇着头说："拿下锦州城，只是小菜一碟。朕要布一盘大棋，以锦州为诱饵，吸引明军主力前来，一举歼灭。你们的任务是围而不打，也不要让城内明军突围跑了。"

济尔哈朗、多铎领命而去，迅速包围了锦州城，拉开了松锦之战的大幕。清军在锦州城外建起数座营垒，深挖壕沟，竖起栅木，将锦州围得水泄不通。祖大寿几次组织兵力，试图冲破清军包围，均不奏效，只得在城内坚守。

清军为防止士兵疲劳，分为两批，每月轮换一次，又在离锦州不远的义县屯田，建立了后勤补给基地，以作长久之计。清军围城一年，锦州城内即将断粮，无奈只得向崇祯皇帝求救。

此时，崇祯皇帝正在全力对付李自成起义军，兵力短缺，但锦州不能不救，锦州一失，清军大举南下，后果不堪设想。崇祯皇帝狠狠心，东拼西凑了九边重镇十三万兵力，准备投入东北战场，这几乎是明朝在北方的全部家底了。可军队缺乏主帅，崇祯皇帝又咬咬牙，把他最信任的大将洪承畴从西北战场调来，任命为蓟辽总督，让他率军去救锦州。

洪承畴是当时明军数一数二的大将，堪称中流砥柱，他在西北战场征战多年，曾将李自成的起义军打得只剩十八人，威名远扬。洪承畴临危受命，不敢怠慢，立即奔赴东北战场。

洪承畴下令，各路兵马在宁远集结，准备从宁远出发，北上援救锦州。明军虽说是东拼西凑的，但实力并不弱，都是镇守边关的精兵悍将，领兵的八名总兵官，也都是能征惯战的猛将。崇祯皇帝为了挽救东北危局，下了血本，拼上了最后的赌注。

皇太极当时在沈阳，身体有病，听说洪承畴率兵前来，吃了一惊，便要御驾亲征。众臣劝他养病要紧，另派大将前去即可。皇太极说："洪承畴不是一般的人物，朕只有亲自与他对阵，才能放心。"

沈阳离锦州五百余里，皇太极拖着病体，昼夜兼行。途中鼻子流血不止，皇太极顾不上休息，一边用碗接着鼻血，一边策马疾行，很快赶到锦州城外。

1641 年七月，洪承畴在宁远誓师，率八名总兵官、十三万兵马，北上援救锦州。宁远到锦州约二百里路，沿途有不少险要山川，适于伏击。清军将领纷纷建议，在半路设下埋伏，阻击明军。皇太极沉思片刻，说："洪承畴智谋过人，必有防备，这一招恐怕没用。"

洪承畴确有智谋，而且用兵谨慎，他采取边探路、边行进、步步立营的办法，十分警惕地向锦州方向进军，唯恐陷入清军的埋伏圈，因而进兵速度缓慢，一天走不了多远。崇祯皇帝因军粮短缺，希望洪承畴速战速决，多次催促他加快进兵速度。

洪承畴经过多日行军，终于到达锦州附近的松山。松山有清军驻守，双方随即展开大战。明军确实比较精锐，与凶悍的清军打得不可开交。宁远总兵吴三桂，多年在关外与清军作战，熟悉清军战法，他看准清军的薄弱点，带领所部猛打猛冲，杀死不少清兵。明军也付出很大代价，宣府总兵官杨国柱阵亡。战后，洪承畴嘉奖了吴三桂。

在双方激战时，皇太极登上山冈，观看战况。皇太极见明军阵势严整，将士勇敢，感叹道："都说洪承畴善于用兵，果然名不虚传。"皇太极不想与明军硬碰硬，下令撤兵。皇太极是想以智取胜。

明军占领了松山，松山是锦州的南大门，山上筑有松山城。明军首战告捷，十分得意，便在松山安营休息。当天夜里，清军连夜挖了三条大沟，将松山团团包围起来。不过，明军恃着居高临下，地形有利，并不惊慌。

皇太极已经谋划好了破敌之策，命大批清军南下，在宁远至锦州的路上设下埋伏。将领们疑惑不解，说："明军来时不设伏，此时都在松山，再去半路设伏，有什么用呢？"皇太极笑而不答，只是让他们遵令而行。

原来，皇太极已经命令一支清军秘密南下，烧毁了明军囤积在笔架山上的粮草，并截断了明军粮道。皇太极料定，明军人无粮食，马无草料，一定会仓皇返回宁远，正好出其不意，在半路上打他个措手不及。

明军随军携带的粮草不多，十几万大军消耗巨大，忽闻粮道被断，顿时慌乱起来。各总兵官纷纷要求突围，返回宁远，取得粮食后再来解锦州之围。各总兵官都是边镇悍将，骄横惯了，又不是洪承畴原来的部下，因而洪承畴难以约束。

洪承畴见几个总兵官意见一致，态度坚决，只得同意突围。不料，在一天夜里，大同总兵王朴不等突围命令，擅自带领本部人马冲下山去。这一下，明军自己乱了起来。山海关总兵马科、山西总兵李辅明、密云总兵唐通、蓟州总兵白广恩等人，也趁乱跟着下山突围。

清军没有全力阻击，明军几路兵马冲了出去，慌不择路地向宁远飞奔。本来应该是有计划地突围，却变成了溃逃，结果正好落入皇太极的伏击圈。经过一番激战，明军几乎全军覆灭，只有吴三桂带一支人马，拼死突出重围，后来逃到山海关。王朴逃得性命，事后朝廷追究，以"首逃"之罪将其斩首，其他人则从轻发落。

洪承畴与玉田总兵曹变蛟、前屯卫总兵王廷臣仍然据守松山城。

皇太极歼灭明军主力以后，开始全力攻击松山。洪承畴知道大势已去，但仍然拼死抵御，坚守了半年多。

1642年二月，清军用红衣大炮轰倒城墙，松山陷落。曹变蛟、王廷臣战死，洪承畴被俘。

一个月后，锦州城内弹尽粮绝，祖大寿只好献城投降，这一次祖大寿是真心投降，从此为清朝效力。皇太极不计前嫌，仍然对祖大寿礼遇有加。至此，松锦大战落下帷幕。

松锦之战以大清全胜而告终，明朝损失了十多万精锐部队，关宁锦防线全面崩溃。从此，关外土地尽归大清所有。吴三桂奉命率数万兵马，凭借险峻地形，艰难地守着山海关，阻击清军继续南下。

# 被俘降清洪承畴

洪承畴，明末清初著名人物。他在松锦之战中战败被俘，起初绝食求死，皇太极怜其才，用尽各种办法，终于使洪承畴投降。此后，洪承畴尽心为清朝效力，为清朝统一天下立下大功。

洪承畴，福建南安人，出身贫寒。他童年入馆读书，十一岁时，因交不起学费而辍学，靠卖豆腐维持生计。洪承畴喜爱读书，经常在学馆窗外偷听。办学的老师受了感动，免费让他重新入学。洪承畴十分珍惜学习机会，发奋读书，长大后满腹学问，而且胸有大志。

洪承畴在二十四岁时考中进士，步入仕途。他做事认真，恪尽职守，为人谨慎，不断升迁，十年之后，升任陕西督粮参政。

天启末年，陕西大灾，爆发了农民起义，洪承畴开始随朝廷军队镇压起义军。洪承畴虽然是文官，但他善动脑筋，胸有谋略，立了不少战功。洪承畴在陕西镇压起义十几年，积累了丰富的军事经验，也逐步升到三边总督的高位，成为镇压农民起义的主要将领之一。农民起义如火如荼，明朝始终不能扑灭起义烈火。这是大势所趋，非洪承畴所能为之。

东北战场吃紧，崇祯皇帝对洪承畴委以重任，让他率十三万军队援救锦州。洪承畴没有与清军打过仗，缺乏经验，不是皇太极的对手，再加上骄兵悍将不听指挥，结果造成松锦之战惨败，自己也做了俘虏。

松锦惨败消息传来，明朝朝廷震惊。当时消息不灵，都说洪承畴为国捐躯了。崇祯皇帝悲痛不已，在京城设置灵堂，亲自祭奠。文武百官痛哭流涕，遥拜洪承畴"亡灵"。

洪承畴被俘之初，确实想一死了之，为国尽忠。洪承畴痛恨自己无能，葬送了十几万大军，致使明朝岌岌可危。而皇太极怜惜洪承畴的才能，一心想要招降他，为大清所用。

洪承畴从被俘之日起，就受到皇太极特殊礼遇，无论洪承畴怎样呵斥怒骂，皇太极概不生气，并令手下将士全都以礼相待。皇太极把洪承畴送到沈阳，饮食住宿都给予最好的待遇，企图消磨他的意志。

皇太极亲自劝降，许以高官厚禄，但根本不起作用。洪承畴神情严峻，怒目而视，搞得皇太极十分尴尬。皇太极一计不成，又生一计，令投清的汉人将领孔有德、尚可喜等人轮番去劝，可无一例外都被骂得狗血喷头。皇太极动用了所有能劝降的人，均不奏效。有的野史说，孝庄皇太后亲自出马，劝降洪承畴。皇太极又用美色引诱，也不起作用。

洪承畴似乎心如磐石，毫不动摇，他见皇太极使用各种办法招降，担心自己一不小心，失去名节，于是干脆绝食，只求一死。洪承畴决心做文天祥那样的英雄，"留取丹心照汗青"。

皇太极无计可施，有些灰心丧气。这个时候，大学士范文程出面了，去游说洪承畴。

范文程足智多谋，满腹学问，明显比其他人高明得多。其他人劝降，无非讲一些保住性命、荣华富贵等陈词滥调，洪承畴根本不为所动。范文程见了洪承畴，绝口不提投降之事，反而赞美洪承畴有气节，值得敬佩。洪承畴听了很受用，自然没有骂他。

范文程隔几天就去找洪承畴聊天，说是敬仰洪承畴的文才，与他讨论文学问题。洪承畴起初保持着警惕，不愿多说话，范文程就自己侃侃而谈。范文程出身于官宦世家，从小饱读诗书，文学功底深厚，洪承畴慢慢地从心里佩服起来。就这样，在不知不觉当中，洪承畴对范文程的敌意逐渐消失，在范文程的劝导下，也不绝食了。

有一天，两人正在交谈，忽然房梁上掉下一团灰尘，落在洪承畴衣服上，洪承畴很小心地把灰尘掸掉。范文程心中窃喜，不动声色，出去后对皇太极说："洪承畴不会死了，他对衣服尚且爱惜，何况生命呢？"

范文程与洪承畴接触时间长了，话越来越多，从文章、诗歌到谈古论今，几乎无话不说，就是不涉及敏感的投降问题。后来，范文程觉得时机成熟，与洪承畴聊起了当前局势。

范文程由浅入深、小心翼翼地阐述他对时局的看法，列举了大量事例，说明明朝政治黑暗，朝廷混乱，腐朽没落，即将灭亡；而新兴的大清政权却生机勃勃，一派兴旺，大清取代明朝是大势所趋，天命所归。范文程说的都是事实，洪承畴难以反驳。

范文程经过两个多月的呕心沥血，终于把洪承畴的心融化了。洪承畴表示，愿意归顺大清，并为大清贡献自己的才华。皇太极大喜，立即召见，并当场脱下自己身上的貂裘，给洪承畴披上。皇太极重赏了范文程。从此，洪承畴对皇太极俯首称臣，尽心尽力地为清朝效力。

洪承畴降清以后，得到重用，被擢升为大学士，属于内阁大臣，相当于宰相。洪承畴施展胸中才华，提出了许多治国建议，计取中原，倡导儒学，保护汉文化，安定江南，为清朝发展做出了重要贡献。

1653年，洪承畴受命经略湖广、广东、广西、云南、贵州，总督各地军务，负责剿灭西南地区的南明永历政权。洪承畴采取"以抚为主，以剿为辅"的策略，利用矛盾，分化瓦解，经过十多年努力，最终灭掉了永历政权，统一了全国。

1665年，洪承畴在北京病逝，享年七十三岁。

后世人们站在不同立场上，对洪承畴评价不一。有人说他顺应历史大势，为新朝施展才能，为国家统一、社会发展做出了贡献；有人说他背叛民族大义，丧失气节，屈膝投敌，留下了千古骂名。

在清朝初期，最著名的汉人大臣是范文程和洪承畴，这一文一武，为开创大清王朝建立了卓越功勋，青史留名，但都是毁誉参半，褒贬不一。

# 开国宰辅范文程

范文程与洪承畴一样，都是明末清初著名人物。他比洪承畴降清早得多，发挥作用也大，帮助清朝建国和发展，是清初最早的大学士，被称为清朝开国宰辅。

范文程，辽东沈阳（今属辽宁）人，出身官宦世家。他的曾祖范锐，出身进士，当过明朝兵部尚书；他的祖父和父亲，都当过明朝官员。

范文程少时好学，聪颖敏捷，十八岁时考中秀才。正当范文程发奋读书，准备考取功名的时候，东北地区大乱，科举之路走不通了。不过，范文程已经熟读四书五经，学问高深，而且胸有谋略，怀有大志。

努尔哈赤凭借十三副遗甲起兵，经过多年浴血奋战，统一了女真各部，建立了后金政权。《清史稿》说，范文程仰慕努尔哈赤是个英雄，主动前去依附。努尔哈赤亲自接见，并对众人说："这是宋代名臣范仲淹之后，宜善待之。"

有的史书说，努尔哈赤在东北大肆掳掠，掠得许多汉民为奴，范文程也在其中。范文程在镶红旗下当了九年奴隶，被迫归顺后金。由于他才华出众，以后逐步得到重用。

不管是主动投靠还是被动归顺，总之范文程很早就为后金效力。1622年，范文程跟随努尔哈赤参加西平、广宁之战，他作战勇敢，善用计谋，受到努尔哈赤赏识，把他留在身边，参与指挥谋划事宜。范文程崭露头角。

皇太极继位以后，也很器重范文程，任命他为书房官，作为身边谋士。皇太极每次出征打仗，都让范文程跟随，参与军机。范文程足智多谋，献计献策，逐渐成为皇太极的亲信。

范文程虽然是儒生，但长得相貌堂堂，身材魁伟，倒像是一员虎将。他随军出征时，临阵不惧，披甲上马，奋勇冲杀，亲手斩杀了不少明军。在偷袭北京战斗中，范文程率部攻占大安口，为清军破关开辟了道路；在围攻大凌河战斗中，范文程不顾个人安危，单枪匹马前去劝降，说服一批明军归顺。范文程随军征战多年，屡立战功。

范文程对清朝忠心耿耿，他利用汉人的有利身份，凭借能言善辩，说服了许多明军将领来降。在劝降孔有德、耿仲明、尚可喜过程中，范文程发挥了重要作用。后来，范文程又劝降了洪承畴，立下大功。

范文程虽是汉人，却得到皇太极、众贝勒和满族将领的信任，在组建汉人八旗的时候，几乎众口一词地推荐他担任旗主。皇太极笑着说："范先生有治国大才，当一旗主，岂不大材小用了？"

皇太极看得没错，范文程满腹经纶，有安邦济世之才，皇太极打算靠他辅佐治理国家。皇太极推行由奴隶制向封建制转变的一系列新政，大多数出于范文程的谋划，使清朝出现了勃勃生机。

在范文程建议和谋划下，皇太极改女真族为满族，改后金为大清，举行隆重大典，登基称帝，开始建立封建集权制度。范文程为大清谋划了朝廷机构和官吏，制定礼仪，建立制度规范，各种诏令、文书也都出自范文程之手。

大清设立了内三院，作为朝廷的中枢机构。内三院是清朝内阁的前身，有着很大权势。范文程被任命为大学士，相当于宰相。范文程从此辅佐皇帝，处理朝政，精心治理国家。他推行了一系列有利于大清发展的政策措施，包括改善民族关系、实施仁政、鼓励农耕、笼络汉族知识分子、制定税收政策等，使大清兴旺强盛起来。

范文程多次向皇太极建议，治国需要人才，主张通过科举考试的办法选拔人才，皇太极很赞同。1629年，在范文程主持下，后金举行了第一次考试，满、蒙、汉等各族知识分子均可参加，录用了一批人才。经过改进和完善，1634年，后金正式建立了科举考试制度，录取秀才和举人。通过科举考试，后金录用了数百人，为日后统治全国储备了一定数量的人才。范文程对此功不可没。

皇太极去世以后，摄政王多尔衮依然器重范文程。多尔衮经常领兵在外打仗，朝廷事务全交给范文程。范文程兢兢业业，昼夜在朝，事无巨细亲自处理，使得朝廷政务有条不紊。

清军入关，都城迁到了北京。面对一片混乱的局面，范文程更是忙得不可开交。他发布文告，安抚人心，制定法令，稳定秩序，协调各种矛盾，处理大小政务，为清朝立足中原，进而统一中国呕心沥血。

在顺治亲政和康熙初期，范文程作为清朝中流砥柱，仍然发挥了重要作用。

1666年，范文程病逝，享年七十岁。康熙皇帝亲撰祭文，赐谥号"文肃"。

范文程被称为清初政治家、谋略家，他作为汉人，一生忠心为清朝效力，先后辅佐努尔哈赤、皇太极、顺治、康熙四位皇帝，是清初最重要的汉人大臣，为清朝建立了不朽功勋。

后世许多人认为，范文程作为清朝开国宰辅，一生历清四世，为国家统一和社会进步做出了卓越贡献，是一位韬略过人、具有远见卓识的政治家。

也有人认为，范文程当时背叛了自己的国家和民族，于大节有亏。

# 两强相争福临渔利

皇太极获得松锦大捷，摧毁了明朝关宁锦防线，打开了南下进兵的通道，即将率军入关，逐鹿中原。不料，在松锦之战第二年，皇太极突然驾崩，大清随即展开了激烈的皇位之争。

1643 年八月，皇太极在沈阳清宁宫猝死，享年五十二岁，在位十七年。关于皇太极之死，历史上有许多争议。清代官方文书记载"无疾而终"；有人说是突发脑溢血去世；有人说，皇太极一生勤政，事必躬亲，导致积劳成疾，病重而逝；有人说，他宠爱的妃子海兰珠病逝，皇太极悲伤过度，损害了身体。不管是什么原因，总之是病死的。

皇太极死得突然，没有留下传位遗诏，生前也未册立皇太子。皇太极致力于推行封建专制制度，但尚未完善，皇位继承仍然需要由传统的贵族会议确定。于是，围绕皇位继承问题，大清宗室贵族们展开了一场惊心动魄的明争暗斗。

当时，最有实力竞争皇位的是两个人，一是皇太极的长子豪格，二是皇太极的弟弟多尔衮。

豪格，1609 年生，母亲是皇太极继妃乌拉那拉氏。乌拉那拉氏生下长子豪格和次子洛格，后因侮慢行为被皇太极休弃。

豪格从少年时期就征战沙场，他骁勇善战，弓马娴熟，曾亲手斩杀了蒙古部落的一名贝勒。豪格在宁锦之战、偷袭北京、攻击林丹汗、讨伐朝鲜等战役中均立有功劳，在二十四岁时，晋封为和硕贝勒，并执掌八旗之一的正蓝旗。后来，豪格又被封为和硕肃亲王。

豪格率领他的正蓝旗，多次与明军作战，取得不少战果。在著名的松锦大战中，豪格率部斩杀明军将领一百余人，杀死明军士兵一千六百余人，并与济尔哈朗一起，先后攻克塔山、松山，为松锦之战立下大功。

豪格在皇太极诸子中军功最多，能力最强，又是长子，时年三十五岁，正值壮年，因而最有优势继承皇位。不过，豪格做事不够谨慎，屡犯错误，曾几次受到降爵降职处分。豪格的岳母与皇太极有矛盾，豪格便亲手杀死了自己的妻子，此事使他的威信受到影响。更重要的是，皇太极在生前始终没有让豪格接班的意思。

豪格竞争皇位的强大对手，是多尔衮。多尔衮是努尔哈赤第十四子，母亲是努尔哈赤的正妻，他属于嫡子。多尔衮是豪格的叔叔，却比豪格小三岁。

多尔衮从小聪明睿智，深受努尔哈赤喜爱，八岁时就让他参与国政。努尔哈赤去世时，多尔衮十四周岁。有的史书说，努尔哈赤留下遗诏，让多尔衮继位，但遗诏被人隐匿起来，多尔衮的母亲也被迫为努尔哈赤殉葬。

多尔衮十七岁时上阵杀敌，他英勇善战，胸有谋略，屡立战功，成为正白旗旗主，后来又被封为和硕睿亲王。多尔衮率领他的白旗军，在战场上几乎所向无敌，参加了历次战役，军功显赫。多尔衮的同母兄阿济格、同母弟多铎，也都是著名猛将。

多尔衮在军功、能力、声威等方面，要高豪格一筹，实力也不弱，唯一不利的是，他不是皇太极的儿子而是弟弟。不过，当时大清还没有建立起立嫡立长的继承制度，多尔衮是有资格竞争皇位的。特别是多尔衮雄心勃勃，素有大志，一心登上皇位，干一番大事业。因此，多尔衮成为豪格最强大的竞争对手。

当时，在宗室亲王中，资历最老、年龄最大、威望最高的，依然是礼亲王代善。代善已经六十一岁了，他和儿子掌管正红、镶红两旗，儿孙众多，实力很强。代善自己早就没有称帝欲望，当年他极力推举皇太极登位，如今自然也想推举皇太极的儿子豪格。

正黄旗、镶黄旗是由皇太极亲自统领的，其亲信将领索尼、鳌拜等人，都愿意拥戴皇太极的儿子，甚至扬言，如果让别人当了皇帝，他们就自杀，以报答皇太极的恩情。执掌镶蓝旗的济尔哈朗，与皇太极关系密切，也倾向豪格。豪格自己掌管正蓝旗。这样，在满洲八旗当中，豪格得到六旗支持，明显处于优势。

可是，多尔衮、阿济格、多铎兄弟和两白旗的将士们坚决反对，毫不让步，坚持让多尔衮继位，不惜用武力相威胁，甚至说，当年皇太极登位就是非法的。两白旗虽然没有其他六旗人数多，但战斗力十分强悍，如果真要打起来，双方势均力敌，都没有取胜的把握。

代善犯了难，他为人温和，善识大体，决不允许大清内战，毁掉努尔哈赤开创的事业。代善和亲王贵族们经过多方商议，反复酝酿，最终达成一个折中方案：豪格、多尔衮各让一步，都不登位，而在皇太极其他儿子中选一人继承皇位，由多尔衮摄政。

皇太极有十一个儿子，除二子、三子、八子早夭外，存活了八个。其中四子叶布舒十七岁，五子硕塞十五岁，六子高塞、七子常舒均七岁，九子福临六岁，十子韬赛五岁，十一子博穆博果尔两岁。

多尔衮既然要摄政，自然愿意选一个年龄小的当皇帝。于是，经过再三协商，选中了只有六岁的福临。代善等宗室贵族和稀泥，既保住了皇太极一系的皇位，又让多尔衮得到了实权，从而避免了大清内斗和分裂。

有的史书说，福临的母亲孝庄皇太后胸有智谋，在幕后发挥了重要作用，把自己的儿子推向了皇位。孝庄皇太后是清初杰出的女政治家，一生培养、辅佐顺治、康熙两代皇帝，成为历史上有名的贤后。有的史书说，孝庄皇太后与多尔衮关系亲密，所以儿子才当上了皇帝。

在皇太极去世一个月后，六岁的福临在沈阳登上皇帝宝座，次年改元顺治。在两强相争之下，福临渔翁得利了，大清从此进入了顺治时代。

# 多尔衮摄政掌权

　　1643 年，皇太极突然病逝。豪格和多尔衮争抢帝位，互不相让，搞得剑拔弩张，差点内讧。宗室贵族们经过反复协商，最终决定拥立福临登位，由郑亲王济尔哈朗、睿亲王多尔衮两人摄政。

　　济尔哈朗是努尔哈赤的侄子，从小与皇太极一起长大，他有勇有谋，军功显赫，威望很高。济尔哈朗原本是倾向豪格的，但见多尔衮咄咄逼人，毫不相让，担心发生内乱，不得已与代善等人考虑折中方案。

　　有的史书说，立福临为帝，就是济尔哈朗提议的。也有的史书说，是多尔衮首先提出来的。宗室贵族们最终同意了这个方案，并推举济尔哈朗与多尔衮共同辅政。济尔哈朗为人谦和，不争强好胜，大权逐渐落到多尔衮一人手里。

　　多尔衮确有雄才伟略，是清初杰出的政治家和军事家。多尔衮智勇双全，善于统兵，他率领的白旗军十分强悍，在偷袭北京、大凌河之战、征伐察哈尔、讨伐朝鲜、松锦大战等历次战役当中，均作为主力，战功累累。白旗军是满洲八旗中的一张王牌部队，几乎没有打过败仗。

　　多尔衮胸有谋略，富有战略眼光，他向皇太极建议说："明朝虽已腐朽，但依然块头很大，很难将其一口吃掉。应该不断派兵袭扰明朝腹地，毁其屯堡，耗其国力，等到时机成熟，再大举进攻。"

　　皇太极认为这个意见很好，于是不断派出精锐骑兵，绕过关宁锦防线，从蒙古地盘越过长城，深入明朝腹地，大肆烧杀抢掠，给明朝造成很大损失。

1638 年，皇太极任命多尔衮为奉命大将军，率军南下，袭扰明朝。豪格作为多尔衮手下将领，随军出征。多尔衮从山西突破长城关口，向南攻击，然后掉头往东，攻破济南，杀了明朝大总督卢象升，再往北抢掠京畿地区，所向披靡，获全胜而归。

多尔衮此次率军南征，充分展示了他非凡的军事才能。此役历时半年，转战数千里，连胜十七仗，攻破城池四十二座，俘获人畜二十六万。清军如入无人之境，明军闻风丧胆，多尔衮威名远扬。

皇太极对多尔衮十分器重，让他管理最重要的吏部，文武大臣的升降去留，皆由多尔衮提出建议。另外，多尔衮还统辖其他六部，表现出很强的行政管理能力。皇太极对多尔衮的重视程度，超过了儿子豪格。

所以，多尔衮觉得，自己有资格、有条件与豪格竞争皇位，同时他也自信满满，认为凭自己的能力，一定可以使大清强盛，干出一番大事业。经过明争暗斗，多尔衮虽然没有登上皇位，但当上了摄政王，大权在握，他觉得仍然可以大有作为。

多尔衮当上摄政王以后，雄心勃勃，准备大显身手，出兵南下，夺取大明江山。恰在这时，出现了天赐良机。

1644 年三月，多尔衮摄政半年之后，李自成起义军攻破北京，推翻了明朝统治，崇祯皇帝上吊自杀，中原无主，一片混乱。洪承畴、范文程都建议说，大清应趁此良机，挥师入关，夺取中原。

多尔衮正有此意，他亲自率领清军铁骑，从沈阳出发，迅速南下。走到半路，镇守山海关的明军将领吴三桂乞求降清，共同对抗起义军。多尔衮大喜，接纳吴三桂，轻松跨过山海关，打败起义军，驱逐李自成，进入北京城。

多尔衮占领北京以后，一面抓紧稳定局势，一面继续追杀起义军。多尔衮为崇祯皇帝举行了隆重的葬礼，博得许多汉人好感，同时布告安民，维护秩序，救济穷人，收买人心，很快站稳了脚跟。清军打着为崇祯皇帝报仇的旗号，以吴三桂等人为先锋，对李自成起义军穷追猛打。不久，李自成牺牲，清军占领了中原。

1644 年九月，多尔衮把都城从沈阳迁至北京，从此开始了对全国二百六十八年的统治。为了表彰多尔衮的功绩，以小皇帝顺治的名义，封多尔衮为叔父摄政王，并为多尔衮建碑记功。此后，多尔衮凌驾于诸王之上，完全掌握了清朝大权。

多尔衮在迁都北京、占领中原以后，随即开始兵进江南，夺取天下。在几年之内，清军灭掉弘光、隆武、鲁王等多个南明政权，消灭明朝残余势力，占领了南方大部分地区，只剩下广东沿海一带和西南永历政权了。多尔衮为清朝统一全国立下赫赫大功。

多尔衮在攻打江南战争中，颁布剃发令，对江南人民实行残酷镇压和白色恐怖，制造了扬州十日和嘉定三屠，给江南带来沉重灾难。多尔衮对此犯有大罪。

多尔衮倚仗功高，权势熏天。他为了方便以皇帝的名义发号施令，把皇帝玺印由自己掌管；多尔衮所用仪仗、音乐及护卫人员，均与皇帝相同；在多尔衮的尊称上，由叔父摄政王改为皇叔父摄政王，后又改为皇父摄政王；朝廷大小政务，全由多尔衮一人决断。多尔衮的所作所为，引起顺治皇帝和一些宗室大臣不满。

那个失去登位机会的肃亲王豪格，虽然心怀不满，但也无可奈何。豪格随清军入关，先是领兵平定了山东，后被任命为靖远大将军，征讨四川的张献忠。经过一年多苦战，清军攻占了四川，豪格亲手射死了张献忠。

豪格为清朝建立了大功，班师回京。顺治皇帝非常高兴，亲自设宴慰劳。不料，多尔衮以隐瞒其部将冒功、起用罪人之弟的罪名，将豪格下狱。不久，豪格死在狱中，年仅四十岁。关于豪格之死，有自杀、被谋杀等多种说法，总之是死在多尔衮手里。豪格无辜而死，也引起顺治皇帝的悲愤和许多大臣的愤慨。顺治皇帝在清算多尔衮时，为豪格平反昭雪。

1650 年，多尔衮在打猎时意外坠马受伤，伤重而死，时年三十九岁。

多尔衮死后不久，对多尔衮心怀不满的宗室大臣纷纷揭发他的罪行。一向处事沉稳、忍辱负重的济尔哈朗首先发难，联合一些王爷给顺治皇帝上书，要求追究多尔衮的罪责。

顺治皇帝当时十三虚岁，并未亲政，但有母亲孝庄皇太后辅佐和支持，于是召集群臣商议。经过众议，顺治皇帝宣布多尔衮十四条大罪，剥夺其一切爵位和封典，并毁墓掘尸。多尔衮死后只有两个月，就从荣誉的顶峰迅速跌落到地下。

　　多尔衮摄政七年，有功有过，但他毕竟为大清入关、统一天下做出了重大贡献。过了一百多年之后，乾隆皇帝下令为他重修坟茔，恢复封号。

# 李自成进京灭明朝

　　大清与明军在东北地区打了多年，虽然势力越来越大，但要想灭掉明朝，并非易事。就在这个时候，李自成起义军势力大盛，打进北京，推翻了明朝。清军趁此良机，大举入关，最终夺取了天下。

　　明朝后期，万历皇帝长期怠政，二十多年不上朝，导致朝廷混乱，党争激烈，政治黑暗，经济衰退，民不聊生，明朝腐朽衰败下去。

　　天启年间，陕西发生严重自然灾害，造成赤地千里，饥民遍地。朝廷救灾不力，地方官员照样欺压百姓，民众活不下去，只能铤而走险，各地陆续爆发起义。到了崇祯时期，陕西农民起义如火如荼，达到高潮，尤其是李自成的起义军势力强大，即将推翻明朝的黑暗统治。

　　李自成，陕西米脂人，明末著名农民起义领袖。李自成出身贫苦，小时候曾被舍入寺庙，孩童时就给地主家放羊，受尽苦难。李自成十几岁的时候，父母双亡，无依无靠，被迫到甘肃当了一名守边的兵卒。

　　天启时期，朝廷腐败，加上严重的自然灾害，陕西爆发多起农民起义，李自成的舅舅高迎祥也拉起一支队伍。高迎祥曾以贩马为业，走南闯北，见多识广，为人仗义，他的队伍越来越壮大，几次打败官军。高迎祥自称闯王。

　　李自成当兵吃粮，尚有饭吃，起初并未参加起义。后来，明朝财政困难，军饷欠缺，不得已裁兵。李自成失业，生活无着，只好投奔舅舅高迎祥，加入了起义军。那一年，是 1630 年前后，李自成二十五岁左右。

李自成身材高大，体魄健壮，作战勇敢，为人豪气，很快在起义军中脱颖而出，被封为闯将。李自成带着一支队伍，南征北战，屡败明军，经过几年奋战，在军中树起了威信，成为高迎祥的得力助手。

1636 年，起义军被明军打败，高迎祥不幸牺牲。李自成强忍悲痛，收拾残部，继任闯王，继续与明军战斗。

明朝感到陕西农民起义是心腹大患，调集重兵，进行围剿。长期与起义军作战的洪承畴升任总督，负责镇压农民起义。洪承畴采取"四正六隅，十面张网"的策略，重创了起义军。李自成的队伍溃散，只剩十八人躲入商洛山中。农民起义陷入低谷。

李自成不屈不挠，在商洛山中积蓄力量，以图东山再起。1639年，河南大灾，人们流离失所，饥寒交迫。李自成见时机已到，率众从商洛山杀出，进军河南。起义军攻破城池，打开粮仓，赈济饥民，得到百姓拥护。大批饥民纷纷加入起义军，李自成的队伍迅速扩大，很快有了数十万之众。

1641 年，李自成起义军攻克河南重镇洛阳，杀了福王朱常洵，把福王府中大批粮食、物资分给贫穷百姓。起义军威名大振。

李自成提出"均田免赋"口号，百姓们到处传唱"杀牛羊，备酒浆，迎闯王，闯王来了不纳粮"的歌谣。李自成的起义军扩大到上百万人，陆续占领了甘肃东部、陕西、河南以及山西、河北部分地区。明朝既要对付关外的清军，又要镇压起义军，两头作战，顾此失彼，已经无法扑灭起义烈火了。

1644 年一月，李自成在西安建立政权，国号大顺，设置文武百官，大封功臣。大顺政权拥有骑兵六十万、步兵四十万，兵强马壮，随即出兵北上，准备灭掉明朝。

李自成很有谋略，他兵分两路，虚实并用。大将刘芳亮率一路兵马，大张旗鼓地从河北进兵，牵制明军；李自成亲率主力，由山西向北，经大同、宣化，绕到北京城背后，再南下攻击。两路大军遥相呼应，锐不可当，沿途明军非溃即降，没有遇到大的抵抗。

1644 年三月十七日，李自成大军抵达北京城下，城外三大营的明军皆不战而降。大顺军包围了北京城，城内顿时陷入一片混乱。

十八日，李自成下令攻城，分别攻打九门。城内守军不足，而且人心惶惶，皆无斗志，激战一天，便支撑不住了。到了天黑，城内有人打开城门，大顺军蜂拥入城。

崇祯皇帝听说大顺军进了城，慌忙鸣钟召集百官，可无一人前来，百官都四散逃命去了。崇祯皇帝知道已到末日，亲手杀死自己的女儿，令皇后自尽，然后仓皇跑到宫北的煤山（今景山），在一棵歪脖子树上上吊自杀，身边只有一名宦官陪同而死。

李自成头戴毡帽，身穿淡青衣，骑乌驳马，得意扬扬进入北京城，来到富丽堂皇的皇宫，端坐在皇帝龙椅之上。

历时二百七十六年的大明王朝，至此宣告灭亡。

# 吴三桂献关降清军

李自成经过十几年浴血奋战，终于打进北京，推翻了明朝统治。这个时候，李自成犯了一个严重的战略性错误，他没有重视关外的清军，致使清军大举入关，夺去了胜利果实。

清军之所以能够轻松跨越山海关，进入关内，击败李自成，有一个人起到了关键性作用，他就是山海关守将吴三桂。

吴三桂，辽东广宁（今辽宁绥中）人，出身武将世家。其父吴襄，曾任明朝锦州总兵；舅舅祖大寿，为明朝抗清名将，是袁崇焕的得力部将，后来投降了清朝。吴三桂在父亲和舅舅影响下，从小习武，武艺高强，不到二十岁便考中武举人，从此开始了他的军旅生涯。

吴三桂自入伍就与清军作战，他打仗勇猛，骑射精良，屡立战功，职务也不断升迁。吴三桂二十多岁担任游击，二十三岁升任参将，二十六岁任副总兵，二十七岁升任宁远总兵，成为明军著名年轻将领。

在松锦大战中，吴三桂表现出高超的战斗技能，他率部冲杀，寻找清军薄弱环节，一度取得胜利，获得主帅洪承畴嘉奖。松锦之战最终以明军惨败而告终，其他部队都全军覆灭，只有吴三桂率领一支兵马，拼死杀出重围。崇祯皇帝表彰吴三桂，赐给他尚方宝剑，令他镇守山海关，阻止清军南下。

祖大寿投降清朝后，给吴三桂写了一封劝降信。吴三桂感到明朝大势已去，心有动摇，于是回了一封信，虽然没有明确表示降清，但态度暧昧，为自己留了一条后路。

李自成打进北京，灭亡了明朝，崇祯皇帝自缢身亡。吴三桂惶惶不可终日，他既为明朝灭亡感到悲伤，也为居住京城的家人担忧。这个时候，父亲吴襄在李自成逼迫下，给他写来一封信，让他归顺大顺政权。吴三桂觉得是一条路子，于是答应下来。

李自成的起义军不纳粮，不损害百姓利益，他们的收入来源，主要是没收官府和富人的财富。大顺军进入北京以后，依然沿袭这种做法，将王公贵族们的钱财抢掠一空。大顺军还抓了贵族富豪八百多人，严刑拷打，逼索财宝。

吴三桂家中也被抢掠，吴襄被抓去拷打。吴三桂得知以后，心中恼怒。不久，一个更加令他愤怒的消息传来，吴三桂的爱妾陈圆圆，被李自成的大将刘宗敏霸占了。吴三桂终于冲冠暴怒，大叫道："大丈夫不能保护妻儿，有何面目立于天地之间。"于是，吴三桂决定，不再归顺李自成，转向关外的清军投降。

陈圆圆，原名邢沅，苏州人，自幼丧母，由姨父养大，遂从姨父姓陈。姨父重利轻义，将陈圆圆卖到苏州梨园。陈圆圆长大后，色艺双绝，成为吴中名伶，属于"秦淮八艳"之一。

后来，有个大臣见陈圆圆貌美，将她带入京城，想献给崇祯皇帝。崇祯皇帝不爱女色，陈圆圆没有进入皇宫。吴三桂却一见倾心，千方百计弄到手，纳为妾室。关于陈圆圆的故事和下落，有着许多传说，其中一种说法是，吴三桂在追击大顺军过程中，又把陈圆圆抢了回来，此后长期生活在云南，七十三岁病逝，算是比较好的结局了。

清初诗人吴伟业写了一首《圆圆曲》，其中有一句"冲冠一怒为红颜"，讽刺吴三桂为女色而不顾民族大义的行径，使得陈圆圆的故事广为流传。其实，吴三桂降清，固然有陈圆圆的因素，但并不是全部原因，早在几年前，吴三桂就与清军眉来眼去了。

大清摄政王多尔衮，听说李自成打进北京，崇祯皇帝自杀，不禁吃了一惊。清军曾经三次兵临北京，却都没有攻克，而李自成只用一天时间，就破城而入。多尔衮认为，李自成必有大智大勇，大顺军肯定战斗力很强。

洪承畴与起义军作战十几年，十分了解起义军的底细，他对多尔衮说，李自成虽有百万之众，但都是在最近几年才聚拢起来的乌合之众，未经训练，对付腐朽的明朝军队还可以，但绝不是清军八旗的对手。洪承畴极力主张，清军应趁乱入关，夺取中原。范文程也上"进取中原策"，提出了详细的进兵策略。

在洪承畴、范文程的鼓动下，多尔衮树立了信心，立即调集十几万精锐的八旗骑兵，加上降将孔有德、耿仲明、尚可喜的兵马，从沈阳出发，急速南下。

多尔衮担心会在山海关遭到阻击，于是按照范文程、洪承畴的计策，打算绕过山海关，从西边突破长城关口，经蓟州、密云等地攻击北京。清军出发六天之后，忽然接到吴三桂乞降密信，多尔衮大喜，立即改变进军路线，取近道直扑山海关。

李自成得知吴三桂出尔反尔，顿时大怒，亲自率军杀向山海关。关于李自成带了多少军队，史书记载不一，有的说六万，有的说十万，有的说二十万，总之比吴三桂的兵马多。李自成认为，打败吴三桂，占领山海关，是毫无问题的。李自成根本没有想到，吴三桂已经献关投敌，大顺军即将面对的，是一个强大而可怕的对手。

李自成率军到达后，向吴三桂发出逼降通牒。吴三桂有了清军撑腰，拒不投降，而是顽强抵抗。大顺军猛烈攻城，激战一天，攻克了山海关外围东罗、北翼两城。

在李自成大军抵达山海关当天夜里，清军也赶到了，但清军并没有立即参战，而是在附近安营扎寨，悄悄埋伏下来。多尔衮登上一个山头，美滋滋地静观两军交战。

大顺军与吴三桂连战三天，双方伤亡惨重，疲惫不堪，吴三桂眼看支撑不住。多尔衮见时机到了，一声令下，清军铁骑倾巢而出，恶狼一般扑向大顺军。大顺军猝不及防，大败溃逃。清军铁骑追杀四十多里，尸横遍野，血流成河。

李自成率残兵败将狼狈逃回北京，心中恼恨，下令将吴襄及吴家老少三十八人全部斩杀。吴三桂与李自成结下了不共戴天之仇。

李自成自知守不住北京，率部西返，回西安老巢去了。李自成进北京，前后只有四十二天。

由于吴三桂献关投敌，致使李自成浴血奋战十几年的胜利成果，被清军轻松夺去了，令人痛惜。

# 击败义军占中原

由于吴三桂献关投敌，清军轻松跨过山海关，击败李自成，占领了北京。此时，明朝朝廷已经垮台，清军便把李自成作为最大对手，企图消灭大顺军，夺取中原。

多尔衮率清军进入北京后，一面布告安民，维护秩序，稳定局势；一面为崇祯皇帝发丧，并假意寻找崇祯皇帝的儿子，要扶立他继承明朝皇位，以此收买人心。

此举很有成效，引起明朝官员、王公贵族和一些知识分子的好感，大大减缓了民众对外族入侵的抵触情绪。因此，北京没有出现针对清军的反抗行动，清军很快站稳了脚跟。不久，清朝把都城迁至北京，开始了对全国的统治。这都是范文程、洪承畴为清朝献上的锦囊妙计。

与此同时，清朝打着为崇祯皇帝报仇的旗号，利用吴三桂、孔有德等汉人降将为先锋，一路追杀大顺军。清朝的如意算盘是，以追杀大顺军为幌子，尽快占领中原地区。

李自成撤出北京以后，经河北向西南方向撤退，意图退回老巢西安。大顺军虽然人数众多，但进京之后，军纪松弛，许多人腐化堕落，战斗精神和意志大大降低，尤其是山海关一战，大顺军损失惨重，特别是严重影响了士气，不少将士畏清如虎，再加上撤退仓促，准备不足，因此，大顺军难以抵挡清军凌厉的攻击。

吴三桂全家被诛，怀有大恨，报仇心切，率兵急追。大顺军刚走到河北保定，就被清军追上，双方随即展开混战。大顺军敌不过强悍的清军铁骑，损失了不少兵马。

大顺军好不容易摆脱清军，继续向西南撤退。大顺军连续行军，人困马乏，走到定州时，刚要埋锅做饭，安营休息，不料又被清军追上。大顺军被迫应战，奋力拼杀，遭受了重大损失。

　　李自成觉得，这样下去不是办法，很容易造成全军溃散。于是，李自成在正定整顿部队，占据有利地形，准备迎头痛击尾追的清军。

　　在清军各部当中，吴三桂最为凶悍，他常常不分昼夜地挥师疾进，往往比其他部队超前一两天。李自成抓住这个机会，在正定与吴三桂展开大战，双方激战一天，重创吴三桂部。此后，吴三桂再也不敢轻敌冒进了。

　　李自成击退了吴三桂的追击，由固关退入山西境内，河北便落入清军之手。

　　李自成退入山西以后，没敢停留，命陈永福守太原，姜瓖守大同，刘忠守长治，自己率主力退回西安。

　　清军大举进攻山西，各地的义军守不住，城池纷纷陷落。清军攻占太原，俘虏了陈永福；刘忠抵敌不住，被迫放弃长治，退入河南；姜瓖在大同孤立无援，只得投降。清军经过半年多战斗，占领了山西。

　　多尔衮在命清军主力追击大顺军的同时，又令豪格率一支清军，出兵山东。山东境内尚有部分明军部队，但战斗力很差，根本不堪一击，纷纷逃到了江南。蒙格率军占领山东，接着向河南进军。

　　到1644年底，清军已经占领了京津地区、河北、山西、山东、河南大片土地，北方只剩下李自成占领的陕西了。

　　多尔衮集结清军主力，兵分两路，对陕西发动总攻。一路由英亲王阿济格为主将，带领吴三桂、尚可喜等部，由大同向榆林进兵，然后南下攻击西安；一路由豫亲王多铎为主将，带领孔有德、耿仲明等部，从河南向西攻击潼关。阿济格和多铎都是多尔衮的同母兄弟。

　　潼关是进入陕西的东大门，北临黄河，南踞山腰，地势险峻，易守难攻。在冷兵器时代，单靠大刀长矛，是很难攻下潼关的，可是，如今清军有了红衣大炮，攻坚夺隘就容易多了。

　　镇守潼关的是李自成的心腹大将刘芳亮。刘芳亮骁勇善战，胸有谋略，常常独当一面。可是，面对清军大炮轰击，刘芳亮一筹莫展。多铎挥师猛攻，守关将士伤亡惨重，潼关危在旦夕。刘芳亮无奈，只得频频向李自成告急。

李自成心急如焚，他知道，潼关若失，陕西门户大开，西安肯定守不住了。在危急时刻，李自成亲自率军增援潼关。可是，大顺军没有大炮，抵挡不住清军的猛烈炮火。双方激战十三天，潼关终于失守，大批清军涌入陕西。

与此同时，阿济格、吴三桂、尚可喜率领的北路军，从榆林一路南下，经延安、洛川，直扑西安。清军从东、北两路夹攻，势不可挡。此时，大顺军剩下不到五十万人了。李自成被迫放弃西安，经武关退入湖北。清朝占据了整个北方。

后来，李自成在湖北通城九宫山遭地主武装袭击，不幸牺牲。其余部三十万人与南明政权合作，继续与清军战斗。关于李自成的下落，有许多传说。

北方战火纷飞，南方却暂时风平浪静。在南方，尚有不少明朝的军队，而且在南京建立了弘光政权，延续明朝国号，是南明政权之一。弘光政权与清军和大顺军都有仇恨，乐得坐山观虎斗，静观双方拼得你死我活。

可是，清朝占领北方以后，战火不可避免地烧到了南方，江南民众即将遭受蹂躏和苦难。

# 进军江南夺天下

多尔衮雄心勃勃，占领北方只是第一步，下一步，他就要兵指江南，夺取整个天下了。

明末战争，主要集中在北方，无论是清军，还是李自成的起义军，都是在北方同明军作战，而南方则相对平静。在北方战乱之时，尤其是北京陷落以后，大批皇族宗室和权贵们纷纷逃到南方，不少民众也南下避难。

明朝实行两都制，除了北京以外，南京作为陪都，所设机构和官员与北京相同，北京政权垮台了，南京的机构还完整地保留着。因此，在北京陷落两个月后，在南京的贵族和大臣们拥立福王朱由崧称帝，延续明朝，年号弘光，史称南明弘光政权。

朱由崧是朱常洵的儿子，长期随父居住洛阳。李自成攻陷洛阳，杀了朱常洵，朱由崧侥幸逃脱，辗转到了南京。朱由崧与崇祯皇帝血缘关系最近，因而被拥立为帝。

可是，朱由崧胸无大志，能力平平，不修内政，沉湎酒色，难以有所作为。弘光政权内部矛盾重重，派系林立，贤臣不多，只有史可法等人忠心为国。朱由崧与李自成有杀父之仇，对清军追杀李自成幸灾乐祸，坐视不理。因此，弘光政权成立一年多，没有任何抗清行动。

1645 年三月，清军占领北方以后，开始大举南下。多尔衮命多铎率十万清军铁骑，攻打南京的弘光政权。多铎是多尔衮的同母弟，勇猛善战，为人凶狠，他在攻取潼关、占领陕西以后，又接受了平定江南的重任。他的哥哥阿济格则负责绥理关中，并继续追剿李自成。

多铎率军出虎牢关，经河南地区南下，一路所向披靡，只用一个月时间，就攻占徐州，渡过淮河，抵达江北重镇扬州。

镇守扬州的，是弘光政权的兵部尚书史可法。史可法是著名民族英雄，他带领扬州军民殊死抵抗，造成清军重大伤亡。多铎久攻不下，后来调来大炮，轰倒城墙，才攻陷了城池，史可法殉国。多铎恼怒，下令屠城，数十万民众被杀，史称"扬州十日"。

多铎攻克扬州以后，迅速渡过长江，进逼南京。多铎发布《谕南京等处文武官员人等》布告，恫吓说，扬州军民抗命，结果遭受屠戮，如今大兵到处，如果胆敢抗拒，扬州可鉴！

扬州屠城起到了震慑作用，南京城内人人惊恐，朝廷官员和民众纷纷外逃，连弘光皇帝也逃往芜湖。清军抵达南京时，只见城门大开，南明大臣钱谦益、赵之龙、王铎等人献城投降了。不久，弘光皇帝被俘遇害，为期一年的弘光政权垮台。

清军继续扫荡弘光政权的残余势力，很快占领了安徽、江苏、浙江等地。多尔衮为了强化满洲贵族对全国的统治，实行了剃发易服政策，要求汉、蒙等其他民族的民众，一律改成满族的发型和服饰。这是一个野蛮而错误的政策，激起江南民众的激烈反对。

多尔衮迷信武力，依仗强大兵力，强制推行剃发令，提出"留头不留发，留发不留头"，对民众进行残酷镇压，造成"嘉定三屠"等多起喋血惨案。江南人民不畏强暴，反清斗争此起彼伏，持续时间长达十八年之久。

在多铎进军江南的同时，豪格率军攻打四川。当时占据四川的，是农民起义领袖张献忠。张献忠与李自成齐名，都曾是高迎祥手下得力将领。李自成在陕西、河南一带发展势力，向北进兵；张献忠别树一帜，向南发展，占据四川，在成都建立了大西政权，自称皇帝。

清朝击败李自成之后，张献忠就成了最大的对手。多尔衮起初采取招抚政策，多次派使者劝降，张献忠不为所动。多尔衮只好命豪格为靖远大将军，率军武力征讨。

豪格率领的正黄、镶黄两旗，是满洲八旗的主力之一，战斗力很强，先锋鳌拜更是勇冠三军。张献忠的大西军抵挡不住，节节败退，张献忠也被豪格射死。激战一年多，四川落入清军之手。张献忠余部南撤湖南、广西一带，与南明永历政权合作，继续坚持抗清斗争。

多铎在消灭弘光政权、夺取江浙地区不久，得病死了，年仅三十六岁。豪格收复四川后，班师回京，也被多尔衮害死。多铎、豪格为清朝平定江南立下大功，个人的结局却不好。

弘光政权垮台之后，江南民众的反清斗争并没有停止，反而因为剃发令和清军暴行，激起民众更大的反抗。在福建，朱元璋九世孙朱聿键建立了隆武政权；在绍兴，朱元璋十世孙朱以海成立了鲁王政权；在广东，万历皇帝的孙子朱由榔建立了永历政权。各个政权都使用明朝国号，自称皇帝，统称为南明。

南明几个政权各自为政，力量不统一，而且还时常为争正统搞内斗，结果被清军各个击破。到1650年多尔衮死的时候，清朝已经灭掉隆武政权、鲁王政权，占领了南方大部分土地，只剩下广东沿海一带和西南地区的永历政权了。

永历政权起初建于广东肇庆，后被清军追剿，迁到了广西。永历政权本来势力弱小，但在西南地区得到李自成余部、张献忠余部的支持，拥有兵马数十万，控制了广西、湖南、云南、贵州等地，势力强盛起来，抗清斗争在西南地区形成了高潮。广东沿海一带也有郑成功的反清力量。

多尔衮死后，十三岁的顺治皇帝亲政，由母亲孝庄皇太后辅佐。孝庄皇太后聪明睿智，是杰出的女政治家，她重用汉人大臣洪承畴、范文程，改变了多尔衮一味使用武力的做法，重视招抚汉人和收服江南民心，以汉治汉，终于消灭了永历政权，使清朝统一了全国大陆。

# 汉臣助清灭南明

在清朝进军江南、夺取天下过程中，洪承畴、孔有德、尚可喜、耿仲明、吴三桂等一批降清汉臣发挥了重要作用，为清朝最终统一全国立下汗马功劳。

洪承畴降清以后，受到皇太极、多尔衮礼遇，被擢升为大学士，参与朝政。洪承畴忠心为清朝效力，提出了许多治国建议。不过，洪承畴主要是参政议政，建言献策，并没有执掌很大的权力。

顺治皇帝亲政以后，在母亲孝庄皇太后辅佐下，更加器重洪承畴。洪承畴除了任大学士以外，还担任了兵部尚书兼都察院右都御史，掌握了很大实权，地位相当于宰相。

1653年，顺治皇帝任命洪承畴为太保兼太子太师，位列三公，经略湖广、广东、广西、云南、贵州五省，总督五省军务兼理粮饷。当时，南方大部分地区已被清朝占领，只有以上五省的一些地方仍被南明永历政权控制着，清朝是想以汉治汉，让洪承畴去对付南明。

洪承畴受此重任，心怀感激，他虽然已经六十一岁了，但仍然壮心不已，立志消灭南明政权，统一全国。在洪承畴出征时，顺治皇帝亲自设宴送行，赐他宝马、宝刀。洪承畴受到主子厚待，更加感激涕零。

洪承畴在明朝为官多年，对南明情况十分熟悉，他制定了以抚为主、以剿为辅，分化瓦解、各个击破的策略，精心进行谋划。同时，洪承畴重用孔有德、耿仲明、尚可喜、吴三桂等汉人将领，让他们打头阵。

孔有德，辽东盖州卫（今辽宁盖州）人，原籍山东，出身贫寒，年轻时参加了毛文龙的明军，逐步升为将领。毛文龙被袁崇焕所杀，孔有德心怀不满，发动吴桥兵变，投降了后金。

孔有德是最早降清的明军将领，皇太极非常高兴，亲率诸贝勒出城十里相迎，封孔有德为恭顺王。孔有德感恩戴德，此后忠心为清朝效力，多次与明军作战，双手沾满了明军将士的鲜血。

这次攻打永历政权，孔有德又是一马当先，率领他的汉人八旗兵，首先攻打湖南。南明军队抵挡不住，孔有德一鼓作气攻占了湖南。

孔有德得意扬扬，不肯休整，率兵南下，攻打永历政权的核心地带广西。孔有德连战连捷，很快攻占了桂林，不料却中了永历大将李定国的诱敌之计。李定国调集大军，将孔有德团团包围在桂林。孔有德突围无望，自杀身亡，其子孔廷训也被杀死。孔有德绝嗣了。

孔有德自称是孔子后裔，孔氏族人却不承认。有一次，孔有德去曲阜拜谒孔庙，孔氏族人紧闭大门，不许他进入。在《孔子世家谱》中，自然也没有孔有德的名字。

与孔有德一起降清的，还有耿仲明。耿仲明也是辽东人，与孔有德既是老乡，又是朋友，都在毛文龙手下为将，一同投降了后金，被封为怀顺王。

耿仲明一直跟随孔有德，两人几乎没有分开过。在收复湖南战斗中，耿仲明率部连克衡州、祁阳、武冈等地，立下大功，改封为靖南王。

耿仲明死在孔有德之前，他因为私藏逃犯，怕清廷追究，自缢身亡。顺治皇帝让其子耿继茂承袭靖南王爵位。耿继茂死后，其子耿精忠继续当靖南王。

比孔有德、耿仲明晚一年降清的尚可喜，是河北衡水人，后迁至辽宁海城。尚可喜也是毛文龙的部将，他虽然降清稍晚一些，但带去了万余汉人军队，还带去红夷大炮等大量军用物资。因此，皇太极出城三十里相迎，封他为智顺王。

孔有德、耿仲明、尚可喜是最早降清的明军将领，合称为"三顺王"，属于清初三藩。"三顺王"率领汉人八旗，屡次与明军作战，为清朝占据中原，进而平定江南立下赫赫战功。

在攻击永历政权中，洪承畴命尚可喜独领一军，攻打广州。尚可喜围困广州十个月，经过多次激烈战斗，终于攻破城池。尚可喜军队在广州屠城十二天，杀死居民七十万人，史称"庚寅之劫"。尚可喜和清军犯下了滔天大罪。

尚可喜勇猛善战，在攻占广州后，又两次打败李定国的南明军队，收复广东，为消灭永历政权立下大功。郑成功攻占台湾，建立了反清基地。之后，尚可喜长期镇守广东。

在降清汉臣当中，吴三桂投降较晚，但功劳最大。他献关投敌，一路追杀李自成的大顺军，从北京打到西安。击败大顺军之后，吴三桂跟随洪承畴去攻打永历政权，又从西北打到了西南，为清朝建立了特殊功勋。

洪承畴对攻击永历政权采取了正确策略，打抚并用，消灭了永历政权大量兵力，也招降了许多汉人将领。经过十多年奋战，洪承畴收复了两湖、广东、广西、贵州等地，把永历皇帝逼到了云南。

洪承畴很欣赏吴三桂，曾在松锦之战中嘉奖过他。吴三桂部队战斗力很强，是消灭永历政权的主力。永历皇帝避走云南之后，吴三桂紧追不舍，率部进入云南。

永历皇帝走投无路，被迫进入缅甸，寻求庇护。吴三桂不肯罢休，一定要赶尽杀绝，也率军追入缅甸。缅甸王无奈，只好将永历皇帝交给了吴三桂。

1662年，吴三桂将永历皇帝绞杀于昆明，南明永历政权彻底灭亡。

顺治皇帝实行以汉治汉政策，接受洪承畴的建议，封吴三桂为平西王，镇守云南，兼辖贵州；封尚可喜为平南王，镇守广东；让耿继茂承袭父亲靖南王爵位，镇守福建。三王合称三藩，有很大权势，后来被康熙皇帝灭掉，落了个兔死狗烹的下场。

洪承畴灭掉永历政权，平定了西南地区，为清朝立下不世之功。可是，清廷只授予他三等轻车都尉世职。到了乾隆时期，清朝大力褒扬史可法，却把洪承畴列入《贰臣传》。洪承畴在清朝后期的名望十分尴尬。

对于降清汉臣们的所作所为，其功过是非，后世各有评说。

# 扬州十日和嘉定三屠

清军在平定江南、夺取天下的过程中，必然会遭到南明政权和江南民众的反抗。清朝统治者为了震慑民众，实行残酷镇压和杀戮，制造了许多惨案。其中最著名的，是扬州十日和嘉定三屠。

扬州背靠长江，处于京杭大运河和长江交汇处，战略位置十分重要。扬州目前是江苏省的一个地级市，可在历史上规模名声要比现在大得多。汉武帝时期，全国分为十三刺史部，扬州是其中之一。隋炀帝大修扬州城，使扬州人口众多，经济繁荣，成为全国最繁华的大城市之一。在南吴、南唐时期，甚至把扬州作为国都或陪都。清军要想渡江南下，必须首先占领扬州。

镇守扬州的，是南明弘光政权的兵部尚书史可法。扬州周围，南明军队有江北四镇十几万兵马，但士气低落，军纪涣散。史可法担心军队祸害百姓，没让他们全部进城，而是部署在离城不远的地方。清军到来时，史可法令四镇军队前来增援，可没有一路兵马到来，而且有两镇已经投降了清军。

1645 年四月十八日，多铎率十万清军抵达扬州城下。城中只有万余军队，双方兵力悬殊。史可法拒绝投降，决心以身殉国，留下了四封遗书。史可法把民众组织起来，许多青壮年上了战场，给清军造成重大伤亡。清军攻城数日，没有进展，于是调来大炮，轰倒城墙，才攻占了城池。

四月二十五日，清军攻破扬州城，随即展开疯狂报复，任意抢掠屠杀十天，到五月初五，多铎才下令封刀。扬州屠城，造成数十万无辜居民被杀，史称扬州十日。

记载扬州屠城最详细的史料,是《扬州十日记》,该书以第一人称记述,有八千多字,作者叫王秀楚,是扬州大屠杀的亲历者和幸存者。关于王秀楚的身份,史料不多。有人说他是史可法的幕僚;王秀楚自己则说,他是扬州的普通居民。

王秀楚在《扬州十日记》中说,他家住在西城,邻居们都很富裕,自己家境也不错。全家有大哥、二哥、嫂子等八口人。

从四月十四日开始,扬州城内气氛骤然紧张起来,人们都知道清军要来攻城了。史可法发布告示,其中有一句说:"此次守城,一切后果由我一人担当,决不连累老百姓。"百姓们听了,无不感激涕零。

城内戒严,街上没有行人,只有一队队的士兵匆匆而过。许多人家里住进了兵,王秀楚家也有几个士兵。这些兵军纪很差,态度蛮横,索要酒肉和财物,一不顺心,就动手打人。

清军开始攻城,只听得喊杀声、大炮轰鸣声响成一片。王秀楚一家和百姓们躲在家里,战战兢兢。许多人焚香跪拜,求神保佑。

二十五日早晨,外面传扬城破了,清军进了城。几个邻居敲门找王秀楚商议,打算设案焚香,迎接清军,表示臣服,以保全性命财产。大伙商议半天,谁也拿不定主意,没有结果。

不大一会儿,街上有人惊慌乱跑,大喊:"蛮兵抢财杀人了!"西城富户较多,都是深宅大院,清军首先从西城开始抢掠杀戮,西城居民纷纷离家逃难。王秀楚一家也随着人群,向东边何家坟一带乱跑,很快全家就跑散了。

王秀楚看到,清军手执刀枪,凶神恶煞一般追杀民众,不分老幼,见人就杀,如同恶狼追逐羊群。街上满是尸体,血流成河。王秀楚逃过一个池塘时,发现尸体把池塘填平了。

王秀楚还看到,清军抓了一些妇女,用绳子拴起来,一队一队地押着走。妇女们披头散发,哭泣哀号,有不从者,当场就被一刀砍死。有个妇女怀抱婴儿,婴儿啼哭不止,一名清兵抓过来,抛到半空摔死了。

城中不少地方起了火,烟火弥漫。不管是白天还是晚上,到处都是一片号哭声。扬州成了人间地狱。

王秀楚凭着年轻力壮，东躲西藏，有时躺在乱尸之中装死，总算侥幸逃脱了性命。可怜他一家八口，被清军杀死五人。他的亲戚朋友和邻居，许多都遭到灭门之灾。

《扬州十日记》根据王秀楚亲眼所见，记述了许多清军杀人、抢掠、奸淫的具体事例，读后令人毛骨悚然，不寒而栗。王秀楚最后说，这十天的经历，都是他亲眼看到的，传闻的事情没有记录，之所以写成《扬州十日记》，是想警示后人，珍惜太平。史学界一般认为，《扬州十日记》可信度较高。

除《扬州十日记》外，还有《扬州城守纪略》《明季南略》等史书，也记载了清军屠城惨案。关于居民被害的人数，有三十万至八十万等不同的说法。

也有史书记载，清军攻打扬州很简单，只用一天时间就攻进城去，没有遇到大的抵抗，因而不存在屠城事件。可是，这类史书多数都是清朝官方写的，如《明史》。

笔者通过阅读大量史书，认为扬州大屠杀确实存在，至于屠杀时间、人数和一些细节问题，可以进一步研究。

清军在攻占扬州之后，渡过长江，轻松占领了南京。清朝统治者下达了剃发令，不料却激起民众反抗，又出现了嘉定三屠惨案。所不同的是，嘉定三屠的罪魁祸首，不是清军将领，而是降清汉臣李成栋。

李成栋，汉族，有陕西人、辽宁人等多种说法。李成栋出身强盗，心狠手辣，杀人如麻，后来参加了明军，成为江北四镇的将领之一。在清军进攻扬州的时候，李成栋率部投敌，并参与了攻打扬州和扬州大屠杀，之后跟随清军渡江，攻击江南。

1645年六月，清军占领了嘉定，委派县令进行管理。嘉定民众起初并没有激烈反抗，可清军下达了剃发令，要求所有人在十日内改变发型，结果激起民变。嘉定十几万人自发聚集起来，驱逐县令，抵制剃发令。

李成栋刚降清不久，急于向新主子献媚和表功，于是亲率五千兵马前去镇压。面对手无寸铁的普通百姓，李成栋凶相毕露，大开杀戒，约有三万人遇难。李成栋大逞淫威之后，留下官吏和少量兵力，率军走了。

李成栋的暴行，激起嘉定民众的极大愤慨。在义士朱瑛召集下，聚集两千多人，杀死了李成栋留下的官吏和士兵。

李成栋闻讯大怒，率军返回，对嘉定民众进行第二次屠杀，并放火焚尸。

二十多天之后，南明有个叫吴之番的将领，率数百士兵攻击嘉定城，民众纷纷响应。清军猝不及防，大败溃逃。不久，李成栋重整兵力，率军攻打嘉定，吴之番和手下数百士兵全部战死。李成栋下令对嘉定百姓第三次进行疯狂屠杀。

嘉定三屠，杀害无辜民众近十万人。李成栋丧心病狂，对普通百姓进行血腥杀戮，把自己永远钉在了历史耻辱柱上。李成栋属于反复无常的小人，不久叛清，兵败被杀，落了一个可耻下场。

# 孝庄是否下嫁多尔衮

孝庄皇太后，是清朝历史上十分有名的人物。她先是辅佐六岁的儿子顺治皇帝，后又辅佐八岁的孙子康熙皇帝，为清朝发展做出了卓越贡献，被誉为清初杰出的女政治家。

有关孝庄皇太后的影视戏剧很多，人们在赞颂她为社会做出贡献的同时，也议论她的私生活。让许多人津津乐道、引发争议的是，孝庄皇太后是否下嫁了多尔衮。

孝庄皇太后是蒙古族，生于1613年，名叫布木布泰，蒙古语是天降贵人的意思。孝庄皇太后的父亲叫布和，是蒙古科尔沁部的贝勒。科尔沁部地处内蒙古东部，大兴安岭南坡，在蒙古诸部中势力较大。因此，努尔哈赤和皇太极都十分重视与科尔沁部搞好关系，孝庄皇太后和姑姑、姐姐三人，都先后嫁给了皇太极。

孝庄皇太后的姑姑，叫额尔德尼琪琪格，别名哲哲。哲哲十五岁时嫁给皇太极，当时皇太极二十三岁，只是一位皇子，而且还有一位大老婆。皇太极宠爱哲哲，不久废掉大老婆，哲哲成为正妻。皇太极称帝时，封哲哲为正宫皇后。

孝庄皇太后比姑姑哲哲小十四岁，在她十三岁时，嫁给了皇太极，皇太极已经三十五岁了。皇太极称帝时，孝庄皇太后在后宫位居第二，仅次于姑姑哲哲。

孝庄皇太后的姐姐叫海兰珠，比她大四岁，在孝庄皇太后出嫁九年之后，海兰珠也嫁给了皇太极。皇太极特别宠爱海兰珠，将她列为后宫第二位，孝庄皇太后地位下移。海兰珠出嫁七年后病逝，皇太极悲痛欲绝，损害了身体，两年后也死了。

皇太极死的时候，孝庄皇太后三十一岁。她一共生了三个女儿、一个儿子，儿子福临只有六岁。福临是皇太极第九子，年龄又小，本来与皇位无缘，可由于豪格与多尔衮两强相争，福临渔翁得利，被推上了帝位。

对于福临继位，有许多传说。有的说，孝庄皇太后姑侄三人得到皇太极宠爱，因而在宫中有很多人脉和很大势力；有的说，孝庄皇太后与多尔衮关系很好，多尔衮愿意立福临为帝。这些应该都是重要原因，可孝庄皇太后聪明睿智，有政治头脑，她在幕后策划和活动，恐怕起到了主导性作用。

孝庄皇太后早在皇太极活着的时候，就参与国事。有的野史说，洪承畴被俘之后，不肯投降，绝食寻死。孝庄皇太后自告奋勇，前去劝降，亲自给洪承畴喂人参汤，救了他的性命，并经过再三劝解，打消了洪承畴寻死的念头。最后，洪承畴终于投降了清朝。

此事虽不见于正史记载，真实性也存在争议，但流传甚广，恐怕不是空穴来风。依孝庄皇太后的政治头脑，做这事是有可能的。孝庄皇太后在辅政期间，进一步重用洪承畴，使他死心塌地为清朝卖命，显示了孝庄皇太后过人的政治才干。

福临继位以后，多尔衮摄政掌权，当时孤儿寡母，处境并不乐观。孝庄皇太后施展政治手腕，一面精心培养儿子，一面极力安抚多尔衮，协调各方关系。多尔衮当了七年摄政王，权势无人能及，但他既没有产生篡位野心，又能全身心地为朝廷卖力，初步平定了天下。对此，孝庄皇太后无疑发挥了重要作用。

多尔衮刚死两个月，顺治皇帝就宣布他十四条大罪，剥夺其一切封典，并且毁墓掘尸。多尔衮的亲信党羽被一网打尽，他的哥哥阿济格也被逼自杀，大权尽归皇帝。当时，顺治皇帝只有十三虚岁，而且并未亲政，不会有这么大的魄力和胆略。这一切，实际上是孝庄皇太后所为。

铲除了多尔衮势力，顺治皇帝开始亲政，孝庄皇太后辅佐儿子，发挥了更大的作用。她采取以汉治汉策略，重用洪承畴和一批降清汉臣，灭掉南明，平定了东南沿海和西南地区，完全统一了全国。

孝庄皇太后比多尔衮小一岁，在顺治前期，两人都为辅佐幼帝、推动清朝发展做出了突出贡献。人们对他二人的关系，也众说纷纭，扑朔迷离，争论最多的，是孝庄皇太后有没有下嫁多尔衮。

　　有些人认为，孝庄皇太后为了笼络多尔衮，保住儿子的皇位，屈身下嫁了多尔衮。主要理由有：一是多尔衮被称为"皇父摄政王"，表明他是顺治的父亲；二是顺治皇帝有关于母亲下嫁的诏书；三是南明大臣张煌言写了一首诗，说太后下嫁了；四是孝庄皇太后死后，没有与皇太极合葬；五是北方少数民族有弟娶嫂的习俗。

　　有些人持否定态度，逐条反驳了上述理由。一是"皇父摄政王"只不过是尊称，历史上国君称老臣为父的不是个例，周武王就称姜太公为尚父；二是顺治诏书并无证据；三是张煌言始终与清朝为敌，诗歌属于文学作品，不能为据，特别是张煌言在诗中说，孝庄皇太后是在慈宁宫里举行的婚礼，可据史料记载，孝庄皇太后入住慈宁宫时，多尔衮已死四年了；四是皇太极后妃众多，很多后妃未与他合葬，并非孝庄皇太后一人；五是习俗不等于事实。

　　笔者通过读史书，认为孝庄皇太后下嫁多尔衮的可能性不大。一是迄今为止，尚没有见到一条关于"太后下嫁"的史证。孝庄皇太后如果真的改嫁，肯定是震动朝野的大事，不可能不留下证据。说太后下嫁的理由，多数是猜测和推断，并无真凭实据。二是从孝庄皇太后辅佐顺治统一天下来看，其政治才干不低于多尔衮，要想笼络他，有的是办法和手段，用不着屈身下嫁。三是如果多尔衮真成了自己的丈夫，孝庄皇太后会如此绝情，在他死后两个月，就毁墓掘尸吗？不会给自己带来不良影响吗？所以说，孝庄皇太后下嫁多尔衮，既没有证据，也不符合情理。

　　至于孝庄皇太后与多尔衮是否关系暧昧，就很难搞清楚了。

# 顺治有无当和尚

福临是清朝定都北京、统治全国后的首位皇帝，庙号世祖，年号顺治。在顺治期间，清军入关，统一天下，形成了大清王朝。这当然是与顺治皇帝分不开的，但多尔衮和孝庄皇太后的功劳更大一些。顺治皇帝最出名的事情，是后世议论纷纷，说他抛弃皇位和荣华富贵，出家当了和尚。

1638 年福临出生于沈阳，自幼在皇宫长大。福临确实有福，在他六岁时，意外当上皇帝，小小年纪，就成为天下之主。不过，大权都在叔父多尔衮手里。

福临年龄虽小，却很有个性，也晓得皇帝尊贵无比。《清世祖实录》记载，福临在举行登基大典的时候，乳母为他穿戴整齐，把他抱到车辇里，顺势也坐了下来。往常福临出门，都是乳母陪着。不料，福临却要乳母下辇，说："这不是你该坐的车子。"此举表现出福临十分聪明，也知道摆皇帝的派头。

福临当皇帝的前七年，什么事情都不管，他年龄幼小，也不会管。在家里，母亲孝庄皇太后精心教他治国之道，督促他读书；在外头，叔父多尔衮掌管着玉玺，以皇帝的名义发号施令。这个时期，清军入关，迁都北京，夺取中原，平定江南，清朝方兴未艾。

1650 年，多尔衮在打猎时意外受伤身亡，顺治皇帝只好提前亲政。他虽然只有十三岁，之前也没有处理过朝政，但有母亲孝庄皇太后，一切都很顺利，很快完成了权力移交。

多尔衮死后只有两个月，顺治就宣布他十四条大罪，剥夺其一切封典，毁墓掘尸，多尔衮所有功劳被一笔勾销。同时，顺治把多尔衮的亲信一网打尽，杀掉大学士刚林和祁充格、吏部尚书谭泰等人，逼阿济格自杀，罢免一批官员，重用济尔哈朗等亲信，把大权牢牢握在自己手中。如此大的变故，却没有引起朝野震荡，这表面上是顺治皇帝少年有为，实际上透露出孝庄皇太后的非凡才能。

顺治亲政的时候，清朝总体上已经控制了天下，只剩下东南沿海和西南地区尚未收复，但天下局势并不稳定，各地反清斗争此起彼伏。顺治皇帝改变了多尔衮一味靠武力镇压的做法，以招抚和收买人心为主。

顺治皇帝大规模祭祀明朝崇祯皇帝，追谥他为庄烈愍皇帝，为其立碑，赞颂他励精图治、身殉社稷的事迹，并亲自撰写碑文；表彰死于国难的明朝官员，对家属给予抚恤；按照范文程的建议，大肆宣扬清朝是从李自成手里得到的天下，大清是为明朝报仇。

顺治皇帝亲政第二年，就率王公大臣到太学祭拜孔子像，行两跪六叩大礼，还派大臣赴曲阜祭祀孔子。顺治皇帝提倡尊孔读经，推广儒学，把儒学典籍翻译成满文，并亲自撰写序言。顺治皇帝还敕封关羽为"忠义神武关圣大帝"，倡导忠孝节义。在此之前，关羽的尊号一直是王，此后便成了大帝，地位达到最高。

顺治皇帝继续坚持剃发易服政策，但在维护满族贵族利益的前提下，提高汉族知识分子的地位，扩大汉族官员数量，重视招抚笼络汉人。顺治皇帝将自己的妹妹嫁给吴三桂的儿子吴应熊，以示恩宠。

顺治皇帝在政治上、文化上采取一系列措施，对于稳定社会、缓和民族矛盾、拉拢汉族知识分子，都产生了积极作用。顺治皇帝在经济上也做出很大努力，实行屯田垦荒政策，政府提供耕牛和种子，招民开垦，三年免租，扩大粮食生产，改善人民生活。

顺治皇帝爱好学习，兴趣广泛，喜欢接触新事物。他亲政不久，结识了德国传教士汤若望，引起对天主教的兴趣。汤若望对顺治皇帝产生了重要影响，顺治赐他"通玄教师"，封为光禄大夫、正一品。顺治皇帝死后，鳌拜将汤若望驱逐，还差点杀了他。

顺治皇帝后来又喜欢上了佛教，特别崇拜创立佛教的释迦牟尼。顺治皇帝与许多僧人有来往，有的关系十分亲密。不少史书记载，顺治皇帝对佛学十分着迷，多次表达出家的愿望。因此，关于顺治皇帝当和尚的传说，并非空穴来风。

顺治皇帝的性格浮躁易怒，十分任性。有的史书说，他与母亲孝庄皇太后时常发生矛盾。孝庄皇太后选了自己的侄女当皇后，顺治不满意，将其废掉；孝庄皇太后又选了侄孙女做皇后，顺治仍不满意，但没有再废，只是倍加冷落。

顺治皇帝真心喜欢的，是董鄂妃。董鄂妃是满洲正白旗人，大臣鄂硕之女。董鄂妃天资聪慧，善解人意，熟读史书，精于书法，被顺治皇帝视为红颜知己。可惜红颜薄命，董鄂妃二十二岁时不幸病逝。顺治皇帝悲痛欲绝，严重损害了身体，很快也死了。有人说，董鄂妃之死，使得顺治皇帝心死如灰，是他出家的重要原因。

关于董鄂妃的身世，有许多说法。在一些文学作品中，把董鄂妃说成是秦淮八艳之一的董小宛，史学界对此基本予以否认。有人说董鄂妃原先是顺治皇帝的弟媳，甚至有人说是多尔衮的女儿，被鄂硕收养，可信度都不高。

1661年，在董鄂妃病逝半年之后，顺治皇帝驾崩，年仅二十三岁。顺治在位十八年，亲政十一年。

《清史稿》和官方史料都说，顺治皇帝是得天花而死的，死前留下罪己诏，检讨了自己十四条过错，并遗诏由三子玄烨继承皇位，任命索尼、苏克萨哈、遏必隆、鳌拜四人为辅政大臣。

可是，许多野史却记载说，顺治皇帝并没有死，而是看破红尘，到五台山出家当和尚去了。由于故事独特离奇，成为文学作品的最佳题材，大量关于顺治出家的诗歌、戏剧、影视作品应运而生，搞得沸沸扬扬，路人皆知。

许多人相信顺治出家是真的，而且列举了很多例证。有人说，顺治皇帝笃信佛教，早就有出家的想法和举动，还剃了光头；有人说，顺治皇帝死得蹊跷，得天花病不至于死得这么快；有人说，顺治皇帝的棺材是空的，他死后火化是为了掩人耳目，烧的并不是他的尸体。

有人经过考证，说五台山有个叫"行痴"的高僧，就是顺治皇帝。"行痴"高僧使用的器具，有些是皇帝御用之物。康熙皇帝曾经多次到五台山，是为了看望父亲。也有人说，顺治出家是在商丘白云寺，或者在北京石景山的慈善寺，等等。

史学界对顺治皇帝是否出家十分重视，许多治学严谨的专家学者进行了研究，认为顺治皇帝确实迷恋佛教，也产生过出家念头，但由于各种原因，并没有如愿，最后是患病而死。当然，有些人对此并不认可。

历史上皇帝出家虽然极少，但不是个例。在南北朝时期，梁武帝萧衍经过浴血奋战，建立南梁，当上皇帝。梁武帝晚年时迷恋佛教，四次出家当和尚，但都被大臣们劝了回来，始终没有遂愿。

# 康熙智除鳌拜

1661 年，顺治皇帝去世，他八岁的儿子玄烨继位，年号康熙。康熙是历史上最有作为的帝王之一，他在位六十一年，开启了康乾盛世，把大清王朝推向强盛。

康熙是顺治皇帝的第三子，长子早夭，康熙前头还有一个哥哥，名叫福全。

康熙出生不久，宫内流行天花，父母唯恐他染病，委托可靠的奶妈带他到宫外哺养。不料，康熙仍然得了天花，但不严重，很快治愈，只在脸上留下几个细小的麻点。康熙得过天花，有了免疫力，这成了他日后继位的有利因素之一。

康熙从五岁开始，就读书识字，学习儒家启蒙读物。康熙自幼聪慧，学习刻苦，天分很高，在众兄弟中出类拔萃，顺治皇帝十分喜欢。

《清史稿》记载，有一天，顺治皇帝问福全、玄烨兄弟俩，长大以后想干什么？福全回答："我想当个贤王。"顺治皇帝很高兴。玄烨却把头一扬，说："我想像父亲一样，当个皇帝。"顺治皇帝大为惊讶，从此对玄烨刮目相看。当时，福全七岁，玄烨六岁。

福全后来确实成为一代贤王，他一生忠心辅佐弟弟，参与朝政，也带兵打仗，为清朝发展与稳定立下不朽功勋。福全五十一岁病逝，康熙悲痛不已，命人绘制福全画像，悬挂于宫殿。

康熙童年很是不幸，八岁丧父，十岁时母亲也死了。康熙昼夜守灵，水米不进，哀哭不止。祖母孝庄皇太后把康熙带在身边，亲自抚育和培养。康熙一生敬佩祖母，祖孙俩感情深厚。

顺治皇帝临终时，任命索尼、苏克萨哈、遏必隆、鳌拜为辅政大臣，辅佐幼帝。四个人都是顺治皇帝的亲信，军功显赫，威望很高，再加上孝庄皇太后政治手腕高明，驾驭他们绰绰有余，因而清朝事业继续蓬勃发展。

可是，时间一长，辅政大臣之间不可避免地产生了矛盾，尤其是鳌拜，他野心勃勃，一心想做首辅大臣。首辅大臣索尼年老有病，有些力不从心了。

鳌拜，满洲镶黄旗人，出身将门，身高力大，精通骑射，人称满洲第一勇士。鳌拜自入伍起，就在皇太极麾下，跟随皇太极南征北战，出生入死，立下赫赫战功，还在战场上救过皇太极性命，是皇太极的心腹爱将。

皇太极死后，豪格与多尔衮争夺皇位，闹得不可开交。鳌拜、索尼当时是两黄旗将领，他俩带剑上殿，大叫："如果不立先帝的儿子，我们宁愿一死，以报答先帝大恩。"最终，贵族会议提出折中方案，拥立福临为帝。此后，鳌拜对顺治皇帝忠心耿耿，在夺取中原、攻占四川等战役中再立新功。

在四位辅政大臣中，索尼、遏必隆、鳌拜都出自两黄旗，属于皇太极的嫡系，苏克萨哈却出自正白旗，属于多尔衮的阵营，后来倒戈，投靠顺治，得到重用。所以，鳌拜等人看不起苏克萨哈，时常与他发生矛盾。

后来，索尼年老多病，眼看来日不多，苏克萨哈名列辅臣第二，自然产生了当首辅的想法。鳌拜岂肯善罢甘休，他联络遏必隆，处处与苏克萨哈作对。索尼与鳌拜渊源深、关系好，放任不管。这样，鳌拜逐渐掌握了大权，苏克萨哈被架空了。

1667年，索尼病逝，十四岁的康熙开始亲政。苏克萨哈设下一计，他上书说，皇帝已经亲政，不需要辅政大臣了，请求辞去职务。苏克萨哈如果辞职，那么鳌拜、遏必隆理应也要辞职。这一招击中了鳌拜的要害，他无论如何是不想放弃权力的。

鳌拜恼羞成怒，对苏克萨哈展开攻击，他和遏必隆合伙，联络一批大臣，纷纷上书弹劾苏克萨哈，给他罗织了心怀奸诈、久怀异志、欺藐幼主等二十四条罪名，要求处以凌迟、族诛之刑。

鳌拜、遏必隆辅政多年，朝中亲信党羽众多，一时间舆论汹汹，形成了强大声势。鳌拜赤膊上阵，天天上朝强奏，非要处死苏克萨哈不可。

康熙皇帝起初见苏克萨哈主动请求辞职，心里很高兴，不料却形成这样一种局面，感到很棘手。康熙心里明白，鳌拜一伙攻击苏克萨哈，实际上是不想放弃手中的权力，苏克萨哈并没有罪，可是，鳌拜一伙人多势众，如果袒护苏克萨哈，有可能会危及皇位。康熙皇帝经过再三考虑，决定先稳住鳌拜，违心地处死了苏克萨哈。

鳌拜达到了目的，心中洋洋得意，认为年少的皇帝好对付，从此更加擅权自重，气势夺人。鳌拜没有想到，他联络大臣逼皇帝处死苏克萨哈的举动，深深震惊了康熙皇帝，康熙已经下定决心，非要铲除鳌拜不可了。

康熙虽然年少，但城府很深，胸有智谋，又有孝庄皇太后指教，已经十分成熟。康熙皇帝不露声色，一面稳住和麻痹鳌拜，一面悄悄在一些要害部门安插自己的亲信。皇帝毕竟有着至高无上的权威，康熙又有政治手腕，不到两年时间，康熙身边就有了许多亲信大臣。

在此期间，鳌拜擅权作威，结党营私，干了不少违法之事。康熙假装没看见，反而多次予以褒奖，赏赐财物，晋升他为一等公，还封他的儿子为高官。鳌拜心中窃喜，觉得皇帝很好控制。

有些文学作品说，鳌拜与康熙关系紧张，曾经想赶康熙下台，另立皇帝，甚至想自己篡位称帝。可从史书来看，并没有这方面的记载。鳌拜没有另立皇帝或篡位的想法，他一直认为，康熙皇帝对他很不错。

康熙做好了各种准备，就要对鳌拜下手了。康熙担心宫中侍卫不可靠，就挑选一批亲贵少年，整天在宫中打拳摔跤，追逐嬉闹。鳌拜见一群毛孩子在玩耍打闹，根本没放在心上，更没有任何提防。

在文学作品中，描写康熙擒拿鳌拜，写得刀光剑影，惊心动魄，甚至死伤累累，那是为了增强故事的感染力，吸引人们的眼球。其实，康熙擒拿鳌拜的过程十分简单，没有什么波澜。

1669 年五月的一天，康熙召鳌拜进宫，商议国事。平时，鳌拜进宫是家常便饭，十分正常。鳌拜丝毫没有怀疑，只身进宫。不料，鳌拜刚一入宫，那伙亲贵少年一拥而上，要擒拿鳌拜。鳌拜虽然武功高强，但寡不敌众，又猝不及防，很快被捆绑起来，押到监狱里去了。整个过程没有人员伤亡，康熙也没有露面。

康熙皇帝擒拿了鳌拜，立即召集大臣，宣布鳌拜罪行，商议如何处理。许多大臣早就对鳌拜心怀不满，此时欢欣鼓舞；有些鳌拜的亲信，见大势已去，也不敢乱说话。大臣们经过商议，给鳌拜定了三十条罪状，判决处死。

鳌拜被稀里糊涂抓到监狱里，知道大事不好，恐怕性命难保。鳌拜抱着最后一丝希望，再三请求见康熙皇帝一面。

康熙来到监狱，鳌拜跪倒叩头，声泪俱下，声称自己对大清忠心耿耿，对皇帝绝无二心。鳌拜扯开上衣，露出累累伤痕，指着伤痕对康熙说，哪一处是为救皇太极留下的，哪一处是在什么战役中留下的。

鳌拜的做法起了作用，康熙皇帝被感动了，特下诏赦免了他的死罪。不过，鳌拜身心受到巨大创伤，不久在狱中病死，享年六十岁。

鳌拜死了四十年之后，康熙皇帝念其旧功，追赐他为一等阿思哈尼哈番，是个不小的官爵。到了雍正时期，又恢复了鳌拜一等公的爵位。

康熙皇帝在惩罚鳌拜的同时，清除了一批他的亲信党羽，遏必隆也被下狱。苏克萨哈得到平反，恢复了官职爵位。从此，十六岁的康熙皇帝，牢牢掌握了朝廷大权。

康熙皇帝一举铲除权臣，控制了朝廷，显示出非凡的智慧和过人的胆量气魄。此后，康熙皇帝以一位杰出政治家的才干，尽情施展胸中抱负，干出了许多载入史册的大事。

# 平定三藩之乱

康熙皇帝十四岁亲政，十六岁铲除鳌拜，独揽大权。此后，他踌躇满志，一心要做有为君主。康熙干的第一件大事，是平定三藩之乱。

三藩，是指清初被封王的三个汉臣。1644年，多尔衮率清军入关，占领中原和南方大部分地区。1650年多尔衮死后，顺治皇帝采取以汉治汉策略，依靠洪承畴和一批降清汉臣，又夺取东南沿海和西南地区，统一了全国。中国地域辽阔，清朝一时顾不过来，不得已将立有大功的吴三桂、耿仲明、尚可喜封为藩王，让他们镇守这些地方。

吴三桂，当年勾结清军入关，又跟随洪承畴攻打贵州、云南，灭掉南明永历政权，并绞杀了永历皇帝，为清朝建立特殊功勋，被封为平西王，管辖云南、贵州。

耿仲明，是最早降清的明军将领之一，在关外就与明军作战，后随清军入关，为清朝占领中原、收复湖南立有大功。耿仲明率军攻占了福州，被封为靖南王，镇守福建。耿仲明死后，儿子耿继茂、孙子耿精忠先后承袭靖南王爵位。

尚可喜，是最早降清的明军将领之一。尚可喜对清朝忠心耿耿，降清后身经百战，转战数万里，为清朝立下汗马功劳。尚可喜率军攻占广东，并在广州屠城，杀死七十万人，双手沾满了汉人军民的鲜血。尚可喜被封为平南王，镇守广东。

三藩王对新主子十分忠心，还把儿子送到京城做人质，但清朝统治者对他们并不放心，只是利用而已。顺治皇帝死的时候，吴三桂为表忠心，亲自北上，想去参加葬礼。可是，朝廷怕出意外，命他在城外搭棚设奠，没让他入城。吴三桂怏怏不快。

三藩王拥有数十万兵马，占据相当大的地盘，管辖所有的军政事务，势力很大，朝廷更加不放心了。另外，朝廷每年都要拨给三藩很多钱财，是一笔很大的开支。于是，在全国局势稳定之后，清朝统治者便产生了鸟尽弓藏的想法。

1671年，康熙任命朱国治为云南巡抚，任命范承谟为福建总督，夺了吴三桂、耿精忠的行政权。朱国治不是什么好人，他在任江苏巡抚期间，挖地三尺，大肆搜刮民财，人送外号"朱白地"。朱国治到云南以后，与吴三桂产生了尖锐矛盾，屡次上书建议撤藩。范承谟是范文程的儿子，为官还不错，他尽心竭力为清朝监视耿精忠。

吴三桂等人毕竟不是等闲之辈，察觉朝廷之意，于是上书，假装请求撤藩，实际上是试探朝廷态度。朝廷大臣分成了两派，一派赞成撤藩，一派不同意，担心撤藩会逼反三王，三王已经年老，可以等几年再说。

其实，暂缓撤藩的意见是稳妥的。当时，吴三桂六十二岁，尚可喜七十岁，只有耿精忠年轻，时年三十岁，但他是孙子辈，没有名望。如果再等几年，三藩之乱可能不会发生，人民就不会饱受战乱之苦了。可是，康熙皇帝年仅二十岁，年轻气盛，下决心进行撤藩。

1673年，康熙皇帝下达撤藩令，果然引爆了三藩之乱。平西王吴三桂率先发难，他打出"复明讨虏"旗号，自称天下都招讨兵马大元帅，杀掉云南巡抚朱国治，起兵造反，矛头直指清王朝。

吴三桂是武举出身，有勇无谋，性格暴躁，而且私心很重，做事不计后果。当年，他置民族大义于不顾，冲冠一怒为红颜，勾引清军入关，死心塌地为清朝卖命，屠杀了无数汉人军民，还杀害南明永历皇帝，被汉人视为铁杆汉奸，早已声名狼藉。

如今，吴三桂为了一己私利，又背叛清朝，挑起战火，属于反复无常的小人，人们对他嗤之以鼻。这个时候，清军入关已有三十年，民族矛盾缓和，吴三桂又不得人心，所以，吴三桂只得到一些旧将和心怀叵测之人的支持，并没有得到民众的广泛响应。这是吴三桂失败的根本原因。

吴三桂叛乱之后，镇守福建的耿精忠起兵响应，杀掉福建总督范承谟，以"复明"为号召，自称总统兵马大将军。耿精忠为壮大声势，派人联系盘踞台湾的郑经，请郑经出兵攻打广东。郑经是郑成功的儿子，台湾仍然使用明朝国号。

镇守广东的尚可喜没有反叛，他依然忠于清朝。尚可喜为了向清朝主子效忠，出兵攻打吴三桂。不过，尚可喜手下将领刘进忠、祖泽清等人却举兵响应，占据了广东部分地区。尚可喜的长子尚之信也想叛乱，多次劝父亲与吴三桂联合，尚可喜坚决不答应。尚可喜固守广州，给吴三桂造成后顾之忧，使其无法全力北上。

清朝的军队大多数屯集在北方，南方的兵力不多，使得吴三桂、耿精忠在叛乱初期进展顺利，两年内占领了不少地方。吴三桂攻占了云南、贵州、湖南、广西等地，其旧将王辅臣在陕西响应叛乱，陕西、甘肃也在吴三桂控制之下。耿精忠占领福建、浙东和安徽部分地区。

1676 年，尚之信软禁了父亲尚可喜，夺得权力，也参加了叛乱。尚可喜大怒，上吊自杀未成，很快被气死了。尚可喜在临死之前，挣扎着穿好清朝官服，向北叩头，流着泪说："臣到了地下，也要侍候大清先帝。"真是一条好狗！

面对三王叛乱，康熙皇帝迅速调兵遣将，进行平叛。康熙采取突出重点、打抚结合的策略，集中兵力打击吴三桂。康熙调集两路大军，一路在荆州、武昌严阵以待，正面抗击吴三桂，防止吴三桂北上；一路由江西迂回，从侧面夹击吴三桂。

有人说，吴三桂在起兵之初，进展迅猛，攻占了南方部分地区，但他没有乘胜北进，直捣北京，给了清廷喘息之机，最终造成兵败。笔者却认为，吴三桂不是不想北进，而是力不能及。一是吴三桂的兵力有限，北方是清军重兵所在，贸然进军十分危险；二是云贵一带贫瘠，后勤保障困难；三是尚可喜在广州掣肘；四是清军进行了有效阻击。

康熙皇帝将吴三桂围困于湖南一带，使其难有作为。与此同时，康熙采取招抚、封官许愿、利益引诱等多种办法，对各地叛乱者予以分化瓦解。到 1677 年，耿精忠、尚之信、王辅臣等人先后投降，福建、广东、陕西、甘肃、江西皆被平定，吴三桂大势已去。

吴三桂知道末日即将来临，他想在临死之前，过一把皇帝瘾。1678 年三月，吴三桂在湖南衡州（今衡阳）登基称帝，国号大周。五个月后，吴三桂忧愤病死，终年六十七岁。

吴三桂撕下了"复明"的外衣，公然称帝，更加不得人心。吴三桂死后，孙子吴世璠继承了皇位。吴世璠只有十二岁，不能服众，叛军人心涣散，一蹶不振。清军趁机进攻，相继收复了湖南、广西、贵州等地。

1681 年，清军兵进云南，攻破昆明，吴世璠自杀。历时八年的三藩之乱，终于落下帷幕。

康熙平定了三藩之乱，彻底消除藩镇制，派清军镇守各地，委派官员进行管理，稳定社会，发展经济，三藩之地获得新的发展。

耿精忠、尚之信、王辅臣投降了清朝，结局却很惨。三藩平定之后，尚之信被赐死，耿精忠被凌迟处死，王辅臣畏罪自杀。康熙皇帝大力表彰尚可喜，赐谥号"敬"，将其隆重安葬。

后世对康熙平定三藩评价不一，有人说，康熙盲目撤藩，逼反三王，给人民带来灾难，是政治不成熟的表现；有人说，康熙果断平定三藩之乱，维护了国家统一，体现了政治家的胆略和气魄。

笔者认为，康熙撤藩确实有点操之过急，但从大的方面看，平定三藩之乱，有利于加强中央集权，有利于国家统一，有利于清朝长期稳定和发展，总体上是有积极意义的。

# 统一宝岛台湾

康熙皇帝平定了三藩之乱，威望大增，皇权巩固，全国局势也趋于稳定，于是，康熙皇帝又干了一件功彪青史的大事，就是统一了宝岛台湾。

在很多年以前，台湾与大陆是连在一起的，后因地壳运动，造成台湾海峡，形成了台湾岛。因此，台湾与大陆是不可分割的整体。

台湾自古以来就是中国领土，早在三国时期，孙权派卫温前去联络。从元朝澎湖巡检司开始，中央政府对台湾有了明确的统治。在明末战乱之际，荷兰、西班牙等殖民者纷纷入侵台湾。后来，荷兰殖民者驱逐其他势力，独霸了台湾岛。

清军入关、占领中原以后，南方相继建立多个政权，均使用明朝国号，与清军对抗，这些政权统称为南明。清军进兵江南，先后灭掉几个南明政权，最后只剩下一个永历政权。清军集中兵力攻打，永历政权即将灭亡。永历政权的大将、延平王郑成功深谋远虑，他见永历政权垮台已不可避免，于是便想占据台湾岛，作为抗清基地。

1661年，郑成功率二万五千名将士、数百艘战船，从金门出发，横越台湾海峡，向台湾进军。经过数月战斗，郑成功驱逐了荷兰殖民者，收复了台湾。

郑成功继续使用明朝国号，设置官府，维护秩序，发展经济，兴办教育。郑成功离世后，长子郑经继承延平王爵位，继续统治台湾，与清朝对抗。

清军入关之初，忙于统一全国，顾不上台湾。台湾郑军却时常袭扰大陆，打击清军。在三藩之乱时，郑经派兵支援，攻打泉州、漳州等地。一些不愿归降清朝的民众，也把复明希望寄托在台湾方面。因此，在平定三藩、局势稳定之后，康熙皇帝就开始谋划统一台湾大计。

康熙首先采用招抚办法，多次派使者劝降，企图不战而屈人之兵。可是，郑经态度坚决，拒不归顺。康熙皇帝不得不考虑使用武力，为此做了一系列准备工作。

1681年，郑经病逝，他十二岁的儿子郑克塽继位，台湾政局发生重大变化。郑克塽年幼，大权实际上掌握在冯锡范、刘国轩等大臣手里。大臣们争权夺利，局势开始混乱。

福建总督姚启圣足智多谋，上书建议攻台，并推荐施琅负责指挥攻台战役。

姚启圣的奏书正合康熙心意，不过，朝廷内部仍然有不同意见。有人认为，全国局势刚稳，不宜再动刀兵，特别是出海作战难度很大，不应冒险。

康熙皇帝决心已下，力排众议，决定统一台湾，任命施琅为水师提督，加太子少保衔，全权负责攻台事宜。

施琅，汉族，福建晋江（今泉州）人，祖籍河南固始。施琅曾是郑芝龙的部将，随郑芝龙降清，不久投奔郑成功，从事反清斗争。后来，施琅与郑成功发生矛盾，父亲和兄弟被杀，他愤而再次降清，受到重用。

施琅自幼长于海边，熟悉海战，精通兵法，也了解郑氏集团内部的情况，并与之有着很深的仇恨，是武力攻台的坚定支持者。因此，施琅是指挥攻台的最佳人选。

施琅接受任务后，心情激动，立即赶赴厦门，夜以继日地进行备战。施琅亲自挑选工匠，打造战舰，训练水军，准备各种器械。施琅与姚启圣等人一起制订了详细的作战方案，得到康熙皇帝批准。

想要攻占台湾，必须首先占领澎湖。澎湖是澎湖列岛中最大的岛屿，是扼守台湾的主要屏障。郑军的水军主力，多数都集中在澎湖，有战船二百多艘，兵力数万人，由负责军事的大臣刘国轩亲自指挥。

1683年六月，施琅、姚启圣率三百艘战船、两万多水军，向澎湖进发。施琅根据风向和郑军防御情况，不从郑军防御力量较强的西屿、北山方向进攻，而是向东穿越台湾海峡，绕到郑军背后，攻击澎湖南边的八罩岛。刘国轩重视正面防御，却忽视了背后，八罩岛防守薄弱，被清军一举攻占。清军占领了八罩岛，就获得船队的锚泊地和进攻出发地，处于有利位置。

郑军见清军占领了八罩岛，有些惊慌。将领邱辉建议说："清军在海上航行两天一夜，必定十分疲惫。我们应该乘其立足未稳，派兵攻击，夺回八罩岛。"

刘国轩说："我军炮台都在澎湖，不宜离开此地。"

施琅在八罩岛整休部队，做好各种准备，对澎湖发动了全面进攻。施琅把战船分为左、中、右三军，自己亲自统领中军。战斗一开始，刮的是西北风，对郑军有利。郑军顺着风势进攻，一时处于优势，清军遭受损失，将领朱天贵阵亡。施琅沉着指挥，清军战斗意志顽强，并不撤退。

天有不测风云，到了中午，风向突变，刮起了南风。施琅大喜，令全军反攻，各种火器顺风发射，威力大增，海面上形成一片火海，郑军大部分船只被烧毁。激战九个小时，清军大获全胜，占领了澎湖。郑军死伤一万两千多人，被俘五千余人。刘国轩带残兵败将逃回台湾。

澎湖失守，主力被歼，台湾人心惶惶。冯锡范觉得台湾难保，主张逃往菲律宾。刘国轩坚决反对，提议投降。两派意见争论不休，人心涣散。

施琅乘胜进军，在台湾登陆，并派使者招降。在刘国轩极力主张下，郑克塽终于决定投降，统治台湾二十多年的郑氏集团宣告垮台。施琅顺利统一了台湾。

郑克塽投降后，受到优待，居住京城，封为嘉德官，三十八岁病逝。刘国轩被任命为天津总兵官，封为顺清侯，六十五岁病逝。冯锡范被封为忠诚伯，不知终年多少。

施琅为统一台湾立下大功，被封为靖海侯，七十六岁病逝。姚启圣统一台湾后不久病逝。

康熙皇帝统一台湾以后，设置了台湾府，下辖台湾、诸罗、凤山三县，隶属于福建省。派兵八千驻防台湾，另派两千人驻守澎湖。从此，台湾纳入大清版图，实现了国家统一。

# 击退沙俄侵略

　　康熙皇帝平定三藩，收复台湾，南方局势稳定下来。可是，北方
又出事端，沙皇俄国趁中国战乱之际，频频侵扰东北地区，占去了不
少地方。康熙皇帝自然不能容忍，决定捍卫大清尊严，给入侵者一点
颜色看看。

　　沙俄原本是欧洲国家，不与中国接壤，后来强盛起来，向西伯利
亚和远东进行殖民扩张，占领了大片土地，形成了横跨欧亚的大帝国。

　　从明末开始，沙俄就不断派遣武装人员，入侵中国黑龙江流域。
这些入侵者十分残暴，到处烧杀抢掠。当地民众管他们叫"罗刹"，
是一种妖怪。当时明朝已经濒临灭亡，管不了了。

　　皇太极称帝以后，势力扩大到黑龙江流域，在那里设置官府，进
行统治，把当地民众组织起来，编为八旗，开始抵御沙俄入侵。

　　清军入关以后，忙于占领中原，进军江南，统一全国，康熙初期
又平定三藩，统一台湾，注意力全在南边。沙俄趁此机会，越过外兴
安岭，对黑龙江中下游地区进行骚扰和掠夺。

　　沙俄占领了雅克萨城。雅克萨城当时属于中国领土，位于漠河市
以东黑龙江北岸，是入侵中国的必经之地，战略位置十分重要。沙俄
对占领雅克萨城蓄谋已久，在清军入关时就侵占过一次，后被清朝夺
回。这次沙俄卷土重来，再次占领，并修筑了坚固的城堡要塞，企图
作为南下侵略中国的军事基地。

　　面对外国入侵，康熙皇帝十分恼火，决定给予反击。1682 年，
康熙亲自去东北巡视，了解黑龙江领域情况，部署对沙俄反击事宜。

　　康熙皇帝先礼后兵，派使者到雅克萨城，严正警告说，这是大

清国土，必须尽快撤离。俄军蛮横无理，不仅不予理睬，反而继续增兵，在雅克萨城外建立若干据点，企图做长久之计。康熙见沙俄不知好歹，只得下决心使用武力了。

1685年，康熙皇帝命彭春为统领，率三千清军攻打雅克萨城。彭春首先拔掉了雅克萨城周围的俄军据点，断了俄军粮道，使雅克萨成为一座孤城。

清军抵达雅克萨城下，发出逼降通牒。俄军不到千人，却依仗城池坚固，拒不投降。彭春下令攻城，发炮轰击。清军的红衣大炮是仿造的西洋红夷大炮，威力很大。在大炮轰击下，雅克萨城墙严重受损，守城俄军被炸死不少。经过两天激战，俄军死伤严重，无力再守，只好投降了。

彭春按照康熙的诏令，对投降的俄军给予优待，还允许他们带走武器装备。彭春收复雅克萨城之后，毁掉俄军修建的工事，留下部分兵力，班师而回。

然而，沙俄却不甘心失败，莫斯科派出大批援兵，由悍将托尔布津率领，再次入侵中国，重新攻占了雅克萨城。

沙俄背信弃义，惹得康熙皇帝大怒，立即调集清军，再次攻打雅克萨。这次俄军做足了准备，携带了大量洋枪洋炮等先进武器。清军虽有红衣大炮，但缺少火枪，攻城仍然靠云梯弓箭，在火力上处于劣势。清军屡次攻城受挫，牺牲了不少将士。

清军为了避免伤亡，改变战术，不再强攻，而是采取长期围困的办法。清军将雅克萨城四面包围，并挖掘深沟，以防俄军突围，还在城西河上派战舰巡逻，阻击俄军外援。俄军远离本土，后勤保障不便，又被清军切断粮道，只得龟缩在雅克萨城中，无疑陷入了绝境。

俄军被围困在雅克萨城中数月，外无援兵，内无粮草，弹尽粮绝，又遇疾病流行，病死、饿死者十之七八，连头领托尔布津也死了。俄军上天无路，入地无门，即将全军覆灭。

沙俄政府慌了手脚，请求与清朝谈判，让清军撤围，给城中俄军一条生路。康熙皇帝答应了，撤掉清军，雅克萨城内的俄军残兵狼狈逃窜。

雅克萨之战规模不是很大，意义却很深远，它挫败了沙俄侵占中国东北的图谋，表现了中国人民反抗侵略的顽强斗争精神，保卫了国家领土。雅克萨之战结束后，清朝在东北地区构筑防线，使东北边境在很长一段时间内保持安定。

雅克萨之战以后，清朝与沙俄进行谈判，经过两年多时间的讨价还价，双方最终达成协议，签订了著名的《尼布楚条约》。

《尼布楚条约》是中国与西方国家缔结的第一份国际条约，总体上是公平的。条约划分了中俄两国东部边界，确定黑龙江领域、乌苏里江流域包括库页岛，均属于中国；清朝也做了让步，把外兴安岭以北和蒙古东北部地区划归沙俄。

在《尼布楚条约》签订后一百七十多年里，中俄双方遵守约定，没有发生大的冲突。康熙为捍卫国家领土、抗击侵略、维护国家尊严，做出了不朽贡献。

1840年鸦片战争之后，清朝政府腐败无能，中国沦为半封建半殖民地社会。康熙皇帝的不肖子孙们，又先后与俄国签订《中俄瑷珲条约》《中俄北京条约》《中俄勘分西北界约记》等条约，这些全是屈辱的不平等条约，致使黑龙江以北、外兴安岭以南、乌苏里江以东以及西北地区一百四十多万平方千米的国土被俄国霸占，雅克萨城自然也丢失了。

在清朝与俄国签订的条约中，只有《尼布楚条约》是比较公平的，这是雅克萨之战的成果，是清军将士用鲜血和生命换来的。

# 三征噶尔丹

　　大清朝地域辽阔，康熙皇帝平定了南方，稳定了东北，刚想喘口气，不料西北地区又出事了。蒙古噶尔丹野心勃勃，企图称霸天下，挑起了战火。康熙皇帝三次御驾亲征，平定叛乱，稳定了西北局势。

　　清初的时候，蒙古分为漠西、漠南、漠北三大部分，每一部分又有若干部落。此时，蒙古已经没有了元朝时期的辉煌，但占据中国西部和北部很大一片地方，势力依然不小。清朝统治者十分重视与蒙古搞好关系，采取联姻、封赏等措施进行拉拢，使得大部分蒙古部落归服，对少数不服的则武力剿灭。到康熙时期，三大部都依附了清朝。

　　这个时候，漠西准噶尔部出了一个野心勃勃的人物，名叫噶尔丹。噶尔丹生于 1644 年，比康熙大十岁。噶尔丹从小力大，又很聪慧，西藏高僧见到他以后，说他是大活佛呼图克图的第三世化身。于是，噶尔丹十二岁时进藏学经，在西藏待了十几年，精通藏传佛学，也结识了许多贵族上层人物。

　　1672 年，二十八岁的噶尔丹在部落内讧中击败政敌，成了准噶尔部的首领。噶尔丹文武双全，胸有谋略，又以为是大活佛的化身，因而滋生了野心。他表面上臣服于清朝政府，暗地里扩充实力，吞并漠西辉特、杜尔伯特等部，之后继续向西扩张，攻占塔什干、撒马尔罕、布哈拉等地。这些地方不是清朝领土，清朝不去管他。

　　噶尔丹经过十几年奋战，统治了大片区域，东至鄂毕河，西临巴尔喀什湖，北抵鄂木河，南到南疆地区，形成了准噶尔汗国。准噶尔汗国与沙俄建立了友好关系，双方使者来往不断。噶尔丹觉得势力已大，又有沙俄撑腰，便想学祖先成吉思汗，决心统一蒙古各部，进而夺取天下。

1688 年，噶尔丹率军大举东进，攻打漠南喀尔喀部。喀尔喀部抵挡不住，几十万民众逃往乌珠穆沁（今内蒙古锡林郭勒盟），离北京不远了。噶尔丹很快占领了漠南，并继续追击，又占领了乌珠穆沁。

喀尔喀部很早就归顺了清朝，与清朝关系密切，频频向朝廷求救。康熙皇帝责令噶尔丹罢兵西归，噶尔丹不仅不听，反而亲率三万铁骑南下，兵锋指向北京，耀武扬威。康熙皇帝觉得噶尔丹已成气候，是个很大的隐患，必须铲除，于是调兵遣将，准备征伐，而且御驾亲征。

1690 年，康熙皇帝第一次亲征噶尔丹。康熙调集十万大军，兵分两路，皇兄福全率左路军，皇弟常宁率右路军，康熙率禁军在后督战。

常宁的右路军进军较快，首先到达乌珠穆沁。但噶尔丹早有防备，清军作战失利，向南撤退。噶尔丹率军猛追，这时，福全率左路军赶到，给予迎头痛击。噶尔丹兵败，撤往乌兰布通（今克什克腾旗西南）。福全、常宁合兵一处，将噶尔丹军队包围在一座土山上。

土山上无草无木，更无石头，噶尔丹命将万余头骆驼缚足卧地，形成"驼城"，作为掩护。可是，骆驼怎能抵挡住清军大炮轰击，清军很快攻破"驼城"，双方展开混战。清军人多，噶尔丹军队死伤惨重，只得拼死突围，向北逃窜。

当时，清军粮草不足，只能维持几天，福全没敢追击，下令班师。康熙得知以后，很不满意，但已成事实，只得回朝。康熙第一次亲征，虽然没有消灭噶尔丹，但重创了叛军，大挫噶尔丹锐气，也算是不小的胜利。

噶尔丹逃到了科布多（今蒙古国西部），召集残部，积蓄力量，图谋再举。噶尔丹请求沙俄相助，可是，《尼布楚条约》已经签订，沙俄不敢公开支持噶尔丹，连原先答应提供的一批洋枪洋炮也不给了。噶尔丹无可奈何。

与此同时，康熙做着第二次讨伐噶尔丹的准备。他把喀尔喀部民众组织起来，编成三十七旗，配备一些火炮火铳，提高了战斗力。康熙准备了大批军用物资，有充足的防寒防雨器具，光运粮大车就有六千多辆，甚至连过沼泽时铺路的树枝都准备好了。

1696 年，康熙皇帝第二次亲征噶尔丹。康熙知道蒙古骑兵机动性强，一旦不利就迅速逃窜，很难围歼，于是制订了三路出兵围剿的计划。康熙亲率四万京师八旗兵为中路，从北向南进攻；名将费扬古率五万人为西路，切断叛军西逃之路；萨布素率九千人为东路，防止噶尔丹东逃。康熙布下了天罗地网，决心将噶尔丹一举消灭。

噶尔丹逃到科布多以后，自认为有数百里大漠相隔，清军难以通过，康熙更不会冒险亲征，所以没有做好御敌准备。当清军到来时，噶尔丹大惊失色，急忙登高遥望，只见清军队伍严整，刀枪耀目，旌旗蔽日，兵强马壮，皇帝又御驾亲征，顿时心惊胆战，斗志全无。

噶尔丹不敢应战，带着家眷辎重向西逃跑。康熙挥军追杀，穷追不舍。喀尔喀民众也参加战斗。噶尔丹逃到昭莫多的时候，只剩下万余人了，而且人困马乏。不料，正好落入了费扬古军队的伏击圈。清军大炮火枪一齐发射，然后分四队骑兵冲杀。噶尔丹军队伤亡惨重，被斩首三千余人，噶尔丹的妻子阿努可敦也死于乱军之中。噶尔丹只带数十名骑兵杀出重围，侥幸逃脱了性命。

昭莫多之战，噶尔丹主力几乎全军覆灭，噶尔丹已经势孤力穷，不能对清朝构成威胁了。康熙皇帝要噶尔丹投降，噶尔丹却宁死不降，仍然幻想着东山再起。

1697 年，康熙皇帝第三次亲征噶尔丹。没有想到，清军出发不久，还没有到达目的地，噶尔丹自己就死了，终年五十三岁。关于噶尔丹之死，有的史书说是病死的，有的说是服毒自杀。

有的文学作品说，康熙皇帝把女儿嫁给了噶尔丹，噶尔丹是康熙的女婿，这不是真的。

噶尔丹死后，其余部又坚持与清朝为敌十几年，最终被彻底平定。

康熙皇帝平定噶尔丹，稳定了西北局势，维护了国家统一，具有重要意义。

# 六次下江南

康熙皇帝最大的功绩，是奠定了近代中国版图，形成并捍卫了统一的多民族国家。大清王朝疆域辽阔，全盛时达到一千三百多万平方千米，但后来丢失了不少。

成吉思汗建立的大蒙古国，疆域三千多万平方千米，当时属于世界之最，但大蒙古国不属于中国的王朝。后来，大蒙古国分裂成五个国家，其中忽必烈建立的元朝，疆域一千三百多万平方千米。

康熙对这个偌大的王朝进行精心治理，在政治、经济、文化以及改善民族关系等方面，采取一系列有效措施，推动了社会发展，使得天下安宁，社会稳定，经济发展，民族矛盾缓和，人民安居乐业，开启了康乾盛世。

康熙皇帝十分勤政，他在治理天下过程中，喜欢四处巡视，体察民情。康熙曾经多次进行巡视，三次东巡，一次西巡，一次北巡，向东至大海，向西到蒙古地区，向北抵达黑龙江流域，至于附近的京畿地区，更是巡察达上百次之多。然而，人们比较熟悉和流传广泛的，是康熙六下江南。

1684年，康熙皇帝第一次巡视江南。当时，平定三藩之乱已有三年，南方局势稳定下来，又统一了台湾，国家实现统一。经受几十年战乱之苦的江南民众，迫切需要过上安稳日子。因此，康熙皇帝此行的主要目的，是安抚人心，缓和民族矛盾，提高民众尤其是汉族对清朝的认同感。

康熙皇帝带一批朝廷官员，从北京出发，乘船沿京杭大运河南下，主要走水路，有时也走旱路。康熙一行经过河间、献县、德州、平原、禹城等地，沿途听取地方官员汇报，考察地方民俗。康熙专门下诏，要求各地不得骚扰百姓，民众各安其业。

康熙皇帝到达济南，参观了天下名泉趵突泉，亲笔题写"激湍"二字。康熙登上泰山，祭祀泰山神，参观日观峰、舍身崖等处，书写"云峰"二字，令摩崖勒石。

康熙皇帝经过沂蒙山区，见山峦重叠，土地贫瘠，百姓生活困难，路上有不少乞丐，于是下令开设粥棚，以皇帝的名义赈济穷人，并免除当地税赋。百姓们自然感激皇恩浩荡。

康熙皇帝继续南行，到达扬州。扬州是著名大城市，康熙向往已久，很想多住几天。可是，"扬州十日"惨案过去时间不长，人们记忆犹新，对皇帝十分冷淡。据《清圣祖实录》记载，康熙只在扬州待了一个白天，当天晚上便移到船上过夜，第二天就匆匆离去。

康熙皇帝乘船到达南京。南京是朱元璋发迹之地，是明朝建国时的都城，又是南明抗清的中心地带，康熙打算在这里大做文章。

康熙皇帝提出，要去拜谒朱元璋陵墓。大臣们不同意，说历史上没有这个先例。康熙笑而不答，只是让人认真筹备祭奠仪式。

听说清朝皇帝要祭拜明朝皇帝的陵墓，南京城万人空巷，纷纷前去观望。只见仪式相当隆重，康熙亲自宣读祭文，恭恭敬敬地向朱元璋陵墓行礼。后来，康熙下令修缮朱元璋陵墓，还亲手书写"治隆唐宋"牌匾，盛赞朱元璋的功绩超过唐宋。朱元璋在江南有着深厚的民意基础，康熙此举对收服民心起了很大作用。

康熙皇帝继续南下，经无锡、苏州到达杭州。大臣们认为，杭州以南没有大城市了，可以返回。不料，康熙坚持再往南走，要去绍兴。

康熙去绍兴是有目的的，他要去祭祀大禹陵。大禹是汉人祖先之一，在汉人中有着崇高威望。康熙到了大禹陵前，抛开皇帝身份，跪倒在地，行三跪九叩大礼。此举打动了不少汉人的心。

拜完了大禹陵，康熙皇帝才开始回返，路过曲阜时，又去拜谒孔子庙，依然行三跪九叩大礼，并亲手书写"万世师表"四个大字。直到今天，这个牌匾还在孔庙高高悬挂着。同时，康熙令皇弟常宁祭拜周公庙，并下令免除曲阜县一年的税赋。许多知识分子和民众受到感动，被康熙皇帝的举动所折服。

康熙皇帝第一次南巡，历时数月，到过许多地方，办了不少大事，效果十分明显。康熙在南巡之中，仍然心系政务，令将军国大事每三天向他呈报一次。康熙白天举行各种活动，晚上处理政务，常常忙到深夜，十分辛苦。

1689年，康熙皇帝第二次巡视江南。康熙对第一次南巡很满意，决定再接再厉，进一步扩大成果。所以，这次南巡与上次的目的差不多，往返路程也大体相同。康熙皇帝第二次参观趵突泉，写"作霖"二字，又登上泰山，拨款修葺泰山神庙宇。康熙到了南京，再次祭拜朱元璋陵墓，然后到绍兴祭祀大禹，亲自写了《禹陵颂》。

1699年、1702年、1705年，康熙皇帝又三次巡视江南。这几次除了继续宣扬皇恩、收服人心之外，增加了视察灾区、治理水患的内容。

当时，黄河、淮河等河流水患严重，康熙皇帝亲自到灾区察看，与当地官员研究治河方案。康熙先后到过临清、聊城、东平、济宁、郯城、盐城、宿迁、淮安、扬州等沿河地区，考察了漳河、永定河、小滹沱河、黄河、淮河、泾河、涧河等多条河流，提拔于成龙等一批贤臣担任治水官员。经过几年努力，水患得到有效治理。康熙皇帝通过为百姓办实事，赢得了民心。

1707年，康熙皇帝第六次巡视江南。此时，清朝入关已经六十多年，康熙亲政也已四十年，天下太平，经济繁荣，百姓富裕，进入盛世。所以，康熙此次南巡，受到沿途百姓热烈欢迎。康熙皇帝一出北京，运河两岸就聚满了民众，足有数十万人。人们有的高呼万岁，有的跟随龙舟奔跑，有的跪地磕头，盛况空前。

康熙皇帝到了扬州，住进了行宫。扬州百姓再也不是从前的态度，而是扶老携幼，夹道欢迎，不少人献上珍贵物品。有个百姓献上了祖传的《炼丹养身秘书》，希望康熙皇帝长生不死。康熙不信这个，没有接受。康熙在扬州一连住了十天。

康熙皇帝六下江南，对于收服民心、稳定政局成效显著。同时，他通过了解社情民意，掌握了宝贵的第一手资料，对于制定政策、治理国家也起到了重要作用。

# 两度废太子

康熙皇帝雄才伟略，治理天下谋略在胸，处理政务得心应手，驾驭群臣游刃有余。可是，他对待家庭内部尤其是儿子们，却感到十分棘手。都说清官难断家务事，皇帝也是难断家务事。

康熙皇帝先后有三位皇后。第一位皇后赫舍里氏，是首辅大臣索尼的孙女，与康熙同岁。康熙十二岁时大婚，两人共同生活了十年，感情深厚。赫舍里氏生下一个儿子，可惜早夭，后来在生儿子胤礽时，不幸难产而死。康熙皇帝悲痛万分，胤礽刚满周岁，便立他为皇太子。

康熙第二位皇后钮祜禄氏，是开国功臣额亦都的孙女，一年后病逝，没有子女。康熙第三位皇后佟佳氏，没有儿子，收胤禛为养子。佟佳氏病逝后，康熙皇帝宠爱德妃乌雅氏。乌雅氏生了三男三女六个孩子，其中一个儿子和两个女儿早夭，存活了儿子胤禛、胤祯（允禵）和一个女儿。但康熙没有立乌雅氏为皇后，胤禛继位后，尊母亲为皇太后。

康熙皇帝还有六十多名嫔妃，一共生下三十五个儿子，其中十五个早殇。康熙皇帝还有二十多个女儿，存活不到十个。

按活下来的儿子排序，胤禔是皇长子，他母亲是惠妃乌拉那拉氏，并不是大臣明珠的妹妹。胤禔聪明能干，征战沙场，屡立战功，可他是妃子生的，难以继承皇位。胤禔对此耿耿于怀。

胤礽是皇次子，比胤禔小两岁，但他是皇后生的，属于嫡长子。清朝早已建立了封建专制制度，接受了汉族立嫡立长的继承原则，皇位继承由皇帝说了算。因此，胤礽被册封为皇太子。

胤礽的母亲是康熙皇帝的结发妻子，又因生胤礽而死，所以，康熙把对妻子的感情，全部转移到儿子身上，对他关怀备至，疼爱有加。

胤礽四岁时，不幸得了天花，当时很难治愈。康熙心急如焚，竟然破天荒地十几天不理朝政，专心陪在儿子身边，亲自照料，终于使胤礽转危为安。

康熙皇帝对胤礽寄予厚望，选名师进行教育培养，让他学文习武。胤礽聪慧，学习刻苦，熟读儒学典籍，满腹学问，同时骑射精良，五岁就能射中兔子，十多岁时曾经射杀豹子、老虎等猛兽。

1695 年，胤礽二十二岁时大婚，从此奉旨监国。凡康熙外出巡视或领兵征战，均由胤礽镇守京城，主持朝政。胤礽皇位继承人的地位似乎十分牢固。

胤礽从小在优越的环境中长大，使他产生了高人一等的优越感，养成了唯我独尊、骄纵乖戾的性格。胤礽常常不请示父皇，就擅自处理国政，逐渐引起康熙不满；胤礽以居高临下的态度对待兄弟，与兄弟们关系都不好；胤礽的私生活也不检点，网罗美女，讲究奢华。

有一次，康熙皇帝在出塞途中得了重病，儿子们都去驿站探望。其他儿子都很焦虑，唯独胤礽满不在乎，没有一点忧愁的样子。康熙皇帝嘴上不说，心里却有点失望。

不久，康熙皇帝十八子胤祄突然得了急病。胤祄只有七岁，是康熙当时最小的儿子。康熙急得团团转，胤礽却无动于衷。胤祄死了，康熙指责胤礽不仁。胤礽不服，当场与父亲大吵一顿。

康熙的儿子众多，都怀着不同的心态，纷纷揭发胤礽的不良行为。说他擅权作威，任意捶挞诸王大臣；暴戾不仁，虐待下属；私自截留外国贡品，太子府中宝物比皇宫还多；骄奢淫逸，生活腐化；等等。康熙很生气，派人调查，多数属实。康熙皇帝终于恼了。

1708 年，康熙以皇太子胤礽"不法祖德，不遵朕训，惟肆恶虐众，暴戾淫乱"为由，宣布将胤礽废黜禁锢。就这样，三十五岁、当了三十四年皇太子的胤礽被废掉了。

胤礽被废，太子之位空缺，康熙的其他儿子们，立刻就像饿狼扑食一般，纷纷争抢太子之位，皇宫充满了明争暗斗和阴谋诡计。其中有九个皇子争夺最为激烈，史称九子夺嫡。

胤禔是皇长子，战功卓著，因而很早就觊觎太子之位，在胤礽没废之前，他就使用巫术，魔咒胤礽早死。如今没有了嫡子，自然就轮到长子了，胤禔与皇八子胤禩勾结，大肆活动。胤禩是胤禔母亲养大的，两人情同亲兄弟。

胤禔头脑发热，犯了一个致命错误，他建议杀掉胤礽，不料却引起康熙皇帝极大反感，认为胤禔是心肠歹毒之人。皇三子胤祉为争太子，揭发了胤禔行巫术之事。康熙皇帝大怒，下令剥夺胤禔王位，将他囚禁起来。此后，胤禔退出政治舞台，被囚二十六年，六十三岁病逝。

皇长子被囚，太子之争更加激烈。康熙的儿子们像疯了一样，拉帮结派，互相攻击，无所不用其极，搞得皇宫乌烟瘴气，手足相残。

康熙皇帝被气得发疯，有一次拔出刀来，要杀儿子，但毕竟下不去手，最终将皇八子胤禩囚禁，将皇十四子胤禵痛打二十大板。雄才大略的康熙皇帝，对儿子们却束手无策。

通过太子争夺大战，康熙皇帝看清了儿子们的嘴脸，觉得没有一个中意的。为了平息太子之争，康熙于第二年恢复了胤礽的太子身份。胤礽第二次登上太子宝座。

皇太子虽然复位，但原有的矛盾并未解决，而且在太子争夺战中又产生了新的矛盾。特别是胤礽被废后受了刺激，一反常态，行为疯癫，不太正常了。

1712年，康熙皇帝下诏，再次废黜胤礽。胤礽第二次当太子，只有三年时间。胤礽在疯癫中又活了十二年，五十一岁病逝。

康熙皇帝心力交瘁，此后再也不提立太子之事。不过，不立太子，皇位之争照样暗流涌动，争斗激烈。

# 雍正登基之谜

1722 年，当了六十一年皇帝的康熙驾崩，享年六十九岁。康熙功绩巨大，威望崇高，因而尊其庙号为"圣祖"。对于康熙之死，历来有病死和被谋害的争议。

皇四子胤禛继承了皇位，成为清朝第五位皇帝，是为雍正帝。雍正的命不长，当了十三年皇帝就死了。他在位时间虽短，却是清朝皇帝中争议最多的一个。雍正从登基到死亡，存在许多谜团，人们议论纷纷，许多文学作品更是大加渲染，使得雍正皇帝充满了神秘色彩。

雍正，1678 年出生，自幼被皇后佟佳氏认作养子。佟佳氏没有子女，视他为己出，待他很不错。因此，雍正也算是嫡子，待遇比其他庶出皇子高一些。

雍正从小受到良好教育，五岁入尚书房，拜张英为师。张英是著名大儒，官任内阁大臣兼礼部尚书，儿子是清朝名相张廷玉。在名师张英教导下，雍正"品行端方，学术醇正"，文学功底深厚，年龄不大，就创作了《春日读书》《夏日读书》等许多诗歌。

雍正从十几岁开始，就跟随父亲四处巡视，还奉命办理一些政务，经历锻炼。雍正十五岁去曲阜祭孔，十八岁随父征讨噶尔丹，后又随父巡视永定河、黄河、淮河等，并负责对水利工程进行验收。康熙皇帝对雍正悉心培养，二十岁时封他为贝勒，参与朝政。

雍正胸有智谋，工于心计，城府很深，平时寡言少语，与兄弟和大臣们关系都不错，很少树敌。著名大臣李光地称赞他："才德兼全，大有作为。"李光地是内阁大臣兼吏部尚书，深得康熙皇帝信任，他的话，对康熙会起作用的。另外，隆科多、年羹尧等大臣与雍正关系十分密切。

胤礽被废太子之后，宫中展开九子夺嫡大战。雍正自然也觊觎太子之位，但他不像其他皇子那样顾头不顾腚，而是十分小心，行动诡秘，表面上宣称自己是"天下第一闲人"，没有夺嫡之意。这自然会引起康熙皇帝的注意和好感。

雍正经过冷眼观察和缜密思考，认为皇子夺嫡皆不能成功，于是别出心裁，请求复立胤礽为太子。康熙皇帝大为惊讶，对雍正刮目相看。康熙皇帝在复立胤礽的同时，封雍正为和硕雍亲王，使他在诸皇子中地位达到最高。这个时候，康熙大概已经产生了传位于他的想法。

胤礽再次被废以后，康熙皇帝不再提立太子之事，变得像神经质一样，大臣们谁再提立太子，他就严厉处罚谁。太子之位空缺，皇子们再次发起争抢，活动最厉害的，是皇三子胤祉、皇八子胤禩、皇十四子胤祯等人。胤祉排序在前，竟然以储君自命。只有胤禩，表面上依然不动声色，只在暗地里拉拢朝廷重臣。

康熙皇帝已经年老，他表面上不提立太子，但肯定在认真考虑继承人问题，并且仔细观察着诸皇子的表现。这个时候，康熙心里可能已经有了主意，打算把皇位传给四子胤禛了。康熙成竹在胸，所以不再提立太子之事。

1722年十月底，康熙到南苑行猎，感到身体不适，返回北京西郊的畅春园。从十一月初七到十三日，康熙病情日渐沉重，最终驾崩。

康熙皇帝在临终前，召胤祉、胤禛、胤祐、胤禩、胤䄉、胤禟、胤祥等皇子和大臣们前来，说："皇四子胤禛人品贵重，深肖朕躬，必能克承大统。"康熙口述，由大臣隆科多记录，留下遗诏，命胤禛继位。

《康熙遗诏》一式四份，分别用满文、汉文书写，现存于中国第一历史档案馆、辽宁省档案馆和台北故宫。另外，在西方还有英文版的《康熙遗诏》，是由意大利传教士马国贤带到伦敦出版的。

从以上官方史料记载来看，雍正继位是正常的、合法的。可是，自从雍正登基以后，就出现各种流言和大量野史笔记，说雍正是阴谋篡位，并且毒死了康熙皇帝，后世有些学者也持这种意见。因此，千百年来，人们对雍正登基议论纷纷，形成谜案。

有些史料说，雍正为人阴险，手段毒辣，他表面上不竞争太子之位，千方百计取悦父亲，暗地里却与隆科多、年羹尧等人结成死党，欲图不轨。隆科多是雍正的亲娘舅，当时任禁军统领，负责保卫康熙安全。

雍正见康熙没有让他继位的意思，反而青睐十四子胤禛，任命胤禛为抚远大将军，掌握兵权。胤禛虽然是雍正的同母弟，但两人关系不好，是雍正抢夺皇位的强大对手。雍正感觉通过正常渠道难以继位，便与隆科多密谋，准备采取阴谋手段篡夺皇位。

康熙在围猎时受了风寒，在畅春园静养。康熙能够打猎，而且得病后没有回皇宫，说明病情不重。当时，胤禛率大军在青海作战，大臣和皇子们也不在康熙身边，只有隆科多一人随行护驾，下手比较容易。

有的史书说，康熙虽然患病，但饮食如常，可隆科多进献一碗人参汤之后，就病重昏迷了。雍正事先伪造了康熙遗诏，等康熙昏迷后召众皇子和大臣前来，由隆科多宣读遗诏。康熙很快死去，雍正便堂而皇之地继位了。

还有的史书说，康熙病重时，令皇子和大臣前来，安排后事。可是，隆科多控制了局势，康熙等了半天，没有人来，只来了皇四子胤禛一人。康熙便知道是胤禛和隆科多搞的鬼，心中大怒，扯下脖子上戴的佛珠，朝胤禛砸去，随即咽气。事后，雍正向兄弟们展示佛珠，说是父亲赐给他的，作为继位的信物。

持阴谋论的人为了证明雍正是非法篡位，还罗列了许多证据；而持正常继位观点的人则逐条反驳。两种意见争执不下，搞得事情扑朔迷离。综合起来，大体有以下观点。

第一，有人认为，康熙遗诏不是他本人亲笔书写，是雍正伪造的。但有人反驳说，皇帝诏书多数不是本人亲笔，都是大臣代写，盖上玉玺，何况当时康熙病重，不可能亲自书写。所以，不是亲笔，并不能说明是伪造的。

第二，有人认为，康熙生前有意让十四子胤祯继位，对他十分宠爱，赋予他兵权。甚至有人说，康熙已经给胤祯写了密诏，让他继位，后来密诏被雍正搜去了。反驳者说，康熙在年老多病之时，不把胤祯留在身边，而是把他打发到遥远之地，并且胤祯爵位很低，说明没有让他继位之意。所谓密诏，既无证据，也不可能，康熙拥有至高无上的权威，想让胤祯继位，发个明诏就行，何必偷偷摸摸地写个密诏呢？

第三，有人认为，官方史料上关于康熙逝世前后的记载不一致，临终前召见的人数也不相同，怀疑是雍正动了手脚。反驳者说，这些史料在细节上存在不同，但在雍正继位大事上记载一致。记载不完全一样，反而证明没有动过手脚。

第四，有人说，当时宫中有许多外国传教士，这些传教士都在回忆录中说，康熙临终前，他们只见过隆科多，没有见过皇子和其他人，以此证明当时是隆科多控制了局面。反驳者说，隆科多是皇帝身边近臣，负责皇帝安全，外国传教士当然见隆科多多一些，皇帝临终肯定是戒备森严，他们见不到其他人很正常。

第五，有人说，雍正继位后，他的生母德妃表现异常，先是寻死觅活，后又拒绝受封皇太后，几个月后便暴病身亡，怀疑雍正弑母。反驳者说，德妃与康熙感情很好，先后生了六个孩子，康熙死后，她哭闹着要殉葬，不久忧悲而死，实属正常。

第六，有人说，雍正继位以后，卸磨杀驴，将帮他夺位的年羹尧处死，将隆科多囚禁，目的是掩盖阴谋。反驳者说，年羹尧和隆科多都是因犯罪被处罚的，特别是年羹尧死时，雍正已经登基四年，隆科多被囚时，雍正已经称帝五年，如果想要掩盖阴谋，怎么会等那么久呢？

第七，有人说，雍正继位，出乎人们意料之外，他的兄弟们几乎全都不服。雍正为了保住帝位，将胤祉、胤禩、胤祯、胤禟、胤䄉等兄弟或削爵，或囚禁。反驳者说，雍正表面上并不争夺太子之位，自称"天下第一闲人"，众兄弟们对他继位感到意外，不足为奇。雍正虽然对兄弟们削爵囚禁，夺了他们的权力，可并没有杀一人。后来关于雍正篡位的流言，正是这些心怀不满的人故意散布的。

雍正刚一继位，关于他阴谋篡位的说法就流传开来，接着出现了大量野史笔记，详细描写了他的阴谋活动，把他揭露得体无完肤。其中，以曾静、张熙编著的野史最为出名，流传广泛。

曾静，汉族，湖南永兴人，县学生员，以授徒为业，张熙是他的学生。曾静有着强烈的反清思想，时常撰写文章，鼓动人们反清复明。

雍正继位后，囚禁胤禵等人，将他们的党羽流放广西。这些人心怀不满，沿途散布雍正篡位等许多流言。曾静听说以后，如获至宝，与学生张熙一起，添油加醋，随意捏造，列举了雍正谋父、逼母、弑兄、屠弟、贪财、好杀、醉酒、淫色、诛忠、任佞十大罪状，把雍正骂得狗血喷头。

雍正得知以后，将曾静、张熙逮捕入京。曾静表示认罪，承认所写内容都是道听途说和蓄意编造的。雍正赦免了曾静、张熙二人的罪行，将他们写的十大罪状，亲笔一一予以驳斥，再加上他们的认罪供词，编成了《大义觉迷录》，公开出版，印发全国。

雍正敢于将关于他的十大罪状公布天下，表明他问心无愧，十大罪状全是诬陷不实之词。雍正此举，是为了消除流言，以正视听。不料事与愿违，不仅没有起到多大作用，反而使流言传得更加广泛，天下共知。因此，乾隆皇帝继位以后，下令禁止此书发行，并将曾静、张熙二人处死。现在，仍然有人拿《大义觉迷录》作为雍正篡权谋父的证据，显然是不合适的。

在民间，广泛流传着雍正篡改康熙遗诏的故事。说康熙皇帝秘密立储，将传位诏书放置在宫殿正大光明牌匾后边。雍正派武林高手深夜盗来，发现上边写着"传位十四子"，于是将"十"字改成"于"字，成了"传位于四子"。

这属于无稽之谈，史学界给予否定。一是密建皇储制度是雍正创造的，康熙时期并没有；二是古代的"于"字写成"於"，而且传位诏书是由满、汉两种文字写成的，根本没法篡改；三是传位诏书很长，要写清楚继承者的名字，并赞扬他的品行，不是"传位××"

一句话。因此，这种说法只能当作笑料，切不可相信。

笔者通过阅读许多史料，经过分析，倾向于雍正继位是正常合法的。一是阴谋篡位论缺乏证据，很多是推测和臆断。二是雍正年长，他前边虽然有个皇三子胤祉，但胤祉不受康熙宠爱，能力也不及雍正，何况雍正是皇后的养子，算作嫡子，也是一个有利条件。三是雍正在众兄弟中爵位地位最高，他是和硕亲王，属于最高等级。皇八子胤禩当时是贝勒，雍正登基后才封他为和硕廉亲王；而那个十四子胤禵，连贝勒都不是，只是贝子，差了好几级，他凭什么与雍正竞争呢？那个时候，同样是皇子，但也是分等级的，地位不一样。康熙如果想让胤禵继位，必须先提高他的爵位才行。四是雍正时年四十五岁，阅历丰富，才能出众，受到康熙信任，得到众多大臣拥护。所以，不管从哪个角度说，康熙选雍正为继承人，都是符合制度、合情合理的。

康熙皇帝看得果然不错。雍正继位以后，励精图治，推进改革，大清王朝继续蓬勃发展。

# 雍正兴利除弊

雍正继位以后，干得很不错，他执政的一个重要特点，是推行改革，兴利除弊。雍正通过采取一系列改革措施，进一步强化皇权，稳定社会，发展经济，为康乾盛世起到了承前启后作用。

康熙皇帝经过几十年不懈努力，开创了辉煌事业，但他在晚年时，陶醉于太平盛世，有些怠政。康熙常说："如今天下太平，以不生事为贵。兴一利必有一弊，所以，多一事不如少一事。"因此，清朝出现了吏治松弛、懈怠无为、国库亏空、贪污腐化、弄虚作假、粉饰浮夸等现象。康熙皇帝是大智之人，对这些不良现象自然清楚，但他已经年老，不想再大动干戈了。

康熙皇帝曾让诸皇子写治国之策，以考察他们的治国能力。皇子们为了取悦父亲，都盛赞太平盛世，歌颂康熙丰功伟绩，说只要按照康熙制定的政策办，国家就会万世太平。皇子中只有雍正，指出了当时存在的弊端，提出兴利除弊主张。康熙皇帝十分赞赏，这也是最终让他继位的重要原因之一。

雍正皇帝在登基的当月，就谕令内阁大臣、尚书、侍郎等官员，要他们研究朝廷利弊之事，提出改革之策。三个月后，雍正向全国各地发出诏令，提出"兴利除弊，以实心，行实政"的政治主张，要求凡是前朝好的政策制度，都要继续执行，不好的则要予以改正。

雍正首先从整顿吏治下手。他认为，官吏腐败是百弊丛生的根源，因此大力选拔贤臣能吏，贬黜庸官，严惩腐败，同时制定各项制度，对各级官吏进行考核和管理。时间不长，官吏队伍精神面貌焕然一新。后世有学者认为，康熙宽大，乾隆疏阔，要不是雍正大力整饬吏治，清朝恐怕早就衰落了。

雍正为了进一步加强皇权，提高行政效率，创立了军机处。军机处总揽军政大权，成为最高权力机关，由皇帝直接掌握，使皇权达到极致。军机处在清朝时期发挥了重要作用，被后代皇帝所沿用，直到清末。

雍正为了驾驭群臣，及时掌握各方面情况，健全了密折制度。密折是指大臣将奏折秘密呈报皇帝，不经过任何环节，奏折内容只有君臣二人知道。这种办法历史上就有，但没有形成制度。雍正扩大了密折范围，规范了密折内容，形成了制度化。密折制度也被后代皇帝所沿用。

雍正亲身经历了康熙诸子争嫡大战，对手足相残感到悲伤，他也有儿子，如何避免皇子之间的残酷争斗，成了雍正心头大事。雍正经过苦思冥想，发明了密建皇储制度，也叫秘密立储法。

雍正亲笔密写传位诏书两份，一份放置于宫殿正大光明牌匾背后，一份贴身密藏。皇子们谁也不知道传位诏书上是谁的名字，自然无法争斗。密建皇储制度延续到咸丰。

清朝时期，人们使用各种语言，不仅有满语、蒙语、汉语等大的语系，就是在汉语中，也有形形色色的地方方言，这对于推行政令和全国统一十分不便。雍正下令，在全国推广北京官话，甚至规定，如果不懂北京话，就不能参加科举考试。经过几年努力，北京官话得到推广。

雍正实行以儒家思想治国，推广程朱理学，兴办教育，加强对民众进行教化。雍正信仰佛教，也迷信道教，迷恋丹药，还写有《烧丹》一诗。雍正实行文化专制，大兴文字狱，吕留良案影响很大。

雍正反对西方思想和文化，下令禁止天主教，将西方传教士驱逐出境。同时实行海禁政策，不许出洋贸易，限制对外交往。可是，雍正却喜欢西方的洋玩意儿。有史料说，雍正爱喝外国葡萄酒，而且是第一个穿西服、戴眼镜的皇帝。现在故宫之中，还有一幅雍正头戴卷毛假发、身穿洋装的画像。

雍正在经济上，也采取一系列兴利除弊措施，其中影响最大的，是清查亏空。康熙末年，财政亏空严重。雍正上台后，组织大批人员，开展了国库大清查，摸清了底数，惩治了贪腐官员，全国为之震动。雍正还采取重农轻商、实行铜禁、官绅纳粮、摊丁入亩、火耗归公等政策措施，促进了经济发展。

雍正时期，清朝统治全国已近百年，天下稳定。雍正强力推行改土归流政策，废除西南各少数民族地区的土司制度，改由中央政府直接派官员统治。此举加强了中央集权，维护了国家统一和稳定。

雍正在军事、社会、外交等方面，同样采取兴利除弊措施，取得积极成效。

雍正通过兴利除弊，推动经济社会继续向前发展，为康乾盛世做出了重要贡献。

# 吕留良大案

雍正锐意改革，兴利除弊，推动了经济社会发展，这是他的一个执政特点，也是他的功绩。雍正执政还有一个重要特点，就是为政严苛，实行文化专制，大兴文字狱，残酷镇压反对派，制造了许多大案冤案，这就是雍正的罪过了。

在众多文字狱中，影响最大、罹难最惨烈的，是吕留良大案。吕留良案被后世广泛流传，成为雍正残暴的罪证之一。

吕留良，浙江桐乡人，出身官宦世家。吕留良祖上世代在明朝做官，其父吕元学，当过繁昌知县，为官清廉。因此，吕留良对明朝有着深厚感情。

吕留良于 1629 年出生，上边有三个哥哥。吕留良自幼颖悟绝人，读书三遍就能背诵，八岁开始写诗文。吕留良长大以后，博览群书，多才多艺，经史、文学、天文、地理、兵法、星卜、梵志无不通晓，人们说他有二十四项绝技。

清军入关，占领中原，随后进军江南，江南民众奋起反抗。当时，吕留良已近二十岁，跟随哥哥们一同参加了抗清斗争。三哥吕愿良加入了史可法队伍，与清军作战。吕留良与侄子吕宣忠散尽家产，招募义勇，与清军对抗。

不久，南明弘光政权垮台，吕愿良病死。吕留良和侄子吕宣忠一同投奔鲁王政权，继续抗清。吕宣忠比吕留良大四岁，被鲁王封为扶义将军，率军在太湖一带与清军作战。

在战斗中，吕留良作战勇敢，奋勇杀敌。有一次，他左股中箭，留下了终生创伤，每逢阴雨天，左股就疼痛不止。吕留良为此写下了

"箭瘢入骨阴辄痛，舌血溅衣洗更新"的诗句。

后来，鲁王政权也垮台了。吕宣忠兵败被俘，不肯投降，被清军绑赴刑场，予以处斩。吕留良听说以后，不顾危险，到刑场为侄子送行。吕宣忠嘱咐叔叔，一定要抗清到底，然后慷慨就义。

国恨家仇，使吕留良痛心疾首，当场吐血数升，差点丢了性命。这一时期，吕留良用心血写了许多抗清诗歌，表达了他对清朝的仇恨和忧国忧民之情。后来，吕留良把这些诗作结集为《万感集》。

吕留良虽有满腔的报国之志，但明朝已经腐朽，南明几个政权相继被清军消灭，他报国无门。清朝平定江南，统治了天下。吕留良依然对清朝统治者十分愤慨，不肯与其合作。

清朝统治全国以后，为了拉拢汉族知识分子，恢复了科举考试制度。吕留良满腹学问，是当地名士，却拒绝参加考试。此举震惊了当地名流，都叹息吕留良失去了入仕做官的好机会。吕留良却怡然自得，归隐故里。

吕留良在家乡耕田务农，自给自足，同时读书作诗，钻研学问。后来，吕留良开馆授徒，讲授程朱理学，一时间学生如云。这一时期，吕留良写了很多文章，创作了大量诗歌，集成《厉耦耕诗》《零星稿》和《真腊凝寒集》等。吕留良在文章诗歌中，表达了对明朝的怀念和对清朝的憎恨，抒发了反清复明情怀。

吕留良与浙东著名学者黄宗羲、黄宗炎兄弟和宁波隐士高斗魁等人结为朋友。黄宗羲是明末清初著名经学家、史学家、思想家，一生拒不仕清。吕留良与他们志同道合，时常在一起探讨学问，抨击时政，表达对清朝的怨恨。

康熙时期，为了进一步笼络汉族知识分子，广泛招揽人才，令各地推举名人隐士，授予官职。浙江官员首推吕留良，吕留良却死活不肯做清朝的官。官府不甘心，多次派人上门劝说，软硬兼施。吕留良坚决不从，为了躲避官府纠缠，干脆遁入空门，上山当了和尚。

1683 年，吕留良在愤世嫉俗中病逝，享年五十五岁。吕留良被称为明末清初杰出学者、思想家、评论家。

吕留良一生坚持抗清思想，他留下了大量著作，其中很多是反清复明的内容。在康熙时期，政治比较宽松，吕留良的言行没有引起朝廷注意，因而没有受到迫害。

雍正上台以后，加强思想统治，大兴文字狱，吕留良的著作被翻了出来，被定为"逆书""反书"。吕留良被雍正钦定为"大逆不道"，他的后人便遭受了无妄之灾。

1732年，吕留良已经死了五十年，尸骨都腐朽了。雍正下令，将吕留良开棺戮尸。吕留良有七个儿子，六个已死，也被开棺戮尸。剩下的一个儿子吕毅中，年已花甲，被斩立决。吕留良家族的后代男性子孙，凡年满十六岁的皆被斩首，女人儿童则被流放。吕留良的亲戚、学生广受牵连，有的被杀，有的入狱，有的被流放，无一幸免。一时间血雨腥风，大批无辜者惨遭横祸。

吕留良家族后代六十多人遭到流放，从江南长途跋涉发遣到北疆宁古塔，此后世代为奴，直到清朝灭亡。

吕留良大案，牵连人数之多、受刑之重，为清朝文字狱之首，暴露了雍正的暴戾本性。雍正在人们心中的形象不好，比不上康熙和乾隆，这与他为政暴虐有很大关系。

吕留良本人确实对清朝有罪，但他已去世多年，特别是他的后人和亲戚学生何罪之有？因此，人们愤愤不平。不久，民间广泛流传吕留良的后人吕四娘，立志报仇雪恨，练就绝世武功，入宫行刺，砍下了雍正的头颅，大快人心。于是，关于雍正之死，就成了清朝一大谜案。

# 雍正死亡之谜

雍正只当了十三年皇帝就死了，他在位时间不长，留下的谜团却不少。对雍正继位，人们议论纷纷，争执不休；关于雍正之死，依然是疑云重重，众说纷纭。

1735 年八月，雍正皇帝在圆明园办公时突然得病，第二天就死了，享年五十八岁，庙号世宗。

官方史料记载，雍正是得病而死，属于正常死亡，但记载十分简单。大臣张廷玉私人记录说，他得知雍正患病后，匆忙赶去，发现雍正七窍流血，吓得他几乎晕了过去。张廷玉是清朝的著名贤臣，他的记载可信度是比较高的。

由于雍正是突然驾崩，事先没有征兆，而且在去世前一天，一切如常，还在部署平息贵州苗民叛乱之事，所以，人们对雍正暴卒疑惑重重，议论纷纷，很快社会上就出现了各种传说。不久，关于雍正之死的野史笔记大量出现，说什么的都有。

民间流传最为广泛的，是说吕四娘为报血海深仇，入宫刺杀了雍正。吕四娘是吕留良的后人，有人说是他的女儿，有人说是他孙女。是女儿的可能性不大，因为吕留良已经死了五十年了，他的女儿，应该是五六十岁以上的老太太了。

传说吕家蒙难之时，吕四娘恰好不在家，躲过一劫。吕四娘目睹家破人亡，仇深似海，发誓报仇雪恨。吕四娘拜武林高手为师，苦练武功，学会了飞檐走壁，练就了高超武艺，于是深夜潜入宫中，砍下了仇人雍正的脑袋。

也有野史说，由于皇宫戒备森严，吕四娘练好武功以后，并没有贸然入宫行刺，而是想办法混入宫中，当了宫女，伺机行刺。宫女刺杀皇帝就容易多了，明朝嘉靖皇帝就差点被宫女勒死，当时宫女们如果会武功，嘉靖就死定了。吕四娘在宫中看准机会，突然出击，取走了雍正的头颅。民间广泛流传，雍正的头被吕四娘取走了，只留下一具无头尸体，下葬时只好铸一金头代替。

雍正的陵墓，在河北省保定市易县，被称为清泰陵。关于雍正的陵墓，也是一个谜团。清朝定都北京以后，就选定河北遵化市西北六十里的一个地方，作为后代皇帝的安息之地，史称清东陵。

顺治、康熙死后，都葬在清东陵。雍正在选自己陵墓时，按理说也应该在清东陵。可是，雍正却另辟蹊径，跑到西边易县建造了自己的陵墓，史称清西陵。

据说，雍正认为清东陵风水不好，所以另选地址。可是，既然风水不好，为什么乾隆、咸丰、同治死后，又葬在了清东陵？葬在清西陵的，则有雍正、嘉庆、道光、光绪、宣统五位皇帝。

所以，人们对此也议论纷纷。有人说，雍正是靠阴谋诡计上台的，甚至说他谋害了父亲康熙，因此，他不敢与祖父、父亲葬在一起，只好在西边建了清泰陵。

清泰陵规模宏大，雍正用了八年时间才建好，死后葬在这里。清泰陵历史上有个盗洞，怀疑曾被盗过，加上许多人想看雍正是否真的是金头，因此，学术界不断要求发掘清泰陵。

1980年，国家文物局终于批准，对清泰陵进行清理发掘。消息传出后，大批媒体蜂拥而至，都想看看雍正的人头。发掘开始不久，发现盗洞仅在表层，清泰陵并没有被盗。因当时技术条件不够，挖开陵墓会损害文物，国家文物局立即下令停止，此后也没有再发掘。所以，雍正的头颅，至今仍然是个谜。

对于吕四娘刺杀雍正的说法，史学界多数予以否定，认为仅是民间传说，表达了人们的一种情绪和意愿，历史上并无吕四娘这个人。

除了吕四娘刺杀以外，还有宫女太监刺杀、湖南卢氏夫人刺杀等多种说法。甚至还有人说，雍正是被《红楼梦》作者曹学芹害死的。关于雍正之死的传说，五花八门，稀奇古怪，可信度都不高，很多是子虚乌有。

关于雍正之死，目前大体上有三种说法。一是正常病死说；二是被刺身亡说；三是中毒而死说。

许多学者对雍正之死做了大量研究，越来越多的人认为，雍正吃丹药中毒而死的可能性最大。雍正迷恋道教，企图长生不死。宫中有许多炼丹道人，炼丹时稍有不慎，就可能导致中毒死亡，历史上因吃丹药而死的皇帝不少。雍正死后第二天，乾隆突然下令，将宫中炼丹道人全部赶走，似乎不同寻常。

雍正是暴亡，不属于正常死亡。可是，他的死因到底是什么？还需要进行深入研究。相信这个清朝谜案，会有真相大白的那一天。

# 宽严相济乾隆帝

　　1735 年，雍正皇帝突然驾崩，朝廷陷入一片惊慌。国不可一日无主，当务之急，是拥立新皇帝主持大局。好在雍正制定了密建皇储制度，大臣们赶紧找到密诏，上面赫然写着，由第四子弘历继位。众人没有任何异议，弘历顺利登基。

　　弘历于 1711 年出生。有史料说，他生于北京雍亲王府；也有史料说，他生于承德避暑山庄。雍正皇帝不好女色，嫔妃不多，子女也不多。他一共生了十个儿子，可只存活下来四个。弘历虽然是第四子，但他出生时，前头的大哥、二哥都死了，只有三哥弘时。后来弘时也死了，弘历成了事实上的长子。

　　弘历的母亲是熹妃，地位不高，但雍正没有嫡子，弘历的长子身份就有利了。弘历自幼聪明伶俐，《清史稿》说，康熙特别喜欢这个孙子，令在宫中抚养，亲授书课，外出时常带在身边。有人说，康熙让雍正继位，与喜欢这个孙子有一定关系。

　　弘历在宫中受到良好教育，张廷玉、朱轼、徐元梦、嵇曾筠、蔡世远等著名学者和贤臣都当过他的老师。弘历有过目成诵之能，又学习刻苦，年龄不大，就熟读四书五经。雍正登基后，对他更是悉心培养，使他精通汉文、满文，能文能武。弘历二十多岁时，被封为和硕宝亲王，参与朝政。

　　雍正驾崩时，只剩下三个儿子，除弘历外，还有五子弘昼和幼子弘瞻。弘昼傲慢任性，品行才能远不及弘历，弘瞻只有两岁。所以，弘历继位顺理成章，没有任何障碍。

　　弘历登基时二十五岁，年轻有为，意气风发，他把年号定为乾隆，是天道昌隆的意思。乾隆皇帝果然大有作为，他的命也好，康熙、雍正两朝已经给他奠定了很好的基础，乾隆在此基础上，把康乾盛世推向顶峰，在历史上留下了赫赫名声。

乾隆当了六十年皇帝以后，说不能超过祖父康熙，便把皇位传给儿子永琰（嘉庆即位后，改名为颙琰），自己做了太上皇，但朝廷大权仍然攥在手中不放，直到寿终。乾隆皇帝实际执政六十三年，活了八十九岁，创造了中国历代皇帝执政时间最长、寿命最高两项纪录。

乾隆执政的一个突出特点，是宽严相济，并把这一理念贯穿于长期执政之中。乾隆认为，康熙执政过宽，雍正执政过严，他要把两人的政策予以调和，宽严并重，相辅相成。事实证明，这一执政理念符合当时情况，也取得了明显成效。

乾隆谨慎地修正雍正过严的政策和做法，将长期被监禁的胤禵等人释放，恢复爵位，对年羹尧、隆科多两案的遗留问题进行妥善处理，减轻刑罚，推行仁政，有效缓解了各种矛盾。但是，乾隆对敌对势力依然严厉打击。有史料说，乾隆时期的文字狱多达一百三十多起，比康熙、雍正两朝加起来还要多。不过，乾隆在对人的处理上不是很残暴，因而负面影响不是很大。

乾隆继承了康熙、雍正两朝的经济政策，首先重视农业生产，推广先进技术，扩大开荒面积，兴修水利。同时，适当放宽对商业活动的限制，减少或取消一些商业税收，允许百姓贩运少量食盐。由于乾隆时期的经济政策比较灵活，使得经济繁荣，百业兴旺。

乾隆皇帝关心百姓生活，重视社会稳定，五次普遍免除天下钱粮，三次免除八省漕粮，减轻了农民负担。还制定灾赈制度，及时救助受灾民众。因此，乾隆皇帝在百姓心目中的形象，还是不错的。

乾隆重视文化建设，尊孔重儒，兴办教育，推广汉文化。乾隆在文化方面的最大成就，是编成了大型文献丛书《四库全书》。该书由纪晓岚等近四百名高官学者编撰，近四千人抄写，耗时十三年，是中国古代最大的文化工程。

在吏治方面，乾隆皇帝也是宽严相济。他用宽缓代替了雍正的严苛，对官吏宽容开明，改变雍正事必躬亲的做法，适当给大臣们下放权力，选贤任能，奖励有功者，营造宽松的政治氛围。但是，乾隆对官吏队伍严格考核，受到惩处的官员达六万多人。乾隆还严惩贪腐，兵部尚书、总督、巡抚等十几名高官被处死。

乾隆实行宽严相济的治国之道，把大清王朝推向鼎盛，但他晚年也犯了许多错误。六巡江南耗资巨大，给百姓带来灾难。特别是他实行闭关锁国政策，落后于世界潮流，大清王朝便盛极而衰，从顶峰开始走下坡路了。

# 十全武功有功过

乾隆皇帝在宽严相济、精心治理国家的同时，还多次对外用兵，时间持续了四十五年，其中较大规模用兵达十次之多。长期的对外用兵，耗费了大量财力，加重了民众负担，但捍卫了中国领土完整，维护了国家统一，应该是功大于过。

乾隆皇帝对自己建立的武功很满意，在他八十二岁的时候，亲自撰写了《御制十全记》，记录了自 1747 年至 1792 年十次重大军事行动，宣扬功绩。大臣们纷纷拍马屁，称乾隆为"十全老人"，对其歌功颂德。

十全武功包括平定金川之乱、消灭准噶尔部、平定南疆叛乱、平定台湾叛乱、反击缅甸入侵、出征安南、反击廓尔喀（今尼泊尔）等。其中对新疆用兵三次，对西藏用兵两次，沉重打击了分裂势力，使新疆、西藏地区牢牢控制在中央政府手中。

1747 年，四川金川地区发生叛乱。金川地区近接成都，远连青藏，是联系青海、西藏、甘肃等地的桥梁和咽喉，战略位置十分重要。金川地区海拔四千多米，到处是悬崖峭壁，而且遍布碉楼，被称为"千碉之国"。

乾隆派兵入川，经过两次大的战役，击溃叛军主力，然后逐个碉楼争夺，用了两年多时间，平息了叛乱。后来，金川地区复叛，乾隆再次出兵镇压，终于稳定了四川局势。

乾隆废除了金川地区的土司制度，设置州县，由中央政府直接管辖。同时，从东北、陕西、湖北等地迁民，打破了金川地区的封闭状态，促进了该地区的发展。

1755 年，乾隆发动了消灭准噶尔部的战争。准噶尔部首领噶尔丹建立了准噶尔汗国，企图称霸草原，夺取天下，被康熙打败。其余部仍然占据新疆部分地区，与清朝对抗，而且势力有所恢复。雍正时期，曾与准噶尔部发生战争，清军失利。

　　到了乾隆时期，国力强盛，乾隆决心彻底消灭准噶尔部，完全控制新疆。乾隆三次派出大军，用了数年时间，先后消灭准噶尔的几个部落，又在南疆平定和卓叛乱，把新疆纳入大清版图。

　　1762 年，缅甸入侵中国云南地区。当时的缅甸，是中南半岛最强大的国家，并非弱国。清军以自卫反击为开端，在中缅边境和缅甸境内开展了一系列战斗。

　　清缅战争打了七年之久，先后进行了四次大的战役，清军一度打到缅甸首都阿瓦附近。但缅甸军队占据有利地势，顽强抵抗，而清军战线拉长，后勤保障困难，双方损失惨重，打得筋疲力尽。

　　最后，双方停战议和，缅甸名义上向清朝称臣。清缅战争起初是自卫，捍卫了国家领土，但后来深入缅甸境内作战，就自卫过当了，并且损失了大量兵员和财力，有点得不偿失。

　　1786 年，台湾天地会首领林爽文聚众叛乱。天地会是清代民间秘密结社组织，以拜天为父、拜地为母而得名，又称洪门、洪帮。天地会于 1761 年在福建成立，以"反清复明"为号召。林爽文是福建人。

　　乾隆自然不会允许反清势力壮大，立即派陕甘总督福康安等人率军入台，进行平叛。福康安是清朝名将，久经沙场，他率军经过一年战斗，平定了叛乱，生擒了林爽文。林爽文被俘后被押往北京，遭凌迟处死。

　　1788 年，广南王国（今越南南部）攻打安南王国（今越南北部），这属于越南内战。安南王国抵挡不住，请求清政府干涉。乾隆令清军出兵安南，抵御广南。广南军队打不过清军，被迫撤离。安南国王对乾隆皇帝感激不尽。

　　1788 年，廓尔喀王国入侵西藏。当地官员巴忠私下许诺赔款，廓尔喀撤兵。但巴忠无法兑现诺言，不久廓尔喀军卷土重来，巴忠无奈自杀。廓尔喀军队占领了西藏部分地区。

1792 年，乾隆令福康安率军入藏，反击廓尔喀。廓尔喀军不是对手，大败而逃。福康安不肯罢休，率军一路追击，翻越喜马拉雅山，进入廓尔喀境内，逼近其首都。廓尔喀只得乞降称臣。此后，清朝加强了对西藏的统治，维护了西藏稳定。

乾隆的十全武功，情况不同，性质各异，有自卫反击、平定叛乱、维护国家统一的正义之战，也有的是耀武扬威、小题大做、耗费国力，得不偿失。

后世对乾隆十全武功评价不一，多数予以肯定，认为十次战争虽然代价很大，有些也无必要，但总体上维护了国家利益，乾隆皇帝是有功绩的。

# 《四库全书》传后世

　　乾隆皇帝文治武功，功绩卓著。乾隆在文化建设方面的一大举措，是编成了大型丛书《四库全书》，对中国古典文化进行了一次系统全面总结，保存了大量历代书籍。

　　乾隆登基以后，经过几十年精心治理，清朝达到盛世高峰。天下太平，社会安定，经济繁荣，文化也兴旺发达。不少学者建议，对中国历代文化进行系统性总结，进一步推动文化发展。安徽学政朱筠建议，对明朝的《永乐大典》进行修订补充。

　　乾隆皇帝文化素养很高，十分重视文化建设，又想建立万世之功，他看到朱筠奏章后，灵机一动，认为与其修订明朝的《永乐大典》，不如自己编一部大书，既能显示清朝之繁荣，又能流芳后世，功在当代，名在千秋。

　　1772年，乾隆下发诏令，要求编一部《四库全书》，形成中国传统古典文化的知识体系。从此，清朝开始了《四库全书》的编撰工作。

　　乾隆对编撰大书十分重视，任命皇六子永瑢、八子永璇、十一子永瑆以及大臣刘统勋、和珅等为总裁官，任命纪晓岚、陆锡熊、孙士毅为总纂官，抽调近四百名著名学者参加编撰。

　　编撰工作的第一步，是征集图书。除国家和地方图书馆以外，还广泛从民间征集。朝廷颁布了对捐献图书者的奖励办法，凡献书一百种以上者，除了物质奖励以外，还可以得到乾隆皇帝的亲笔题词。征集图书历时七年，天下献书者十分踊跃，从民间共征集图书一万两千多种，十万册以上。

　　编撰工作的第二步，是审查整理。朝廷对官藏图书和从民间征集的图书逐一进行审查，有用的准备列入《四库全书》，没用的搁置一边。凡是对清朝统治者不利的图书，分别采取全毁、抽毁、删改的办法处理，结果销毁和篡改了许多古书和文献。有史料说，被销毁的图书达一万三千多卷，十五万册，还销毁了大量明朝档案。所以，乾隆编撰《四库全书》，也遭到不少人批评。有人说，《四库全书》是清朝文化专制的产物，此后古书亡矣！

编撰工作的第三步，是分类编辑。《四库全书》内容十分丰富，分经、史、子、集四部，每部分若干类，类下面有属，共四部四十四类六十六属。

经部主要收录儒家典籍，有十三经及相关著作；史部收录历代史书，包括正史、编年史、杂史、传记史、人物传等；子部收录诸子百家著作和各类书籍；集部收录诗文词总集和专集。

《四库全书》涉及广泛，几乎囊括了中国历代经典文献，文、史、哲、理、工、农、医无所不包，但科技著作甚少。当时，英国已经开始了工业革命，发明了纺纱机和织布机，效率比人工提高百倍以上。瓦特发明了蒸汽机，西方进入机器时代。而清朝认为西方科学技术是"异端之尤"，对科技著作不予收录。这是《四库全书》的最大缺陷和遗憾。

编撰工作的第四步，是审核校对。为了确保《四库全书》的质量，朝廷制定了《功过处分条例》，明确了各自的责任和奖惩办法。每一册经过分校、复校，再经总裁抽阅，然后装潢进呈。有史料说，乾隆皇帝时常亲自抽查，纪晓岚为了取悦皇帝，有时故意留几处错误，等皇帝御正，偏巧皇帝没有发现，错误就留了下来。

编撰工作的第五步，是抄写成书。朝廷通过考试的办法，录用了近四千名字迹端正的抄写人员，把《四库全书》抄写了七部。

《四库全书》收录了三千四百六十二种图书，共计近八万卷、三万六千余册、约八亿字，是《永乐大典》的三倍多，工程浩大。

编撰工作全部完成后，乾隆皇帝定名为《钦定四库全书》。先抄好的四部贮于北京紫禁城、圆明园、承德、沈阳，被称为"北四阁"；后抄好的三部珍藏于扬州、镇江、杭州，被称为"南三阁"。

经过多年战乱，目前尚存四部，分别存于北京、甘肃、浙江、台湾。

《四库全书》是中国传统文化最丰富、最完备的集成之作，保存了历代大量文献，很多是珍贵善本，有人称之为传世藏书、华夏国宝。但也有人认为，清朝通过编撰《四库全书》，实际上对历代古籍进行了一次清查，销毁篡改了许多古书文献，是对中华传统文化的破坏。

笔者认为，《四库全书》毕竟保护留存了大多数历史古籍，其积极作用大于消极作用，乾隆皇帝的功绩也大于过失。

# 康乾盛世达顶峰

清朝统治全国共二百六十八年，康熙、雍正、乾隆三朝合计是一百三十四年，正好占清朝历史的一半。这一时期，中国疆域辽阔，国力强盛，经济发展，人口激增，达到了封建社会发展的顶峰，被称为康乾盛世。

康熙雄才伟略，采取一系列措施，开疆拓土，精心治国，稳固了清朝对全国的统治，开启了康乾盛世之门，为盛世奠定了坚实基础；雍正锐意改革，兴利除弊，承前启后，推动清朝继续向前发展；乾隆采取宽严相济的治国之道，文治武功，把康乾盛世推向顶峰。在中国历史上，连续出现几位有为君主的情况不多，而康熙、雍正、乾隆恰恰都是大有作为，而且统治时间很长，所以，出现盛世是理所当然的。

康乾时期，国家政权巩固，中央集权空前强大。这一时期，西方开始兴起民主化，而康熙、雍正、乾隆都致力于加强君主专制，一切权力掌握在皇帝一人手中，使中央集权达到历史顶峰。这暂时有利于对多民族国家的统治，但却为封建专制制度灭亡埋下了种子。

康乾时期疆域辽阔。经过几位皇帝的南征北战，不断扩张，清朝版图达到最大化，东北地区、蒙古、新疆、青海、西藏、台湾全都归于中央管辖之下。清朝疆域北到外兴安岭，南至台湾，东含库页岛，西抵巴尔喀什湖，面积达一千三百多万平方千米。《清史稿》说："汉唐以来未之有也。"

清朝国力强盛，四海宾服，据《清史稿》记载，周边国家称臣纳贡的，有朝鲜、琉球、安南、南掌（老挝）、暹罗（泰国）、缅甸、尼泊尔、锡金、不丹、爱乌罕（阿富汗）、哈萨克等近三十个国家。东南亚群岛甚至要求纳入清朝，被清朝政府拒绝。

康乾时期，全国人口大幅度增加。康熙时期首次突破一亿人大关，乾隆时期达到三亿多，占当时世界人口的三分之一。

康乾时期，经济得到长足发展。耕地数量不断增加，由康熙时期六亿亩扩大到乾隆时期十亿亩，粮食产量比明朝增加一倍多；丝织业、棉织业、矿冶业、陶瓷业日益发达，成为经济发展的新动力；商业贸易活跃，但主要是国内贸易，康乾时期实行闭关锁国政策，限制对外贸易，这是一大失误和弊病。

康乾时期军事力量强大，有八旗兵、绿营兵等百余万军队，有步兵、骑兵、炮兵、火器营等多兵种。但总体来说，清军的武器装备开始落后于西方。

康乾时期实行文化专制政策。一方面，鼓励和引导人们学习儒学经典；另一方面，大兴文字狱，加强思想统治。这一时期，官方组织编写了《康熙字典》《四库全书》等，诞生了名著《红楼梦》《聊斋志异》《儒林外史》，涌现出许多优秀诗歌、戏曲等文学作品，绘画也取得新的成就。但文字狱禁锢了人们的思想，对文化多样性发展和人们思想解放起了遏制作用。

清朝地大物博，人口众多，经济文化繁荣，在当时世界上是泱泱大国。许多外国传教士把清朝情况介绍到西方，欧洲引发了中国风的热潮，许多人慕名而来，瞻仰这个富裕强大的国家。

1792年，英国政府派马戛尔尼率一支庞大的使团，以庆贺乾隆八十大寿为名出访中国。马戛尔尼在考察中国以后，却认为大清国不像传说的那样好，存在许多问题，并断言中国会衰败下去。

康乾盛世存在的最大问题，是故步自封，夜郎自大，科学技术严重落后，特别是没有跟上民主化、工业化的世界潮流，因而必定会被历史潮流所淘汰。

到了康乾盛世后期，乾隆追求享乐，六巡江南耗资巨大，吏治腐败，土地兼并严重，民变四起，白莲教开始起义，清朝便开始衰落下去了。

关于康乾盛世的说法，不是后世给它的美誉，而是自封的。1713年，康熙在亲政四十多年后，宣布进入盛世；乾隆也宣称，国家势当全盛。那个时候，"盛世""全盛"美誉之词就大量出现，并流传下来。

清朝垮台以后，许多人对康乾盛世质疑，认为言过其实；甚至认为，正是康乾时期的闭关锁国和强化封建专制，才导致清朝衰亡和中国落后。

笔者认为，从中国社会自身发展来看，康熙、雍正、乾隆三朝是比较好的时期，应该算是治世；从世界发展大势来看，康乾盛世没有跟上时代潮流，没有与时俱进，则成为中国封建社会由盛而衰走向灭亡的转折点。

# 清朝大兴文字狱

文字狱，是指封建社会统治者迫害知识分子的狱事。文字狱历代都有，以清朝最为严重，康乾时期达到登峰造极的程度。文字狱造成大量冤案，形成社会恐怖，凋敝文化，禁锢思想，摧残人才，严重阻碍社会发展和进步。

清朝统治全国以后，一些知识分子为其效力，得到重用；更多的却是不肯合作，有的采用文学形式，阐发反清思想。清朝统治者为了加强统治，大兴文字狱，对知识分子进行打击迫害。

清朝文字狱，从顺治时期就开始了。顺治曾经下令，禁止文人士子会盟结社，聚众讲学，并对出版图书进行审查。但文字狱尚不严重，不超过十次，著名的有张缙彦案和《变记》案等。

到了康熙时期，文字狱开始多了起来，有二十多次。不过，康熙执政时间长，平均三年一次，还不算太严重。著名的文字狱有《明史》案、黄培诗案、《南山集》案等。

《明史》案，是由庄廷鑨编写《明史》而引发的清初最大的文字狱。庄廷鑨是浙江湖州人，他从明末开始撰写《明史》，自然站在明朝立场上，称努尔哈赤为"奴酋"。书成不久，庄廷鑨病死，家人将书刊印，开始流行。

《明史》具有明显的尊明反清倾向，遭到严厉打击。1663年，庄廷鑨被掘墓刨棺，枭首碎骨，家人被杀。凡作序者、校阅者以及刻书、卖书、藏书者均被处死，杀了七十多人。另外，有一千多人受到不同程度的牵连。此案震动全国，顾炎武闻之悲愤，作《祭吴潘二节士诗》。

黄培诗案，是因为黄培写了几首诗而遭到迫害。黄培是山东即墨人，做过明朝官员。明亡后，黄培不肯为清效力，隐居在家。黄培喜欢写诗，诗作中有"一自崔符纷海上，更无日月照山东""杀尽楼兰未肯还，还将铁骑入金徽""平沙一望无烟火，惟见哀鸿自北飞"等诗句，结果被人告发。1666年，黄培及受牵连者十四人被杀。顾炎武因与黄培是朋友，也被捕入狱，幸亏友人营救，才保住了性命。

《南山集》案，是因为戴南山编了一个集子而遭受迫害。戴南山是安徽桐城人，他收集明朝史迹，编了一部《南山集》，里面有一些对清朝不利的内容。1711年，戴南山被处以斩刑，牵连数百人。

康熙死后，雍正继位，文字狱更加严重。雍正在位只有十三年，文字狱却达二十多次，而且处罚严酷，牵连广泛，著名的有吕留良大案、年羹尧大案等，都震惊全国。

年羹尧手下有个文人，叫汪景祺，是浙江钱塘人。汪景祺跟随年羹尧西征时，写了一本《西征随笔》，其中有首诗："皇帝挥毫不值钱，献诗杜诏赐绫笺。千家诗句从头写，云淡风轻近午天。"

雍正见后大怒，胆敢说"皇帝挥毫不值钱"，实属大不敬。于是，将汪景祺斩首示众，妻子儿女为奴，五服之内的族亲皆受牵连。汪景祺妻子不肯受辱，投河自尽。

1726年，江西省有个考官，叫查嗣庭，汉族，浙江海宁人。他出了一道考试题，其中有"维民所止"四字。这是一个成语，出自《诗经·玄鸟》，意思是说，都邑周边千里远，都是商民居住的地方。

传闻有人报告了雍正，说"维""止"二字，正是"雍正"二字去掉上半截，岂不是暗指要砍皇帝的头吗？雍正勃然大怒，将查嗣庭打入监牢。查嗣庭恐惧自杀，遭戮尸枭首，亲族、弟子多人受牵连。

雍正死后，乾隆继位，他执政六十多年，文字狱多达一百三十多次。此时，文字狱愈演愈烈，有些人为了取悦皇帝，邀功请赏，硬是鸡蛋里面挑骨头，使得文字狱更加泛滥。

扬州举人徐述夔夏日晒书，一阵风刮来，把书吹乱。徐述夔顺口吟道："清风不识字，何事乱翻书？"结果被人告发，稀里糊涂地枉送了性命，家族亦受牵连。

著名学者全祖望写了一首诗，其中有一句是"为我讨贼清乾坤"。有人上奏乾隆，说他把"贼"字放在"清"字上边，属于大逆不道。乾隆还比较明理，没有给全祖望定罪。全祖望却吓得不轻，此后不敢再写诗了。

乾隆皇帝实行宽严相济政策，对文字狱的处罚不是特别严酷。因此，虽然文字狱数量多，但没有雍正时期影响大。乾隆死后，清朝的文字狱才逐渐减少。

康乾时期的文字狱在中国历史上空前绝后，产生了恶劣的社会影响，严重阻碍了思想解放和社会进步，也为康乾盛世蒙上了一层阴影。

# 六巡江南耗巨资

　　康熙皇帝曾经六次南巡，乾隆也学他的样子，六下江南。不过，康熙是在清朝获得天下不久、政局尚不稳定的背景下南巡的，目的是缓和民族矛盾，收服人心；而乾隆南巡时，已是康乾盛世，天下稳定，他南巡主要是为了宣扬皇恩，粉饰太平，游玩观景。特别是乾隆南巡豪华铺张，耗资巨大，骚扰地方和百姓，造成严重后果。所以，后世对两位皇帝的南巡，评价大不相同。

　　江南主要指长江以南，核心在江浙地区。这里古称吴越，是中华文明重要发源地之一，经济发达，文化繁荣，人文茂盛，山清水秀，美景如云。江宁（南京）、苏州、杭州、扬州都是闻名全国的繁华大城市。

　　江浙是清朝经济文化最发达的地方，上交的赋银赋粮约占全国百分之三十，并且盛产丝绸、茶叶、陶瓷等许多高档物品，文化氛围十分浓厚。有史料说，康乾时期共举行了六十多次科举考试，江浙两省出了五十一位状元，占全国状元总数的百分之八十七。朝廷中江浙籍的官员很多，有着很大的势力和影响。乾隆六巡江南，其根本目的，是为了更好地控制江浙地区。

　　1751年，乾隆皇帝登基已经十六年了，天下大治，不少人歌功颂德，乾隆心中洋洋得意。于是，乾隆下发诏谕，要去巡视江南。乾隆在诏谕中说了四个理由：一是江南民众早就盼望皇上驾临；二是大臣们多次建议；三是效法康熙体察民情；四是陪母亲游览江南名胜，以尽孝心。

　　乾隆第一次巡视江南，准备工作做了一年多，各地修整名胜，兴建行宫，地方官员忙得不亦乐乎，百姓负担更为沉重。一切准备就绪，乾隆陪着母亲钮祜禄氏，携皇后嫔妃、王公大臣以及各类随行人员共两千多人，前呼后拥，浩浩荡荡，沿京杭大运河向南进发。

沿途各地，闻风而动。官府大讲排场，争相逢迎，布置行宫，陈设古玩，采办各种名肴特产；百姓们扶老携幼，争先恐后观瞻皇帝龙颜，人群沸腾，热闹非凡。乾隆大为高兴，沿途赏银二万两。同时下令，免除安徽、浙江税银各三十万两，江苏历年所欠税银二百二十八万两一笔勾销。真是大方。

乾隆此次南巡，效法康熙皇帝，往返路线和内容差不多，也祭祀了孔子、朱元璋陵墓和大禹陵。所不同的是，乾隆陪母亲在杭州玩的时间很长，遍游西湖名胜。皇太后饱览美景，玩得兴高采烈，乐不思归。这次南巡，历时数月。

1757 年，乾隆第二次南巡。这次南巡的理由，是奉母亲之命，大概皇太后上次没有玩够。于是，乾隆带着庞大的队伍，依然浩浩荡荡，几乎沿着上次的路线又走了一遍。在杭州大玩特玩，还举行了盛大的阅兵式。

1762 年，乾隆第三次南巡。这次乾隆办了点正事，当时钱塘江海潮严重，海宁首当其冲，如果海宁大堤被冲毁，就会威胁苏州、杭州。于是，乾隆亲自去海宁勘察，部署抗灾事宜。

有的史书说，乾隆到了海宁，住到陈世倌家里。陈世倌原是朝廷大臣，当过山东巡抚、工部尚书、礼部尚书、内阁大臣，退休后回原籍居住。可是，陈世倌生于 1680 年，死于 1758 年，享年七十九岁。乾隆去海宁的时候，陈世倌已经去世四年了。

1765 年，乾隆第四次南巡。他的母亲钮祜禄氏已经七十三岁高龄了，仍然玩兴不减，照样跟着。乾隆第二次去海宁视察海塘，然后陪母亲饱览杭州美景，游遍苏州各处园林，并坐船沿长江游览，参观了长江中的金山和焦山。

1780 年，乾隆第五次南巡。此时，乾隆皇帝已经七十岁了，他的母亲于 1777 年去世，活了八十五岁。乾隆龙船走到镇江时，远远看见岸边有一枚巨大的桃子，光鲜绚丽。乾隆正在惊讶，忽见桃子眈的一声裂开，里面居然是一个大舞台，有百余名演员正在表演祝寿戏，欢迎皇帝驾临。地方官员为了取悦皇帝，真是费尽了心机。乾隆高兴得合不拢嘴，当即给予重赏。

1784年，乾隆第六次南巡。此时，他已经七十四岁了。由于江南名胜都已逛遍，这次到的地方不多，等于到江南度假了。

乾隆六下江南，主要有五项内容。一是巡察政务。乾隆每到一处，都要接见地方官员，听取政务汇报，还举行多次阅兵活动。二是减免税赋。这是乾隆最喜欢干的事情，以显示皇恩。乾隆六次南巡，共减免税赋一千万两白银以上，虽然有益于当地百姓，却使国库收入大幅减少。三是巡视水利。四是体察民情。五是游山玩水，游玩占的时间最多。

乾隆比起康熙南巡来，要铺张浪费得多。康熙南巡时，随行人员不过数百人，有时候搭帐篷住宿，并下令不得扰民；乾隆南巡时，每次要带随行人员数千、马六千多匹、船五百艘以上，光船夫就需要三千多人，并且各地举行大规模迎接活动。为了修御道，不知道毁了多少百姓的田地、房屋和祖坟；为了建行宫，各地投入了大量财力和民力；为了迎接圣驾，各地官员敲诈勒索，盘剥百姓。所以，康熙六下江南，在很大程度上缓和了民族矛盾，收服了人心；而乾隆六巡江南，却搞得鸡飞狗跳，民怨沸腾。

乾隆六巡江南，耗费巨额钱财。有史料说，总共花费白银在两千万两以上。至于各地投入的人力物力，更是难以计算。乾隆南巡，虽然有体察社情民意、兴修水利等有益的地方，但骚扰民众，开支浩繁，又大免税赋，成为乾隆后期国力衰落的原因之一。

乾隆在晚年时，对南巡的错误有所悔悟，对大臣们说："朕临御六十年，并无失德，唯六次南巡，劳民伤财，犯有过失。"但大错铸成，悔之晚矣！

有野史说，乾隆六下江南，是为了探望亲生父母陈世倌夫妇。说陈世倌在朝廷为官时，妻子与雍正妾同一天生下孩子，陈世倌生了男孩，雍正则是女孩，结果被雍正调包了。此事在民间传得沸沸扬扬，有些文学作品更是大加渲染，说乾隆实际上是汉人，似乎像真的一样。

　　史学界对此予以否定，认为是虚构之事。皇室生子有严格制度，根本不可能调包；雍正当时已有好几个儿子，乾隆母亲又不是正妻，也根本没有必要；乾隆六次南巡，有四次是陪母亲一块儿去的，怎么会再去探望别的母亲呢？

# 贪得无厌的和珅

乾隆皇帝在晚年的时候，不仅穷奢极欲，好大喜功，挥霍浪费，而且用人不明，重用奸佞，特别是宠信大贪官和珅，造成朝廷混乱，国力开始衰落。

有关和珅的文学作品不少，虽然很多情节是虚构的，但有一条符合史实，即和珅是一个贪得无厌之人，家中财物富可敌国，是中国历史上第一巨贪。

和珅，满族，属于满洲正红旗。他的父亲叫常保，世袭三等轻车都尉，后任福建副都统。和珅于1750年生于福建。

和珅小时候很是不幸，三岁死了母亲，九岁死了父亲，只剩下他和弟弟和琳相依为命，家境也败落下来。《清史稿》说，和珅"少贫无籍"，可见他已经处于贫困状态了。

然而，年龄尚小的和珅却不甘心家庭败落，发誓重振家门，出人头地。和珅自幼聪明，学习十分刻苦，他拜名儒吴省钦、吴省兰兄弟俩为师，努力学习儒家典籍和各种知识。

和珅长大以后，满腹学问，不仅经史词赋书法样样精通，而且能够掌握汉、满、蒙、藏四种语言，在众多大臣中属于佼佼者。在编纂《四库全书》时，和珅是总裁官之一，比纪晓岚级别还高。所以，和珅并非不学无术，而是才华过人，这是他日后受宠的重要原因之一。

和珅长得一表人才，他身材高大，面色白皙，潇洒英俊，谈吐不凡。英国使者马戛尔尼在回忆录中说，和珅白皙而英俊，举止潇洒，谈笑风生，具有大国宰相风度。马戛尔尼凭着外表，给予和珅很高的评价。

和珅长大以后，参加了一次科举考试，没有考上。他听了别人建议，不再参加科考，而是一门心思要进入皇帝仪仗队，想走捷径靠近皇帝，以求富贵。和珅有这方面的天赋条件，在他二十三岁时，终于如愿以偿，被挑选进了乾隆的仪仗队。乾隆喜欢讲排场，他的仪仗队，都是清一色的美男子，而且气质不凡。进入皇帝仪仗队，是和珅发迹的起点。

　　和珅不仅长得漂亮，而且为人精明，处事机敏，善于察言观色，投人所好。当仪仗队员，能够经常与皇帝接触，和珅抓住这个难得的机会，频频在乾隆面前显示学问，很快引起乾隆的注意和好感，提拔他做了自己的侍卫。那一年，乾隆皇帝已经六十多岁了，一生阅人无数，能够选中和珅，说明和珅确有过人之处。

　　当了皇帝侍卫，与乾隆朝夕相处，和珅更是如鱼得水，他使出浑身解数，使得乾隆对他越来越欣赏，认为和珅是个不可多得的人才。

　　乾隆觉得和珅有理财才能，在他当侍卫一年多以后，任命他为管库大臣，管理布库。和珅确有理财天赋，又很勤奋，把布库管理得井井有条，而且从中学到很多知识，理财能力进一步提高。乾隆对他特别满意，不断提升他的职务。和珅从此飞黄腾达了。

　　1776年，和珅在一年之中，连升六级，升迁之速，令人咋舌。一月，和珅被任命为户部右侍郎；三月，越级升为军机大臣；四月，担任总管内务府大臣；八月，兼任镶黄旗满洲副都统；十一月，兼任国史馆副总裁，赏一品朝冠；十二月，任总管内务府三旗官兵事务，赐紫禁城骑马。那一年，和珅只有二十七岁。

　　和珅一跃成为朝廷一品大员，身兼数职，权势显赫，实现了他出人头地的夙愿。和珅升迁速度之快、掌握权力之大，在历史上恐怕是空前绝后的。许多人感到不可思议，也有不少人嫉妒。于是，关于和珅与乾隆皇帝的关系，便有了很多传言。

　　有野史说，和珅是年贵妃转世，与乾隆有前世之缘。年贵妃是雍正皇帝的皇贵妃，美貌绝伦，乾隆一见倾心，两人有了私情。这可是乱伦丑事，乾隆母亲知道后，逼年贵妃自杀。年贵妃临死前，与乾隆发下山盟海誓，约定二十年后再见。乾隆悲愤地咬破中指，在年贵妃额头上点了一个红点，以做标记。

二十年以后，乾隆第一次见到和珅时，不由得浑身一颤，和珅酷似年贵妃，而且额头上也有一个红点。乾隆认定和珅就是年贵妃转世，于是便把对年贵妃的恩宠，全部给予了和珅。

这个传说流传很广，但完全是无稽之谈。年贵妃病逝时，乾隆只有十四岁，与年贵妃没有接触过。特别是，乾隆母亲只是雍正的侧妃，地位低于年贵妃，怎能逼她自杀呢？

乾隆皇帝对和珅的恩宠并不只是这些，他还要与和珅结成儿女亲家。和珅生了长子，乾隆皇帝亲自赐名为丰绅殷德。丰绅殷德五岁时，乾隆把自己最小的女儿固伦和孝公主指婚给他。固伦和孝公主与丰绅殷德同岁，两人十五岁时完婚。固伦和孝公主是乾隆最喜欢的女儿，乾隆曾经说："你要是皇子，朕一定传位给你。"

乾隆皇帝对和珅的恩宠确实超乎寻常，有些令人难以理解，怪不得和珅是年贵妃转世的说法十分流行。

和珅外貌英俊，又有才华，却心术不正，十分贪婪。他倚仗皇帝的宠信，干起了贪污受贿、非法敛财的勾当。和珅贪污敛财，是从查办李侍尧案开始的。

1780 年，云贵总督李侍尧涉嫌贪污，和珅奉旨查办。和珅办事干练，很快查结了案子，将李侍尧定罪。李侍尧贪污款项充公，但他偌大的家财却无人问津。和珅小心翼翼地把它归于自己名下，结果无人察觉。和珅尝到甜头，从此一发而不可收。和珅利用办案的机会，神不知鬼不觉地把别人财富窃为己有，这是他敛财的一个重要渠道。

和珅除了在查办官员案件中获取不义之财，还巧取豪夺，向富商们下手。和珅查办浙江富商曾氏案件时，将曾氏全家定罪诛杀，金银财宝全部霸占。和珅窃取财富不择手段。

和珅权势熏天，又是皇帝面前第一红人，自然有不少人巴结送礼。和珅起初比较小心隐秘，后来胆子大了起来，来者不拒，甚至公开索贿。当时形成了一个惯例，各地给皇帝进贡的物品，都要送给和珅一份。

和珅担任总管内务府大臣，负责宫廷开支，执掌财政大权。乾隆已经年老昏庸，和珅无所顾忌，巧立名目，弄虚作假，把国库里大量的钱搬到自己家里。

和珅财富越聚越多，但他仍不满足，恨不得把天下财富都据为己有。和珅有理财头脑，他把贪污的钱用来做买卖，经营工商业，开设当铺七十五间，设大小银号三百多间，还与广东十三行和英国东印度公司有商业来往，使得天下财富滚滚流向和珅家里。

和珅贪赃枉法，虽然蒙蔽了皇帝，却瞒不过人们的眼睛，许多正直的文臣上书弹劾。和珅倚仗权势，对文官们进行报复，许多文臣遭到迫害打击。社会上流传许多文官与和珅斗争的故事，有些确有其事。

乾隆进入垂暮之年，话都说不清楚了，却依然不肯放弃权力。在上朝时，谁都听不清楚乾隆说什么，只有和珅明白他的意思。于是，乾隆让和珅站在他身旁，充当翻译。人们称和珅为"二皇帝"。

和珅通过各种非法手段，攫取了数不清的财富，虽然富可敌国，却失去了人心，人们对他深恶痛绝。1799年，乾隆驾崩，嘉庆皇帝亲政。嘉庆上台不到一个月，就宣布和珅二十条大罪，将他囚禁起来。

嘉庆皇帝下旨抄家，从和珅家中抄出的财富十分惊人。有的史书说，和珅聚敛的财富总价值八亿两白银，有的说十一亿两，甚至有的说二十亿两，当时，清政府每年的财政收入是七千万两，和珅的财富超过了清政府十几年财政收入的总和，所以有"和珅跌倒，嘉庆吃饱"的说法。

嘉庆皇帝派人送给和珅一条白绫，令其自尽。和珅见末日来临，感慨万千，提笔写下一首绝命诗："五十年来梦幻真，今朝撒手谢红尘。他日水泛含龙日，留取香烟是后身。"和珅无奈自缢身亡，时年四十九岁。

和珅留下的绝命诗是什么意思，后世议论纷纷，说法不一。有的说，和珅至死不悟，立誓报仇，死后要化作女身祸乱清朝。于是，民间纷纷流传，说慈禧太后就是和珅投胎转化的。这当然不是真的，却表达了人们对和珅和慈禧太后的憎恶。

# 机敏诙谐纪晓岚

纪晓岚，乾隆时期朝廷大臣、著名文学家。他为人正直，才华横溢，诙谐幽默，机敏过人。在有些文学作品中，纪晓岚常与大贪官和珅斗智，总是占据上风，因而受到人们喜爱。

纪昀，字晓岚，号观弈道人。其祖籍南京，家族后来迁至河北献县。纪晓岚于1724年生于献县，比和珅大二十六岁。

纪晓岚出身于儒学世家，曾祖、祖父都是监生，父亲考中举人。纪晓岚受家庭熏陶，从小喜欢读书，七岁参加童子试，获得第一，被称为"神童"。

纪晓岚二十岁时，参加科举考试，先进行县试，又得第一。纪晓岚沾沾自喜，骄傲起来，不料在乡试中跑题，名落孙山。纪晓岚受此挫折，成熟了许多，更加发奋学习，三年后在乡试中一举夺魁，获得第一名解元。纪晓岚再接再厉，准备参加会试，不幸母亲病故，他只得在家守孝。

1754年，纪晓岚再次参加科举考试，经过会试、殿试，考中进士二甲第四名，也就是全国第七名，成绩相当不错。当时的主考官，是刘墉的父亲刘统勋。纪晓岚属于刘统勋的门生，因此，他与刘墉的关系非常好。

纪晓岚考中进士的时候，已经三十岁了，他在朝中参与编修史书，做了十四年的文字匠。纪晓岚为人直傲，不会阿谀奉承，又喜欢捉弄人，讽刺挖苦不留情面，因而人缘不好，升迁很慢，干了十几年，才当上翰林院侍读学士，混了个四品官。纪晓岚心中不满，常发牢骚，不料，因办错了一件事，获罪发配新疆，四品官也丢了。

1768 年，两淮盐运使卢见曾涉嫌贪污，乾隆令刘统勋查办。纪晓岚与卢见曾有姻亲关系，闻讯后心中着急，一时忘记大义，赶紧给卢见曾通风报信。卢见曾得到消息，马上转移了财产，使朝廷抄家时没有什么收获。

　　不过，刘统勋精明能干，最终还是查清了案子，给卢见曾定了罪。卢见曾病死于狱中，纪晓岚通风报信的事情也暴露了。刘统勋是纪晓岚的恩师，对他十分器重，但刘统勋为人正派，执法如山，并不徇私，奏明皇帝，将纪晓岚革职，发配新疆赎罪。

　　对纪晓岚通风报信之事，有的史书记载得十分有趣。有的说，纪晓岚派人给卢见曾送去一个空信封，里边没有一字，只装着茶叶和盐。卢见曾一见，便明白了是"查盐"的意思。有的说，纪晓岚在街上找了一个小孩，在他手心写了一个"少"字，让他给卢见曾看。手上有少，便是"抄"字。纪晓岚够狡猾的，也很有才。

　　纪晓岚在新疆吃了几年苦，性情改变了不少，说话做事谨慎起来。后来，纪晓岚给自己起了一个道号，叫观弈道人，意思是观棋不语，少说话。

　　刘统勋毕竟爱惜纪晓岚的才华，当乾隆皇帝决定编纂《四库全书》的时候，便推荐纪晓岚、陆锡熊、孙士毅三人为总纂官。纪晓岚时来运转，从新疆回到北京，开始了长达十几年的编纂生涯。

　　《四库全书》组织机构庞大，最高一级叫总裁官，由皇子和刘统勋、和珅等宰相级大臣担任；第二级叫副总裁官，有刘墉等十名大臣；第三级叫总阅官，有十五人；第四级才是总纂官，有三人；下面还有总校官、提调官等许多人。不过，前三级只管审查把关，总纂官才负责编纂的具体工作，因而责任重大。

　　编纂工作庞杂而辛苦，纪晓岚刚经历过流放之苦，如今得到重用，心存感激，于是尽心尽力，废寝忘食，全身心投入编纂之中。这个时期，和珅担任了总裁官，是纪晓岚的顶头上司。

　　有的史书记载了一件有趣的事情。夏天炎热，纪晓岚常常脱掉上衣，光着膀子工作。有一天，乾隆皇帝突然驾临。纪晓岚没穿衣服，不敢见皇帝，只好一头扎进书橱后边躲避。等了好大一会儿，外面没有动静了，纪晓岚问道："老头子走了吗？"不料，乾隆并没有走，正在端坐着审阅书稿呢。

乾隆不高兴了，令纪晓岚出来，责问道："老头子是什么意思？"

纪晓岚心中忐忑，只得硬着头皮解释，说："万寿无疆谓之老，万民之首谓之头，苍天之子谓之子，合称'老头子'，是无比尊敬之意。"

乾隆听了，明知纪晓岚是狡辩，但见他处事机敏，回答得体，又光着膀子卖力工作，于是转怒为喜。

乾隆十分重视修纂《四库全书》，经常前来巡查，有时亲自审阅书稿。纪晓岚与皇帝接触越来越多，他的才华，也逐渐得到乾隆赏识。乾隆喜欢卖弄文才，时常出谜语让大臣们猜，纪晓岚十有八九都能猜中。乾隆对他越来越欣赏。

据《阅微草堂笔记》记载，有一次，乾隆让纪晓岚在一把扇子上题写一首诗词。纪晓岚书法很好，立即潇潇洒洒地写下王之涣的《出塞》诗："黄河远上白云间，一片孤城万仞山。羌笛何须怨杨柳，春风不度玉门关。"

不料，乾隆看了以后，却皱起了眉头。纪晓岚仔细一看，原来漏写了一个"间"字。

纪晓岚灵机一动，立即说道，这不是王之涣的诗，而是他最近作的一首词，随即念了出来："黄河远上，白云一片，孤城万仞山。羌笛何须怨，杨柳春风，不度玉门关。"还真是一首好词。

乾隆皇帝知道纪晓岚是故意掩饰，但被他的机智和文才所折服。古代的时候，文章没有标点符号，才让纪晓岚蒙混过去。后来，乾隆对纪晓岚十分宠信，在第五次、第六次南巡时，让他陪同参加。不过，乾隆对纪晓岚的宠信程度，远赶不上和珅。

纪晓岚在编纂《四库全书》时期，就升为太子詹事，后又提升为兵部侍郎、内阁学士兼礼部侍郎。《四库全书》完成后，纪晓岚因功升为礼部尚书、左都御史。此时，纪晓岚已经六十多岁了。

纪晓岚与和珅、刘墉并称为乾隆时期三大中堂，但纪晓岚官职没有和珅高，权势更没有和珅大。史书中并没有纪晓岚与和珅争斗的记载，一些文官弹劾和珅的时候，纪晓岚也没有参加，两人没有发生过大的冲突。不过，纪晓岚保持着文人的清高，也不依附和珅，更不与他同流合污。

纪晓岚有一个明显的性格特征，就是机敏诙谐。《阅微草堂笔记》记载，有一次，有个姓王的翰林为母亲做寿，邀请纪晓岚参加，并请他为母亲写首祝寿诗。纪晓岚平时看不起王翰林，打算趁机捉弄他一下。

纪晓岚略一思索，张口吟诗道："这个婆娘不是人。"众人大惊，全都变了脸色。纪晓岚不慌不忙吟出第二句："九天仙女下凡尘。"众人松了一口气。不料，纪晓岚随即吟出第三句："生个儿子去做贼。"众人又惊恐起来。纪晓岚高声吟出第四句："偷得蟠桃献母亲。"吟完哈哈大笑，众人也都跟着笑了起来。王翰林哭笑不得。

这首诗，无论如何算不上恭敬和赞美，特别是用了"不是人""去做贼"等难听的字眼，有点嬉笑怒骂的味道。可是，又说是九天仙女、蟠桃献母，比喻奇特，构思巧妙，让人无话可说。这体现了纪晓岚诙谐幽默、爱讽刺挖苦人的性格特点。

又有一次，有个文人拿着自己的文章，去请教纪晓岚。纪晓岚阅后，提笔写道："此文有双槌擂鼓之声。"文人大喜，洋洋得意，逢人就拿出来炫耀。

有个聪明人看出了纪晓岚的本意，哈哈大笑说："一个槌击鼓，是咚、咚、咚的声音；双槌擂鼓，则是不通、不通、不通。"文人顿时面红耳赤。

乾隆死后，嘉庆皇帝亲政。嘉庆铲除了和珅，重用纪晓岚，任命他为协办大学士，加太子少保，管国子监事。不过，纪晓岚已经年老，难以发挥重要作用了。

1805年，纪晓岚病逝，享年八十一岁。嘉庆皇帝赞他"敏而好学可为文，授之以政无不达"，赐谥号为"文达"。

# 正直廉洁刘罗锅

刘墉，外号刘罗锅，乾隆时期朝廷大臣、政治家、书法家，著名清官。刘墉过去不太出名，赶不上和珅、纪晓岚名气大，但由于《宰相刘罗锅》等电视剧的热播，刘墉成了家喻户晓的人物。

文学作品为了塑造人物形象和剧情需要，是可以虚构情节的。电视剧中的刘罗锅，有很多故事是虚构的。那么，历史上的刘墉，是个什么样子呢？

《清史稿》记载，刘墉是山东诸城人，出身官宦世家和名门望族。刘墉的曾祖父刘必显，在顺治年间考中进士，官至户部广西司员外郎，活了九十三岁；祖父刘棨，康熙年间考中进士，官至四川布政使，相当于省长，活了六十二岁；父亲刘统勋，雍正年间考中进士，官至军机大臣、东阁大学士，相当于宰相，活了七十五岁。

刘家在山东一带赫赫有名，有史料说，从清朝恢复科举考试开始，到1814年止，刘家一共考取十一位进士和三十五个举人，形成了显赫的名门望族。

1720年，刘墉诞生。他是刘统勋的长子，后来有个弟弟叫刘堪。刘墉比和珅大三十岁，比纪晓岚大四岁。

刘墉出自显赫家族，从小受到良好教育。刘统勋对这个长子寄予厚望，严格管教，悉心培养，既教授文化知识，更传授为人之道。因此，刘墉不仅精通典籍，学识渊博，书法造诣很深，而且为人正直，品行端正，大公无私，以清正廉洁闻名于世。

1751年，刘墉参加科举考试，经过会试、殿试，考中二甲第二名，也就是全国第五名，比纪晓岚的成绩还要好。

王培荀所著《乡园忆旧录》说，当时在殿试中，主考官向皇帝呈送十份试卷，刘墉排在第一。乾隆皇帝想从平民中选取头名，于是钦点杭州学子吴云岩为状元，刘墉就被降低了。也有野史说，乾隆皇帝见刘墉是个驼背，长相不好，因此，刘墉与状元失之交臂。

关于刘墉是不是驼背，后世颇有争议。有人说，刘墉并不驼背，如果是驼背，恐怕连参加殿试的资格都没有；有史料说，嘉庆皇帝称呼刘墉为"刘驼子"，证明刘墉确实驼背；有人说，刘墉个子很高，年轻时并不驼，因常年躬身读书写字，后来背就驼了，被人们称为刘罗锅。笔者认为，后一种说法的可能性较大。刘墉寿命很长，年老时驼背十分正常。

刘墉考中进士，步入仕途。当时，他的父亲刘统勋已经担任了工部尚书、刑部尚书的高官，并任军机处行走，不久又升任军机大臣，深受乾隆皇帝信任。因此，刘墉的仕途之路，虽然比不上和珅，却比纪晓岚顺畅多了。

1756 年，刘墉考中进士只有五年，就被提拔为安徽学政，后又调任江苏学政，相当于省教育厅长。刘墉在离京赴任时，乾隆皇帝亲自召见，并赐诗勉励，其中有"海岱高门第，瀛洲新翰林"之句，鼓励刘墉不辱门楣，有所作为。

学政的一项重要职责，是负责和组织科举考试中的乡试，因而责任重大。刘墉公正无私，尽职尽责，采取许多措施防止舞弊，使得乡试考试公平公正，赢得良好声誉。

刘墉此后官运亨通，先后担任太原知府、冀宁道台、江宁知府、陕西按察使、湖南巡抚等职。刘墉任地方官长达二十五年，在此期间，他勤政爱民，兴修水利，发展经济，执法公正，打击豪强，救助穷人，被百姓赞誉为包青天转世。

1781 年，刘墉因政绩显著，被提升为都察院左都御史，成为朝廷高官，不久又任协办大学士，进入朝廷核心权力层。此时，刘墉已经六十多岁了。

刘墉在地方任职能够如鱼得水，尽情施展胸中才华，但他性情耿直，不会阿谀奉承，难以适应朝廷尔虞我诈、钩心斗角的复杂环境，因而难以发挥作用，他的官也做到头了，此后逐步走下坡路。

刘墉入朝时，和珅已经平步青云，权势显赫，并且得到乾隆皇帝特殊恩宠。刘墉与纪晓岚关系密切，同和珅却合不来，虽然不像文学作品中写的那样针锋相对，但确实发生过矛盾和冲突，最严重的一次，是查办山东巡抚国泰一案。

国泰是满洲镶白旗人，其父文绶当过四川总督，侄女是乾隆皇帝的宠妃。国泰本是纨绔子弟，不学无术，又特别贪财，但他依仗皇妃，步步高升，爬上了山东巡抚的高位。国泰为所欲为，大肆贪污，搞得民怨沸腾，引起朝中大臣群起弹劾。

乾隆看在爱妃面子上，本不想查处国泰，但舆论汹汹，也要想办法平息事态。乾隆动了一番脑筋，命和珅、刘墉、钱沣三人前去查办此案。

和珅与国泰关系十分密切，又善于理解皇帝心意；刘墉曾在国泰父亲文绶手下任职，文绶对刘墉有提携之恩；钱沣只是一名御史，官职较小。乾隆认为，由这几个人查案，会让国泰过关的。

果然，和珅心领神会，立即派人给国泰通风报信。国泰赶紧做了准备，借了商人的银子放到国库里，暂时顶替。和珅等人来到后，查验国库，数量相符，并无亏空，于是打算结案，向皇帝呈报国泰是清白的。

可是，刘墉心细，做事认真，不徇私情，他发现国库银两数量是对的，但银锭的大小、成色各异，好像是凑起来的，并不是官银。和珅还想搪塞过去，可刘墉据理力争，钱沣也支持刘墉。和珅理屈词穷，只好同意再查。

刘墉怀疑国库里的银子是从民间临时借来的，于是心生一计，发布告示说，有借银子入国库的，限期来领，过时充公。商人们唯恐利益受损，争先恐后认领各自的银子，很快国库就空了。

刘墉、钱沣经过多方查证，查清了国泰贪污二百万两银子的罪行，上报朝廷。乾隆没有办法，尽管爱妃哭泣求情，也只得将国泰赐死。

国泰贪污案是乾隆时期的一个大案，案子查结以后，群臣佩服，百姓拍手称快。后来，民间依据此案，写成通俗小说《刘公案》，流传很广。可是，和珅却恨上了刘墉，乾隆心里也很窝火。因此，国泰案之后，刘墉就厄运连连，不断受到皇帝指责和贬官处分。

1786 年，刘墉被免去左都御史，改任玉牒馆副总裁，去干文字匠工作。

1787 年，乾隆借口刘墉泄露了皇帝谈话内容，罢免了他的协办大学士职务。

1789 年，刘墉又被降职为吏部侍郎。

这一时期，乾隆怎么看刘墉都不顺眼，多次指责他祭拜文庙礼数不周、做事不尽心、作风散漫等问题，甚至连考生给考官送礼、安排阅卷不当、皇子们学习不好等事项，也都怪罪到刘墉头上。和珅更是不断给刘墉穿小鞋，刘墉的日子很不好过。

刘墉坐了十几年冷板凳，直到 1797 年，乾隆才又重新起用刘墉，授予他体仁阁大学士。乾隆在任命刘墉时，还不忘恶心他一把，说刘墉向来做事不肯真心实意，只是目前没有合适人选，不得已让他当上大学士。

1799 年，乾隆驾崩。嘉庆皇帝很器重刘墉，令他主持审理和珅一案。群臣对和珅深恶痛绝，纷纷要求将他凌迟处死。刘墉觉得太残酷了，建议嘉庆将和珅赐死，和珅的儿子丰绅殷德也没有受到牵连。

嘉庆皇帝外出时，让刘墉在京主持朝政。刘墉在嘉庆前期发挥了十分重要的作用。

1804 年，刘墉无疾而终，高寿八十五岁。刘墉在去世前两天，还在朝廷主持政务，晚上招待宾客饮宴。刘墉死后，嘉庆皇帝十分悲痛，赠他为太子太保，谥号"文清"，入祀贤良祠。

# 世界发生巨变

　　一个国家的发展，离不开世界大势。就在康乾盛世期间，世界发生了巨大变化，尤其在欧洲，兴起了民主化、工业化和科技革命浪潮。而清朝统治者却故步自封，没有跟上时代潮流，最终只能被世界潮流所淘汰。所以，从中国社会自身发展来看，康乾时期是一个治世；但从世界发展大势来看，它却是中国封建社会由盛而衰的转折点。

　　世界发生巨变之一，是欧洲兴起文艺复兴运动。从 14 世纪到 17世纪，在意大利、法国、德国、英国、西班牙、波兰、比利时、葡萄牙等许多欧洲国家，先后掀起思想解放高潮，猛烈冲击封建专制制度，提倡个性解放，追求民主自由。文艺复兴为资本主义发展奠定了思想基础和文化基础，开启了西方现代化征程。

　　而当时的清朝统治者，对欧洲文艺复兴一无所知，仍然热衷于皇权至上，极力加强中央集权，千方百计维护封建专制制度。特别是大兴文字狱，对一切不利于封建统治的思想和文化进行残酷打击，把人们的思想禁锢在封建牢笼之中。

　　中国的知识分子，很早就有民主意识。明末清初著名思想家黄宗羲，提出了"天下为主，君为客"的民主思想，认为治理天下，不在于一姓之兴亡，而在于万民，主张以"天下之法"取代皇帝的"一家之法"。黄宗羲抨击封建专制制度，堪称是中国民主思想启蒙第一人。黄宗羲的民权理论，比卢梭要早得多。卢梭是法国民主政论家、启蒙代表人物之一，比黄宗羲小一百零二岁。

　　除黄宗羲之外，还有顾炎武、王夫之、唐甄、方以智、朱舜水、孙奇逢等大批知识分子，提出了思想解放、反对专制、倡导民主等观点。清朝统治者视这些思想观点为异端邪说，采取严厉手段进行镇压，严重阻碍了中国社会进步。

1640年，在清朝统治全国前夕，英国爆发了资产阶级革命，推翻了封建制度，将专制君主送上断头台。后来，英国建立了君主立宪制政体，走上了资产阶级民主化道路。之后，许多欧洲国家以不同方式结束了封建统治，建立了资产阶级民主政权。

1776年，英属北美殖民地通过独立战争，建立了美利坚合众国，形成了联邦制国家。美国实行自由资本主义，走上了快速发展的道路。华盛顿在当了两届总统之后，宣布放弃权力，恢复平民生活，到弗农山庄种地。那一年，华盛顿六十六岁。

乾隆皇帝与华盛顿属于同一时代，比华盛顿大二十一岁。华盛顿放弃权力的时候，乾隆八十七岁，老得话都说不清楚了，但仍然死攥着权力不放，直到生命最后一息。

乾隆皇帝与俄罗斯彼得大帝也是同时代的人，比彼得大帝小三十九岁。在乾隆热衷于六巡江南的时候，彼得大帝派出大批人员，前往西欧学习先进技术。更加难能可贵的是，彼得大帝化名为米哈伊洛夫，冒充普通人员，亲自到英国、荷兰等国学习考察。彼得大帝亲政只有三十六年，活了五十四岁，却建立了一个强大的俄罗斯帝国，大清朝已经不是对手了。

拿破仑比乾隆小五十八岁。当乾隆沉湎于康乾盛世洋洋自得的时候，拿破仑势力迅速崛起，控制了法兰西第一共和国，后来缔造法兰西第一帝国，称雄于欧洲大陆。

欧洲资产阶级革命埋葬了封建专制制度，形成了新的国体和政体，焕发出前所未有的勃勃生机，极大地促进了生产力发展。马克思曾经说过，资产阶级在它不到一百年的统治中所创造的生产力，比过去一切时代创造的全部生产力还要多。

欧洲在推进资产阶级民主化的同时，也掀起工业化和科技革命热潮。就在康乾盛世期间，英国发明了纺纱机和织布机，代替了人工，提高效率百倍以上。1769年，瓦特发明了蒸汽机，解决了动力问题，英国开始将手工业生产转变为机器生产，将家庭化作业转变为社会工业化生产形式。在 18 世纪初，英国农村人口占四分之三，过了七十年以后，这个比例发生了颠倒，城市人口占到了四分之三。

欧洲在科学技术方面更是突飞猛进，科技发明如雨后春笋，层出不穷。拿破仑在执政时期，就实行专利权，奖励保护发明者。拿破仑还举办科技博览会，创办法兰西银行。中国原先在科技发明方面并不落后，"四大发明"为人类发展做出了巨大贡献，可后来明显落伍了。在中国文人踊跃参加科举、梦想金榜题名的时候，世界上涌现出哥白尼、伽利略、牛顿、瓦特、达尔文等许多伟大的科学家。

世界发生巨变，对中国既是严峻挑战，也是重要的战略机遇期，可是，清朝统治者是怎么做的呢？

# 大清故步自封

在康乾盛世期间，世界发生巨变，欧洲推翻封建专制，兴起民主化、工业化浪潮，极大地发展了生产力。而清朝统治者却浑浑噩噩，故步自封，没有跟上时代潮流，造成日后落后挨打的严重后果。

大清朝故步自封，主要有以下表现。

第一，视野上耳目闭塞。康乾时期，只注意国内稳定和发展，很少与外界联系。明朝时期，郑和曾经七下西洋，广泛开展对外交流，而清朝一次远航活动都没有，根本不知道世界有多大。这样，清朝在倾力打造康乾盛世的同时，也造成了坐井观天，目光短浅，孤陋寡闻，对外面的世界处于浑浑噩噩状态。

在波兰天文学家哥白尼创立日心说的时候，清朝人却认为地球是方的，大清是地球的中心；在达尔文创立进化论的时候，清朝人认为皇帝是上天的儿子，下界来统治万民，皇权达到了极致；至于西方的资本主义、民主共和、三权分立、主权在民等先进思想和文化，清朝统治者更是知之甚少，而且视为异端邪说。清朝统治者成了井中之蛙。

第二，思想上妄自尊大。由于对外面的世界不了解，自然产生唯我独大的错觉。清朝地域辽阔，物产丰富，人口占世界三分之一，也确实有自大的本钱。于是，清朝统治者认为，清朝是天朝上国，天下第一；清朝一切东西都是好的，别国如果得不到中国的茶叶，就活不下去，"必致死命"；清朝皇帝是天下老大，任何人都要对其跪拜称臣。

康乾时期有十九个藩属国，主要是朝鲜、琉球、缅甸、泰国、尼泊尔等周边国家，远的也有阿富汗等中西亚地区的国家。这些藩属国都向清朝称臣，按时纳贡，朝廷也时常赐他们一些物品。因此，清朝皇帝滋生了唯我独尊思想，在与西方国家打交道时，也要求他们以臣子的身份，行三跪九叩大礼。西方使者自然不肯，常常闹得不欢而散。

在对外贸易中，清朝也以老大和主子的身份，高高在上，把正常贸易说成是对别国的恩赐。英国看中了中国的大市场，要求通商。乾隆皇帝竟然给英国下了一道圣旨，以主子的口吻给予答复。圣旨共九百多字，目前保存在大英博物馆，成了珍贵文物，也成为清朝皇帝狂妄愚昧的物证。

乾隆圣旨大意说，朕看了你们的奏书，词意肫恳，足见恭顺之诚，深为嘉许。我天朝上国地大物博，所有东西都能自给自足，不需要通商。你们如果喜欢瓷器、丝绸、茶叶等物，朕可以赏赐给你们。你们路途遥远，朕特许你们不必年年来朝上贡，只要心向天朝，就可以了。

估计英国人看到这一圣旨，恐怕会摇头叹息，啼笑皆非，大概从此就有了轻视中国之意。果然，四十年以后，英国殖民者就用大炮轰开了中国的大门。

不仅皇帝傲慢自大，朝廷大臣也是这个心态。有个担任军机章京的大臣，叫管世铭，曾经作诗一首："献琛海外有遐邦，生梗朝仪野鹿腔。一到殿廷齐膝地，天威能使万众降。"

第三，政策上闭关锁国。清朝统治者耳目闭塞，又妄自尊大，于是在政策上实行闭关锁国。闭关锁国是闭关自守，不与外界接触，是典型的孤立主义。清朝闭关锁国的重点是实行海禁。

海禁从明朝初期就有，但那是为了防御倭寇，而且只限制民间出海，官方却组织了七下西洋大规模海外交流活动。到了明朝隆庆时期，解除了海禁，民间海外贸易活跃起来。这是历史上第一个对外开放时期，史称隆庆开关。

清朝入主中原以后，为了对付台湾郑成功的抗清力量，实行海禁。康熙统一了台湾，废止海禁，开放对外贸易，在江南、浙江、福建、广东等地设立海关。英国、法国、葡萄牙等欧洲国家的商人，纷纷来华开展贸易活动。

西方商人在进行贸易活动过程中，不可避免地带来了反封建的民主思想和文化，引起清朝统治者的重视和担忧。雍正曾经说过，这些从事贸易的洋人，多数都是不安分之辈，应该禁止他们入内。雍正采取了许多限制措施，并把大批西方传教士驱逐出境。

到了乾隆时期，西方民主化更加高涨。清朝统治者视民主思想为洪水猛兽，又觉得能够自给自足，于是进一步实行闭关锁国政策。1757年，乾隆下令，关闭江南、浙江、福建等地的海关，只留广东一地进行通商，这就是著名的"一口通商"政策。

清朝的闭关锁国政策，虽然没有完全切断与外界的联系，但只保留"一口通商"，而且设置了许多限制，实际上等于关上了国门，后果十分严重。

第四，行动上压制先进文化和技术。清朝统治者为了维护封建统治，一方面关上国门，防止先进文化和技术进入；另一方面对国内的先进思想和文化进行严厉打击。因此，在康乾时期，出现了大量文字狱，形成了万马齐喑的政治局面。

清朝统治者不仅对国内知识分子进行打击迫害，对外国传教士也不放过。明末的时候，意大利传教士利玛窦奉命到中国传播天主教，到雍正时期，全国教徒已发展到三十万人。传教士大多数是西方人，清朝统治者担心对自己不利。1724年，雍正下令，将在华的五十多名传教士，连同五位主教驱逐出境。1732年，雍正再次对传教士进行清理，又驱逐了三十五人。

清朝统治者为了维护统治，对先进思想和文化进行打压，尚可以理解，但他们对西方的先进技术也不接受，认为是"奇技淫巧"，同时对本国的发明创造予以压制，这就令人不可思议了。

中国人聪明智慧，不断进行发明创造。在康熙时期，杭州人戴梓发明了连珠铳、冲天炮等先进武器，连珠铳能连发二十八颗子弹，威力巨大。朝廷不仅不予重视，反而说他"私通洋人"，将他流放致死。民间工匠黄异人发明了机械人，也遭禁锢。

由于清朝统治者妄自尊大，故步自封，闭关锁国，没有跟上世界潮流，使中国落后于时代，陷入被动挨打境地，逐步沦为半封建半殖民地社会。

# 马戛尔尼访华

在乾隆时期，中国外交史上发生了一件大事，就是马戛尔尼访华。这本来是中西交流的重大机遇，也是一次向西方学习先进技术的好机会，却被乾隆皇帝拒绝了。

乾隆时期，英国的全称叫大不列颠王国。英国经过文艺复兴、资产阶级革命和光荣革命，废除了封建专制，于1688年确立了君主立宪政体，走上了资本主义道路。那一年，是康熙登基二十七年、亲政十九年。康熙正在全力加强中央集权，推进皇权至上。

英国实行资本主义以后，通过野蛮掠夺，完成了资本原始积累，然后进行工业革命和科技革命，是世界上第一个实现工业化的国家。新的生产关系和生产方式，使得英国迅速强大起来，不断对外进行殖民扩张，形成了号称"日不落"的强大帝国，称霸于世界。

在乾隆时期，英国正处于工业革命过程当中，尚未形成"日不落帝国"，但已经十分强盛了。英国需要扩大对外贸易和向外扩张，便把目光瞄向了有着偌大市场的中国。

中国是个大国，人口众多，实力强盛，英国当时还不具备武力征服的能力，只能通过贸易和合作的方式，希望打开中国市场的大门。于是，英国政府任命马戛尔尼为全权特使，率领一支庞大的使团，以庆贺乾隆皇帝八十大寿的名义，到中国进行访问。

马戛尔尼时年五十六岁，是英国近代著名政治家、外交家。他曾率团访问过俄国，当过加勒比群岛总督、印度马德拉斯总督，阅历和经验都很丰富。

1792年九月，马戛尔尼率领一支七百余人的使团，携带六百箱珍贵礼物，从英国出发，乘船经大西洋、印度洋至中国南海，然后由浙江、山东沿海北上。

1793年八月，马戛尔尼使团经过长途航行，到达天津白河口。英国船只巨大，只得换小船登岸，踏上了中国土地。

乾隆皇帝得知遥远的西方国家遣使祝寿，非常高兴，更加认为自己是天下老大。乾隆当时在承德避暑山庄，专门下诏，要求各地尽地主之谊，对使团予以热情接待，以展示天国之威。

马戛尔尼使团登岸后，经通州、北京等地，一路赶往承德。沿途官员不敢怠慢，最高长官都亲自出面接待，安排周全，仪式隆重，尽显大国风范。

马戛尔尼使团又走了半个多月，终于到达承德。乾隆派最信任的大臣和珅负责接待，并商议有关事项。

一切都在友好气氛中进行，不料，在马戛尔尼拜见乾隆时如何行礼问题上，却卡了壳。双方争执不下，搞得脸红脖子粗，僵持了好几天时间。按照乾隆的要求，马戛尔尼必须以臣子的身份，行三跪九叩大礼。英国对这一套封建礼节早就废除了，特别是英国与清朝是平等国家，如果行此大礼，会丧失国格。所以，马戛尔尼坚决不肯。

和珅犯了难，马戛尔尼死活不肯行大礼，总不能让他不见皇帝就回去吧；可他如果不行大礼，乾隆不答应。幸亏和珅头脑灵活，想了一些办法，双方调和，终于达成一致，让马戛尔尼见到了乾隆皇帝。

至于马戛尔尼见乾隆行的是什么礼，史书记载不一。多数史书说，马戛尔尼行了单膝下跪礼。有幅油画，画的就是马戛尔尼单膝下跪。也有史书说，马戛尔尼虽然没有三跪九叩，但却是双膝下跪。

有的野史记载得很有趣，说和珅为了打破僵局，糊弄乾隆说，洋人腿长，膝盖是直的，跪不下去。于是，乾隆皇帝格外开恩，免了马戛尔尼的跪拜大礼。

马戛尔尼见到乾隆后，献上了所带礼品。礼品很多，也很昂贵，有天文望远镜、地理测绘仪、新式步枪、最先进的炮舰模型，还有大量科技产品和新奇东西，总价值一万三千余英镑。马戛尔尼在挑选礼物时，也费了不少心机，想借机炫耀英国科学技术的先进。

见英国上贡了如此多的礼物，乾隆心里很高兴，也开了眼界，许多东西他都没有见过。不过，天朝上国岂能丢了脸面？乾隆不动声色，轻描淡写地说："你说的这些奇异之物，看起来很平常嘛，我天朝有的是。"这倒把马戛尔尼唬住了。

乾隆接着夸赞英国诚心可嘉，并回赠赏赐了大批礼物，无非是陶瓷、丝绸、茶叶之类，没有一件科技产品。

马戛尔尼献完礼物后，代表英国政府提出了关于通商的六项具体要求。一是在浙江、天津、宁波、舟山等地建立商埠；二是在北京设立货行；三是在沿海借一岛屿使用；四是在广州租一块地方；五是免除澳门至广州的商税；六是降低英国商品的税率。

乾隆一听，心中大恼。原来这洋人不是来祝寿的，而是另有所图。马戛尔尼提的这些条件，与清朝闭关锁国政策完全不符，大相径庭。于是，乾隆沉下脸来，不假思索，一口回绝，而且不予谈判。

英国政府提的条件，确实有不合理的地方，但这可以通过谈判来解决。同时，清朝政府也可以向英国提出有利于自己的要求，实现双方合作双赢。可是，乾隆却断然拒绝，并且不留回旋余地，表明乾隆仍然坚持闭关锁国政策。

彼得大帝为了向西方学习，竟然化名冒充普通人；而对于送上门来的机会，乾隆却轻易放弃了。可见，两个人的眼界胸怀，不在一个水平线上。

马戛尔尼满怀希望，乘兴而来，没想到碰了一个硬钉子，只得扫兴而归。英国使团沿京杭大运河南下，抵达杭州，在游览了大半个中国以后，从广州乘船回国。马戛尔尼回国后断言，清朝必然衰落。

英国使团经历两年多时间，往返数万里，却没有叩开中国市场的大门，无功而返；清朝政府白白失去了一次学习合作的好机会，继续闭关锁国，使得国力日渐衰弱。

英国见无法通过贸易和合作的方式叩开中国大门，后来就直接用大炮说话了。

# 由盛转衰嘉庆帝

在乾隆晚期的时候，出现许多弊政，社会矛盾开始尖锐起来。乾隆去世以后，清朝进入嘉庆时期。嘉庆皇帝虽然很努力，但他能力平庸，缺乏魄力，难以解决各种矛盾和问题，大清王朝便由盛世进入衰落时期。

嘉庆生于 1760 年，是乾隆第十五子。母亲是令妃魏佳氏，生皇子后晋升为皇贵妃。乾隆有十七个儿子，其中有两个嫡子。嘉庆既不是嫡子，又排行在后，按说难与皇位有缘，可命运却偏偏眷顾了他。

乾隆在最初考虑继承人的时候，也确实没有把嘉庆列入范围。乾隆与皇后富察氏感情深厚，富察氏生有两个嫡子，乾隆打算把皇位传给嫡长子。乾隆登位不久，就通过秘密立储的方式，把嫡长子永琏的名字写到传位诏书上。不料，永琏九岁时死了，乾隆只好又立嫡次子永琮为皇太子。可是，永琮不久也死了。皇后富察氏连失二子，悲伤过度，很快病逝了。

乾隆十分悲痛，此后很长时间没有再立太子。乾隆皇帝高寿，大多数儿子都死在了他的前头，到他年老时，身边只剩下排行在后的几个儿子了，并且全是庶子。

1773 年，乾隆皇帝已经六十三岁，立太子的事情不能再拖了，于是选中十五子颙琰为继承人。颙琰就是嘉庆皇帝，时年十四岁。

嘉庆性格内向，忠厚老实，做事规规矩矩，特别孝顺，但缺少主见，才能一般。乾隆其实对他并不是十分满意，但相比之下，他比其他的儿子还强一些。

1796 年，乾隆已经八十六岁、当皇帝六十年，他不好意思超过祖父康熙，便把皇位让给嘉庆，自己当了太上皇。嘉庆此时三十六岁。

嘉庆虽然当了皇帝，但只是挂名的，大权仍然在乾隆手里攥着。嘉庆年号仅是对外，对内照旧使用乾隆年号。任免官员、批阅奏折、处理国政等大事，依然由乾隆说了算。上朝时，乾隆端坐中间，旁边站着和珅当翻译，嘉庆皇帝只能像木偶一样坐在一旁。

嘉庆十分孝顺，对乾隆唯唯诺诺，百依百顺，他的主要任务，是天天陪着父亲，照顾他的生活。嘉庆每天一大早就去请安，然后陪着父亲吃早饭。乾隆年纪大了，吃不了几口就放下筷子，嘉庆便不敢再吃了，时常饿着肚子。

1799 年，八十九岁的乾隆终于寿终正寝，嘉庆皇帝开始亲政。嘉庆亲政不到一个月，就除掉大贪官和珅，似乎显得英武果断，朝廷为之一振。可是，嘉庆只干了这一件漂亮事，以后就难有作为了。

不是嘉庆不想有作为，他十分勤政，每天天不亮就召见朝臣，处理国政，晚上批阅奏折，也不喜好女色声乐，一心想把朝廷的事情办好。可是，乾隆后期遗留的问题太多了，隐患逐渐显现出来，大事祸事不断，嘉庆皇帝能力有限，顾此失彼，应付不过来。

嘉庆皇帝第一个头疼的大事，是楚川地区的白莲教起义。白莲教起义在乾隆晚期就开始了，后来声势越来越大，主要活动在湖北、四川、河南、陕西等地，严重威胁着清朝的统治。嘉庆皇帝从十六个省调集大批军队，用了九年时间，花费两亿两白银，费了九牛二虎之力，才把起义镇压下去。

刚平定了白莲教起义，北京、直隶、山东、河南一带，又发生了天理教造反，也是人多势众，四处闹事。一批天理教教徒甚至混进北京城，攻打皇宫，引起天下震动。嘉庆皇帝再次调兵遣将，又费了不少劲，才平息了事端。

两次大规模起义，在全国造成重大影响，严重冲击了清朝统治，造成政局动荡，人心散乱。朝廷为了镇压起义，花费了大量人力物力，财政亏空，国力明显衰落下去。

不仅国家连出大事，嘉庆自己也遭厄运，差点被人刺杀。凶手胆大妄为，竟敢在光天化日之下入宫行刺，差点要了嘉庆性命。更让嘉庆忧郁的是，竟然搞不清楚全部案情，使得这桩天大的刺杀案变得稀里糊涂。

史学界一般认为，嘉庆皇帝是一位勤政但平庸的天子，他与父亲、祖父相比，既没有政治谋略和进取精神，也缺乏治国才能和气魄，清朝不可避免地从盛世走向衰落，嘉庆扮演了大清王朝由盛转衰的历史角色。

不过，清朝在乾隆晚期以来，已是弊端丛生，露出衰败迹象，清朝由盛转衰已是大势所趋、历史必然，非人力所能为之，并不是完全由嘉庆造成的。

嘉庆皇帝也做过一些有益的事情。他基本结束了文字狱，减轻对知识分子的迫害；重视治河，兴修水利，发展农业生产；比较关注民生，尽管国家财政困难，仍然经常减免税赋，及时赈济灾民。

嘉庆皇帝能够维护国家主权。英国在乾隆时期没有叩开中国市场大门，仍不死心，尝试采用武力手段。1808 年，英国派六艘兵舰入侵广东一带，英军数百人公然登岸，占据了澳门。

两广总督吴雄光、广东巡抚孙玉庭表现怯懦，处置不力。嘉庆皇帝得知以后，果断令清军封锁水路，断绝英军粮食供应，将英军驱逐出去，同时将吴雄光、孙玉庭革职。清朝态度强硬，英国没敢扩大挑衅。

在雍正时期，英国就开始在商贸活动中向中国输入鸦片，数量逐渐增多。嘉庆皇帝下令，禁止鸦片入境，抑制了鸦片泛滥。

嘉庆皇帝依然以天朝上国自居，将安南改为越南，名称一直沿用至今。嘉庆继续坚持闭关锁国政策，拒绝英国提出建立外交关系的要求，甚至驱逐英国使团。此时，英国工业革命已经几十年了，但嘉庆仍然实行重农抑商政策，压制工业发展，禁止开采矿山，使得清朝国力与西方的差距越来越大。

嘉庆皇帝在位二十五年，亲政二十二年。在他执政的二十多年间，清朝大事不断，厄运连连，矛盾丛生，国力减退。嘉庆能力平庸，无法解决这些问题，虽然天天忙于政务，却无可奈何花落去，眼睁睁地看着大清朝一天天衰落下去。

大清王朝没有跟上世界潮流，它的衰落是历史的必然。

# 白莲教起义

　　乾隆晚期，社会矛盾尖锐，在楚川一带发生白莲教起义。嘉庆亲政后的第一件大事，就是全力镇压这次起义，以维护其统治。

　　白莲教是长期流传于民间的一种宗教结社，渊源于东晋佛教的净土宗，后来形成了白莲教。白莲教崇奉弥勒佛，敬奉祖先，希望实现净土。其教义简单，符合民众愿望，教徒不用出家，与平常人一样，因而发展很快。

　　白莲教在历史上发挥过重要作用，元末农民大起义，就是白莲教首先发动的，红巾军的首领和重要成员，大多是白莲教教徒。白莲教对推翻元朝起了关键性作用。

　　朱元璋建立明朝以后，忌惮白莲教势力，禁止白莲教发展。白莲教受到压制，发展缓慢，并且转入地下活动。明朝虽然发生过唐赛儿、蔡伯贯等几起白莲教起义，但规模不是很大，陕西农民大起义，也没有利用宗教的形式。

　　清朝统治全国以后，实行文化专制，大兴文字狱，残酷打击迫害知识分子，但对宗教缺乏重视，使得白莲教发展壮大起来。白莲教宣扬弥勒佛将改造天下，宣传"有患相救，有难相死"的平等互助思想，这对于广大贫民，尤其是流民来说，有着很强的吸引力，因而白莲教组织在贫困地方遍地兴起。

　　乾隆晚期，土地兼并严重，大批无地贫民流离失所。楚川地区过去人烟稀少，许多流民逃难而来，寻求活路，这一带很快成为流民聚集地。可是，这里的资源也是有限的，大量流民涌入，再加上官府的剥削压迫，人们陷入了饥寒交迫的困境。绝望中的流民，便成了白莲教传播的最佳对象。

湖北、四川两省路途遥远，地形复杂，朝廷的控制力不强，驻军数量也不多。由于远离朝廷，两省官员贪污腐败、欺压百姓十分严重。民众活不下去，自然酝酿反抗。白莲教经过多年活动，在这里已经形成了很大势力。

1796 年，湖北各地的白莲教首领秘密聚会，商议发动起义，让教徒们各自准备刀枪等兵器。不料，消息泄露，朝廷下令抓捕白莲教教徒，大批教徒被捕遇害。

湖北宜都、枝江一带的白莲教首领张正谟、聂杰人等人奋起反抗，以"官逼民反"为号召，率先举起起义大旗。紧接着，襄阳地区白莲教首领王聪儿、姚之富也聚众起义。

王聪儿是中国历史上著名女英雄，她有勇有谋，武艺高强。她的起义军后来发展到十万多人，纵横驰骋于湖北、四川、陕西、河南四省，给清朝统治者以沉重打击。王聪儿后来不幸牺牲。

湖北的白莲教起义了，四川的白莲教也不甘落后，在首领王三槐、徐天德带领下，纷纷举行暴动。河南、陕西一些地方的白莲教组织群起响应。起义者都是缺衣少食的贫民，他们喊着"穿衣吃饭，不分你我"的口号，打开官府、富人的粮仓库房，将粮食和财富分给穷人，得到百姓热烈拥护。

当时，乾隆已经八十六岁了，依然死攥着权力不放，朝廷政务仍然由他决断。嘉庆缺乏进取精神，甘愿当傀儡。和珅趁机擅权，朝廷政务实际上控制在他手里。

楚川民变的消息传到朝廷，嘉庆、和珅急忙去奏报乾隆。乾隆嘴里呜呜呀呀地说了半天，嘉庆一句也没听清楚，只有和珅明白。于是，和珅按照他理解的乾隆旨意，调兵遣将，部署平叛，并任命自己的亲信福长安为平叛总指挥。

清军首先攻打湖北的起义军。起义军都是刚聚集起来的普通百姓，武器又简陋，难以抵挡。于是，起义军不与清军硬碰，而是分散流动，打游击战，也有几支起义军被消灭。湖北起义陷入低潮，但在四川、陕西等地，起义军依然活跃。

和珅、福长安冒领军功，说已经平定了叛乱。乾隆大喜，加封福长安为一等侯爵，和珅晋升为公爵。

嘉庆亲政以后，除掉和珅，将福长安下狱夺爵。此时，白莲教起义已经如火如荼，遍及鄂、川、陕、豫、甘五省，拥有数十万人。嘉庆把镇压起义不力的责任推到和珅头上，说他欺罔擅专，虚冒功绩，坐糜军饷。对此，和珅并不冤枉。

尽管把责任推到和珅头上，但对于愈烧愈旺的起义烈火，嘉庆还是要想办法尽快扑灭，这是他亲政后面临的头等大事，也是最头疼的问题。

嘉庆调兵遣将，从十六个省调来数十万清军，对起义进行残酷镇压。嘉庆对领兵将领要求严格，对作战不力者予以处罚。有史料说，嘉庆先后惩罚了二十三个二品以上的官员。

嘉庆也追究激起民变官员的责任。湖北武昌知府常丹葵、四川达州知州戴如煌等一批地方官员，不恤百姓，贪赃枉法，欺压良民，造成官逼民反，结果被革职下狱，这在一定程度上缓和了民众情绪。同时，清朝对起义军实行招抚政策，分化瓦解，也起到了重要作用。

满洲八旗军经过一百多年的养尊处优，已经变成老爷兵，失去了当初的战斗力。嘉庆只好重用汉人武装，晓谕各州县大办团练，依山隘寨堡，扼守要道，坚壁清野，给起义军造成很大困难。在平定白莲教起义中，汉人武装立下汗马功劳，其首领杨遇春战后升任陕甘总督，杨芳升任甘肃提督。

白莲教起义军都是贫苦农民，没有远大目标和政治纲领，也没有统一领导和严格纪律，并且采取流寇式作战方法，没有根据地，难以长期与朝廷对抗，最终必然会失败。到1804年，各地起义军被清军各个击破，白莲教起义终被平定。

白莲教起义虽然失败了，但坚持斗争九年之久，在全国造成重大影响，动摇了清朝统治基础。起义军奋勇作战，杀死提督、总兵等高级将领和二品以上官员二十余人，斩杀中级以上武官四百多人，消灭了大量清军，重创了清朝的军事力量。清朝为镇压起义，花费了两亿两白银，相当于全国三年财政收入的总和，使国库为之一空，国力明显衰弱。

　　白莲教起义，是清朝中期规模最大的一次农民战争，是清朝历史上的重大事件。白莲教起义，标志着康乾盛世彻底终结，清朝进入衰落时期。

　　然而，清朝已处于多事之秋，白莲教起义被平定不久，又爆发了天理教起义，而且一部分教徒打进皇宫，震惊了天下。

# 天理教造反

在白莲教起义不久，河南、山东、直隶等地又爆发了天理教造反。天理教暴动没有白莲教起义规模大、时间长，但却影响巨大，天下震惊，因为一部分天理教教徒攻进了神圣的北京紫禁城，造成严重后果。

天理教是清朝时期兴起的一个宗教团体，其来源说法不一。有人说，天理教又叫八卦教，是白莲教的一个支派；有人说，天理教是红阳教、白阳教、青阳教等教徒聚合而成。天理教以推翻清朝统治为目的，是一个秘密反清组织，入教者要交纳一定数量的财物。

天理教的主要首领，是河南滑县人李文成、冯克善和北京大兴人林清等人。这些人都是贫苦出身，对清朝统治者怀有仇恨，也有野心，于是积极发展教徒，重点吸收对满族统治心怀不满的人。清朝统治者对宗教重视不够，乾隆晚期朝政又比较混乱，致使天理教很快发展起来，在河南、山东、河北、北京等地拥有数万教徒，形成了不小的势力。

1812年，李文成、林清、冯克善、徐安国等天理教首领，在河南道口秘密召开会议。首领们认为，经过白莲教起义打击，清朝统治已经衰弱，决定各地做好起义准备，第二年九月十五日，河南、河北、山东、北京等地六十四个县的教徒同时暴动，攻占北京，夺取政权。会议还确定，起义成功之后，拥立李文成为天王，统治天下。

道口会议之后，各地天理教首领们积极筹备起义。李文成在河南联络了大批教徒，把起义口号定为"奉天开道"，联络暗号为"得胜"，以白旗做标志，起义者皆用白布裹头缠腰。林清在北京做攻击皇宫的准备，已经约好宫中太监为内应。徐安国在山东金乡、曹县、定陶、德州等地，也联络了大批教徒。

天理教起义在秘密进行，但准备时间太长，难免走漏消息。在起义前夕，滑县官府把李文成抓了起来。滑县的教徒们为了营救首领，聚集数千人，打进监狱，救出李文成，提前举行了起义。

按照当初计划，李文成起义后，迅速率众北上，与林清会合，攻占北京。可是，清朝统治者已经有了防备，调集军队，挡住了李文成北上之路。李文成只好率众南下，与山东曹县、定陶一带的起义人员会合。

山东巡抚同兴得到天理教起义的消息，立即下令抓捕。曹县、定陶、金乡等地的教徒也被迫提前起义，攻占县城，杀死知县。不久，李文成率众赶到，一时间声势大振。李文成宣布自己为天王，下设地王、人王、元帅等，建立了政权。嘉庆皇帝令杨遇春、杨芳率军镇压，在山东、河南与起义军作战。

滑县等地提前起义，远在北京的林清并不知道，仍然按原计划发动暴动。林清事先派出数百名教徒，化装成杂耍艺人、商贩等进入北京城。北京城门守卫松懈，教徒们很容易就混了进去。

九月十五日，北京城内数百教徒同时发难。陈爽率一队人攻打紫禁城东门，陈文魁率一队人攻击紫禁城西门。没想到紫禁城守卫也很松懈，被教徒们轻易攻了进去。在太监的引领下，教徒们直奔皇宫，与宫中侍卫展开混战。经过激战，教徒们冲破隆宗门，直扑养心殿。

养心殿是皇宫中的重要建筑，自雍正以来，清朝皇帝多数在这里居住和进行日常活动。幸亏当时嘉庆皇帝不在宫中，如果嘉庆当了俘虏，后果不堪设想。

嘉庆不在皇宫，宫中自然没有重要大臣。负责守护皇宫的，是将领策凌。策凌是贵族出身，平时养尊处优，没有经历过这种场面，见教徒们呐喊杀来，吓得丢魂失魄，带头逃跑了。

宫中响起一片喊杀声，后宫嫔妃们一个个吓得花容失色，瑟瑟发抖。谁也没有想到，也没有听说过，暴徒会打到皇宫里来。

在这危急时刻，皇后钮祜禄氏起了关键性作用。她是后宫之首，虽然也被吓得战战兢兢，但不得不出面应对危机。皇后一面传令，调健锐营、火器营官兵火速入宫平叛；一面把宫中的皇子皇孙们召集起来，准备抵御。

在皇子当中，绵宁（即位后改为旻宁）年龄最大，当时已经三十二岁。嘉庆已经以密建皇储的方式，立他为皇太子，只是绵宁尚不知道。绵宁后来继位，被称为道光皇帝。

绵宁见情况危急，只得带领皇子皇孙和身边侍卫，堵住皇宫大门，自己亲自提着一支鸟铳，准备迎敌。

不大一会儿，教徒们开始爬墙，有一人登上了墙头。绵宁举枪瞄准，一枪把他打落墙下；再有一人爬上墙头，绵宁又一枪把他打死。绵宁的行动，迟滞了教徒的进攻，赢得了宝贵时间。

在这千钧一发之际，健锐营、火器营一千多名官兵赶到，火铳弓箭齐发，教徒们死伤一片。剩下的教徒奋力拼杀，但终因寡不敌众，武器简陋，最后全部被杀。

嘉庆皇帝回到皇宫以后，加封绵宁为和硕智亲王，岁俸增加至一万两千两，并把绵宁使用的那支鸟铳赐名为"威烈"。嘉庆对暴徒攻进皇宫感到痛心疾首，对有关人员予以处罚，并颁发罪己诏，哀叹"汉唐宋明未有之变"。

林清见起义失败，只得潜逃，后被抓获，凌迟处死。李文成率部与清军激战三个多月，最终失败。冯克善、徐安国等首领或战死，或被俘遇害。李文成不愿受辱，举火自焚。

天理教起义虽然持续时间不长，但影响巨大，给了清朝统治者沉重一击。

后世对天理教起义评价不一。有人认为，天理教是民间秘密反清团体，不堪忍受压迫奋起反抗，其起义是反清义举，是清朝农民起义的重要组成部分；有人认为，天理教以敛财为目的，有些人想当皇帝想疯了，其暴乱对社会造成混乱和破坏。

不管天理教造反性质如何，后果是沉重打击了清朝统治，造成深远的社会影响，同时也暴露出大清王朝江河日下的颓丧之势。

# 稀里糊涂刺杀案

在嘉庆时期，大清王朝确实江河日下，再也没有了往日的辉煌和威风。庄严神圣的皇宫，不仅被天理教教徒轻易打了进去，而且嘉庆皇帝本人，也在宫中遇刺，差点丢了性命。真够窝囊的！

1803年的一天，风和日丽，阳光明媚。嘉庆皇帝心情好转，便决定由圆明园返回紫禁城，处理一些政务。嘉庆近日心情不好，龙体欠佳，在圆明园疗养了几天。

皇帝出行，自然是前呼后拥，光护军侍卫就有一百多人。陪同大臣有定亲王绵恩、固伦额驸拉旺多尔济、御前侍卫丹巴多尔济等人。

嘉庆按照惯例，坐马车从圆明园出发，进神武门后换乘御轿入宫。嘉庆一行走到皇宫御花园顺贞门时，突然，从墙角蹿出一个大汉，披头散发，手持短刀，向嘉庆御轿冲来。在场的众多护军侍卫被惊呆了，不知所措，竟然没有一人上前阻挡。

大汉几个箭步冲到轿前，御轿旁边的绵恩、拉旺多尔济、丹巴多尔济等人总算清醒过来，随即与大汉搏斗。轿子里的嘉庆吓得魂飞魄散，慌忙跳出轿子，向顺贞门内奔逃。大汉见嘉庆逃走，手舞短刀左扎右刺，一心追杀皇帝。这个时候，众多护军侍卫才明白过来，一拥而上，将大汉团团围住。大汉奋力拼杀，因寡不敌众，最终被擒。侍卫丹巴尔多济身中三刀，幸好没有伤及要害。

光天化日之下，在皇宫刺杀皇帝，这是大清朝建立以来第一次，在历史上也罕见，立刻震动了朝野。嘉庆皇帝惊魂未定，又恼又怒，令军机大臣会同刑部严厉审讯，一定要将此案查个水落石出。

刺客的身份很快查清楚了，他叫陈德，四十七岁，北京人。陈德出身很苦，父母都是官奴，他出生后也当官奴。陈德父母死了以后，他无依无靠，只好投靠表姐家。好在表姐对他不错，让他学会了厨师手艺，后来又帮他娶了媳妇，生下两个儿子。

陈德的生活稳定了几年，虽然日子很苦，但勉强能够维持生计。不料，从前年开始，陈德厄运连连，先是他的媳妇死了，岳母瘫痪，后来他唯一的亲人表姐又病故。一连串的打击，使得陈德有点神情恍惚。雇主孟明不仅不予同情，反而狠心将他辞退。

陈德失了业，断了生活来源，家里有两个未成年儿子，还有一个瘫痪老人，生活难以维持。陈德每天四处找工作，可毫无结果，只好靠借债和变卖东西糊口。不久，陈德家里东西卖光了，并且负债累累，陷入绝境。

陈德在供词中说："我走投无路，不想活了。本想自寻短见，但觉得无人知晓，岂不枉死？听街上人说，皇上今日回宫。我以前当官奴时，到过皇宫，认得路径，便进入宫中，想惊动圣驾，被乱刀砍死。这样，既出了名，也死得痛快。"

审讯官听了，根本不相信，逼问他受谁指使，有何同党。陈德坚持说，就是他一人所为，没有同党。审讯官动了大刑。陈德在受刑中间，迷迷糊糊地说了一句："如果事成，你们所坐的位子，就是我的。"

当时，社会矛盾复杂，政局动荡不安，白莲教起义尚未平定，各种反清组织活动猖獗。审讯官认为，陈德一定是受某个反政府组织所派，背后肯定大有来头。可是，用尽了各种酷刑，陈德就是不说。

后来，陈德在酷刑之下，开始胡言乱语，说他曾经做了个梦，梦见自己穿上龙袍，当了天子，于是进宫刺杀当今皇帝。陈德的行为也有些疯疯癫癫了。

审讯官连审数日，用尽各种办法，始终没有问出背后的主使人。嘉庆没有办法，只好下令处死陈德，不再牵连别人。于是，这桩惊天大案，就这样稀里糊涂地结案了。

关于陈德之死，有的史书说，陈德被凌迟处死，他的两个未成年的儿子一同被杀；有的史书说，陈德是被绞死的，两个儿子被流放。

嘉庆十分恼怒，处罚了护军统领阿合保和看守宫门失职者共六十多人。此后，皇宫加强了戒备。

后世对嘉庆遇刺案议论纷纷，提出许多疑问。一是陈德厌世杀人是有可能的，但他应该去杀与自己有直接仇怨的人，比如孟明，而不是皇帝。二是陈德埋伏的时间、地点十分合适，是谁给他提供的准确信息？三是皇宫森严壁垒，陈德是怎么进去的？四是御前侍卫丹巴多尔济是宫中数一数二的高手，却被陈德连刺三刀，表明陈德不是平凡之人。

所以，嘉庆遇刺案，也成了清朝历史上一大谜团。

# 丧权辱国道光帝

1820 年，嘉庆皇帝病逝，享年六十岁，在位二十五年，庙号仁宗。旻宁继位，成为清朝历史上第八位皇帝，年号道光。

道光继位时三十九岁，年富力强，本应该大有作为，可他与父亲嘉庆一样，能力平庸，对江河日下的局势无能为力。在此期间，爆发了震惊中外的鸦片战争，西方列强用大炮轰开了中国大门，使中国开始沦为半封建半殖民地社会。道光成了中国近代历史上第一个签订丧权辱国条约的皇帝。

道光于 1782 年出生，母亲喜塔腊氏是嘉庆的结发妻子，被封为皇后，因此，道光属于嫡长子。喜塔腊氏病逝后，嘉庆又封钮祜禄氏为第二任皇后。

道光从小聪明伶俐，学文习武，深受爷爷乾隆喜爱。道光十岁时，曾跟随乾隆打猎，亲手射杀一鹿。乾隆大喜，赐给孙子黄马褂、花翎。

1799 年，嘉庆亲政以后，按照密建皇储制度，把旻宁的名字写到传位诏书上，一份藏在乾清宫正大光明匾额的锦匣之内，一份贴身保存。当时，道光十八岁。

1803 年，天理教造反，教徒们攻进紫禁城。嘉庆皇帝不在宫中，皇后钮祜禄氏组织皇子皇孙们进行抵御。旻宁临危不惧，手提鸟铳，亲自击毙两名教徒，迟滞了教徒进攻，为援军到来赢得宝贵时间。事后，嘉庆封旻宁为和硕智亲王，并称赞他忠孝兼备。

1820 年七月，嘉庆皇帝去热河秋狝，旻宁及众大臣跟随。当时嘉庆六十岁，身体很好，头一天还去城隍庙进香，又到永佑宫行礼，不料第二天夜里突然暴亡。史学界一般认为，嘉庆是死于心脏病或脑溢血之类的突发疾病，排除被谋杀的可能。

嘉庆死得急，没有留下遗诏。《清史稿》记载，嘉庆驾崩后，道光和众大臣当天就护送灵柩急速回京，然后打开正大光明匾额的镌匣，宣布由旻宁继位。于是，旻宁在太和殿登基。也有史书说，嘉庆驾崩后，众人找到他随身携带的密诏，宣布由旻宁继位。其实，这并不矛盾，两份密诏都要看，而且内容一致才行。

不过，也有史书说，当时并没有找到嘉庆皇帝的传位诏书，因而宫中有些慌乱。这个时候，又是皇后钮祜禄氏出面稳定了局势。钮祜禄氏颁布懿旨，由旻宁继位。所以，道光对钮祜禄氏十分感激，此后母子关系甚好。皇后懿旨指定皇帝的做法，不符合清朝皇帝继承制度，因此，后世对道光继位也存在争议。

从当时情况看，嘉庆皇帝去世时，活着的儿子只有四个，旻宁年龄最大，又是嫡长子。他下边的老二、老三，都是皇后钮祜禄氏生的，一个二十六岁，一个十六岁。老四是妃子生的，只有七岁。所以，无论从哪个角度说，由旻宁继位，都是正常的，不应该存在争议。

道光登基的时候，清朝依旧弊端丛生，继续衰落。道光很想有所作为，他像父亲一样，勤于政务，厉行节俭，不好女色声乐。可惜，道光也是能力一般，因循守旧，缺乏改革创新精神，性格上又缺少主见，时常反复，因而无法遏止清朝下滑的脚步。

道光上台以后，觉得军机大臣们多数年老，于是更换了一批。可是，道光皇帝没有用人之明，他重用的曹振镛、穆彰阿、琦善等人，都是平庸之辈，奉行"多磕头，少说话"的处世之道，只知道墨守成规，得过且过，毫无建树和作为。

道光也想纠正陋规，整顿吏治。嘉庆时期，陈规陋习不少，贪污腐败严重。道光执政仅有半月，就下旨清查陋规。可是，道光只是说说而已，并没有采取有效措施认真治理，致使各种弊政和腐败现象更加严重。

道光在任期间做出的重要功绩，是平定了张格尔叛乱。张格尔是新疆伊斯兰教白山派的首领，素有政治野心。1820 年，张格尔在南疆发动叛乱，遭到清军镇压。张格尔带残兵败将逃出境外。

英国殖民者数次想打开中国大门，均未奏效，但贼心不死，依然对中国虎视眈眈。英国见清朝发生张格尔叛乱，觉得有机可乘，于是为叛军提供武器装备，还派出教官，帮助组织训练军队。在英国支持下，张格尔势力迅速扩大。

1826 年，张格尔在英国教官协助下，率军入侵南疆，在占领南疆后，继续向北疆进兵，并煽动民族情绪，企图将新疆从中国分裂出去。

道光皇帝大怒，立即调集吉林、黑龙江、陕西、四川、甘肃五省的清军，由陕甘总督杨遇春、甘肃提督杨芳等人率领，入疆平叛。在当地维吾尔族民众支持下，经过一年多战斗，消灭了叛军，平息了叛乱，张格尔被擒处死。

平定张格尔叛乱，粉碎了英国殖民者企图分裂新疆的阴谋，稳定了边疆局势，维护了国家统一和领土完整，道光皇帝对此功不可没。

英国企图扶持张格尔分裂新疆的阴谋破产，仍不甘心。此时，英国已经实现了工业化，成了世界第一强国。由于英国实行对外扩张政策，领土面积扩大了一百多倍，达到三千三百多万平方千米，相当于三个清朝，控制的人口约五亿人，被称为"日不落帝国"。英国已经拥有了铁路、军舰和大量先进武器，实力远非清朝可比。于是，英国准备采用武力手段，打开中国这个巨大的市场。

1832 年，英国商船再次进入中国海域，而且不遵守清朝律令。道光皇帝依然实行闭关锁国政策，不与英国进行贸易，下令将英国商船驱逐出境。

1834 年，英国第一任驻华商务总监律劳卑，率三艘军舰抵达广州，态度傲慢，要求会见两广总督。清朝对英国支持张格尔叛乱十分反感，拒绝会见。律劳卑实际上是海军出身，他下令炮击虎门，造成历史上西方列强首次入侵中国的军事行动。

虎门清军被迫还击，双方炮战持续了三十多分钟。结果，虎门炮台大部分被摧毁，清军官兵死伤严重，而英军只死三人、伤五人。

律劳卑更加嚣张，率军舰驶入中国内河长江，抵达黄浦。清朝大为紧张，立即将十二艘大船沉于江底，堵塞水道，又调集二十八艘战船，迎战英国军舰。律劳卑见势不妙，只好退出长江，回到海上，并登陆澳门。

正当律劳卑谋划进一步进攻的时候，老天却来帮助清朝了。律劳卑因不服水土，染上疟疾，一命呜呼，时年四十七岁。律劳卑死后，葬在澳门。英国政府花了五百英镑，从伦敦运来一块"律劳卑纪念碑"。该碑目前存于香港历史博物馆，成为英国殖民者侵略中国的罪证之一。

律劳卑在临死之前，向英国政府建议说，要想打开中国市场，只有通过战争，并建议先占领香港，赤裸裸地暴露了侵略者的嘴脸。

虎门炮战之后，清朝加强了海防防御，增加军力，整饬水师，扩建炮台。水师提督关天培奉命增修广州炮台，准备保卫国家领土。

有些人认为，是林则徐禁烟，销毁了英国人的鸦片，才引发了鸦片战争。其实，英国殖民者为了对外扩张，早就蓄谋已久，不管有没有禁烟，是一定要侵略中国的，中英之间的战争无可避免。

# 林则徐禁烟

林则徐，清代中期政治家、思想家、文学家，民族英雄。林则徐最令人敬佩和赞颂的是，他为了民族利益，以大无畏精神强制禁烟，销毁了大量害人的鸦片，展现了中国人的骨气和民族气节，成为进行爱国主义教育的光辉典范。

林则徐，生于 1785 年，福建侯官（今福州）人。林则徐的父亲叫林宾日，是一位私塾先生。

林宾日因屡次科考不中，便把希望寄托在儿子身上。林则徐四岁开始读书，六七岁就能作诗写文章，九岁时写出"海到天涯天作岸，山登绝顶我为峰"的佳句，震惊四座。

林则徐二十岁考中举人，但此后两次会考均名落孙山。林则徐性格倔强，并不气馁，第三次参加科考，终于在二十七岁时，考中二甲第四名，即全国第七，与当年的大才子纪晓岚名次相同，成绩相当不错。

林则徐考中进士，步入仕途，先后任翰林编修、江南道监察御史、浙江盐运使、江苏按察使、河南布政使、东河河道总督、江苏巡抚等职务。林则徐在任地方官期间，勤政爱民，政绩卓越，尤其在治理水利方面成绩显著，被誉为治水专家。

1837 年，林则徐在仕途上走过二十六年之后，升任湖广总督，成为朝廷重臣。此时，他五十二岁。

这个时候，清朝已经衰落，弊端丛生，尤其是鸦片泛滥，造成严重危害。鸦片是毒品，人吸了会上瘾，严重损害身体，直至死亡。

鸦片母体罂粟源于南欧及小亚细亚，后来被提炼制作成鸦片。英国殖民者出于不可告人的目的，在贸易活动中向中国大量输入鸦片。

鸦片危害极大，从雍正开始，清朝皇帝都主张禁烟。由于吸食者容易上瘾，民间需求量很大，再加上有高额利润，英国不法商人与清朝官员相勾结，鸦片屡禁不止，反而愈演愈烈。到道光时期，吸食鸦片已成为普遍现象，甚至在军队中也广泛流行。鸦片不仅损害人的身体，而且造成大量白银外流，清朝财力更加空虚。

林则徐深知鸦片的危害性，他在任江苏巡抚时，就大力禁烟，取得显著成效。林则徐多次向道光皇帝上书，大声疾呼，说如果不禁烟，用不了多久，国家既无可用之财，也无可用之兵，势必亡国灭种。林则徐说的是事实，于是，道光皇帝下了决心，任命林则徐为钦差大臣，到广东主持禁烟。

1839 年 3 月，林则徐到达广州。地方官员全来迎接，但对禁烟态度不一，多数表示支持，也有消极观望。两广总督邓廷桢坚定地支持林则徐，在禁烟中发挥了重要作用。

鸦片商人听说林则徐前来禁烟，忐忑不安，都躲在一边，悄悄观察动静。只见林则徐铿锵有力地宣布："本大臣奉旨禁烟，鸦片一日不绝，本大臣一日不回，誓与此事相始终，断无中止之理。"

鸦片商人们听了，心中恐慌，但仍存有侥幸心理。当地民众见林则徐态度坚决，不由得爆发出一片欢呼声。美国商人威廉·享德也在附近观望，他后来在回忆录中说，林则徐身体肥胖，上唇有浓密的黑短髭，下巴留着长髯，气度庄重，表情相当严厉。

林则徐先礼后兵，按照外交礼节，给英国政府写了一份照会，表明清朝政府禁烟的立场和决心，要求英国政府予以配合。林则徐在照会中义正词严地说："贵政府是知道鸦片危害的，不在本国种植，而在印度种植；不允许本国国民吸食鸦片，却向我国大量输入，岂不是要祸害我大清吗？"英国政府理屈词穷，没有回复。

林则徐下达命令，令所有鸦片商人，在三日内缴出全部鸦片，每斤鸦片给五斤茶叶做补偿，并写出保证书，今后不再从事鸦片生意，清朝政府保护他们其他的正常贸易。

在林则徐严令下，葡萄牙商人上缴了鸦片，并出具了保证书。林则徐发表声明，保证葡萄牙其他贸易不受影响。美国、荷兰烟商也想缴出鸦片，却被英国人制止了。英国烟商蛮横惯了，根本不听那一套。

林则徐立即召见英国商务总监义律，提出严正警告。义律态度蛮横，拒不服从。林则徐只好采取强硬措施，派兵包围了英国商行，不许进出，断绝通信，断水断粮。同时，邓廷桢下令封锁了广州海面。

没过几天，英国烟商就撑不住了，被迫缴出鸦片。义律不是商人，而是外交家和侵略者，他居心叵测，不让烟商把鸦片直接缴给林则徐，而是由他汇总起来，以英国政府的名义缴出鸦片。这样，本来是清朝政府与烟商个人的行为，就变成中英政府之间的行为了。义律此举，是为英国发动战争找借口。

林则徐查禁了外国烟商之后，又在民间进行缴烟，收缴烟膏四十六万多斤，烟枪四万二千多杆，并拘捕烟贩一千六百多人，依法予以惩处。

林则徐禁烟两个多月，取得辉煌成果，收缴鸦片二百三十七万多斤，其中绝大部分是英国烟商的。更重要的是，沉重打击了英国殖民者的嚣张气焰，大长了中国人的志气。在禁烟期间，广州民众奔走相告，欢欣鼓舞。

林则徐奏请道光皇帝同意，决定在虎门把鸦片全部销毁。1839年6月3日，林则徐在虎门搭建礼台，悬挂黄绫横幅，邀请外国领事、传教士、商人、记者参加，民众也可前往参观。人们兴高采烈，纷纷涌上虎门浅滩，到处是人山人海。

销毁鸦片不是放火焚烧，而是采取"海水浸化法"。在海边挖一大池，灌入盐水，将鸦片倒入池中，再投入石灰，石灰遇水则沸，鸦片溶解，之后再让池水流入大海，不留一点残余。随着池中白烟滚滚，民众欢声雷动。

虎门销烟，是中国人抵御毒品危害、维护自身权益的正义之举，维护了中华民族的尊严和利益，显示了中华儿女反对外来侵略的坚强意志。事后，《新加坡自由新闻》《澳门月报》等许多外国报纸，都给予积极报道和评价，在世界上引起很大反响。

英国殖民者狼子野心，侵略中国蓄谋已久，以禁烟事件为借口，依仗强大武力，对中国进行猖狂进攻。鸦片战争爆发了！

# 鸦片战争爆发

1840 年 6 月，英国殖民者以清朝禁烟为借口，依仗船坚炮利，悍然发动对中国的侵略战争。鸦片战争爆发。

林则徐在广东禁烟，影响了英国殖民者的利益，在英国引起轩然大波。英国国会经过讨论，决定采取军事行动，用武力征服中国。

英国政府调集军舰四十七艘，士兵四千多人，在海军少将懿律、商务总监义律率领下，浩浩荡荡杀向中国。

当时，英国拥有世界一流的海军，战舰中有几艘大型军舰，每舰装备七十四门大炮，威力巨大，还有运输船、医院船、测量船等，军事力量达到现代化水平。而清朝依然是木制船只，双方实力不成比例。

然而，中国人民历来不畏强暴，具有反抗侵略的优良传统。林则徐、邓廷桢、关天培等人为了防止英军入侵，已经做好了各种准备。英军到达广东后，遭到清军迎头痛击。英军大炮狂轰滥炸，虽然炮火厉害，却难以登陆。

英军见无隙可乘，便驶向东海，向北攻打定海。沿海一带除广东准备充分外，其他地方均防备松弛。英军攻占定海，大肆烧杀，然后，经东海、黄海一路北上，直抵天津。直隶总督琦善软弱无能，慌了手脚，与敌议和。英军提出条件，必须先惩办林则徐等人，再进行谈判。

北京城内的道光皇帝，听说英军打到了天津，顿时惊慌失措。投降派纷纷劝道光答应英军条件，以换取英军退兵。道光本来就缺乏主见，于是下诏罢免了林则徐、邓廷桢的职务，任命琦善为两广总督，请求英军撤回广东。英军恰遇疾疫流行，便撤兵南返。

琦善南下广州，与义律进行谈判。义律除要求开放口岸外，还提出割地赔偿等无理要求。琦善既不敢得罪英军，又不敢答应条件，只得虚以周旋，尽量拖延时间。

义律失去了耐心，决定使用武力，逼琦善屈服。1841 年 1 月，英军突然用大炮轰击清军船队和虎门的大角、沙角炮台，炸沉清军战船十一艘，将士死伤七百余人。

琦善被吓破了胆，只得让步，与义律签订《穿鼻草约》，将香港割让给英国，第二天，英军就占领了香港。《穿鼻草约》是琦善私自签订的，未经道光批准，也没有盖印，只是一个草约，不具法律效力。也有学者认为，《穿鼻草约》是义律假造的，琦善没有签订过。

林则徐被免职后流放新疆，他仍然不断给道光上书，指出英国殖民者的险恶用心和贪婪欲望，主张坚决给予反击，道光皇帝有点动心。这时，琦善擅自签约、英军占领香港的消息传来，道光大怒，将琦善革职问罪，决定与英军开战。

道光调兵遣将，派皇侄奕山、军机大臣隆文赴广东指挥作战。英军见道光变了态度，十分恼怒，立即下令进攻虎门炮台。广东水师提督关天培当时正在虎门，他虽然已经六十多岁了，但仍然身先士卒，与英军殊死搏斗，直至壮烈牺牲。守卫炮台的四百多名将士，全部为国捐躯。

1841 年 5 月，英军攻打广州，先用密集炮火猛轰，广州城陷入一片火海。随后，英军两千四百多人登陆，占领了城北高地和清军各个炮台。奕山也是一个软骨头，在城中竖白旗求和。经过谈判，奕山与英军签订了《广州和约》。

《广州和约》条款不多，但全是屈辱的不平等条约。一是清军从广州撤出，撤到六十英里以外；二是赔偿英军军费六百万元；三是赔偿英国商馆、商船的损失。英国殖民者侵略中国，还要中国赔偿英军的军费，真是赤裸裸的强盗逻辑。

英军经过近一年时间，相继占领了广州口岸和珠江口、香港、澳门、虎门等地，取得高额赔偿，获得巨大利益。然而，英国政府仍嫌获得的利益不够，撤了义律的职，改派璞鼎查为全权代表，进一步扩大对华侵略。英国政府增加军力，军舰达到六十多艘，兵力增至万人以上。

璞鼎查是老牌殖民主义者，曾参加对印度、阿富汗等地的殖民侵略，后来任海军中将，是首任香港总督。璞鼎查果然胃口很大，他来华以后，立即亲率三十七艘军舰北上，攻打厦门，占领了鼓浪屿；随后攻打浙江，攻占定海、宁波。各地军民进行顽强抵抗，定海总兵葛云飞及属下四千多名将士战死。英军也付出很大代价，英国政府再次增派军舰和兵力。

1842 年 5 月，英军从宁波出发，继续北犯，发起了吴淞之战。江南提督陈化成率军死守，决不后退一步，直至战死。经过激战，英军占领了长江口，随时可以溯江而上，切断京杭大运河，深入中国腹地，形势十分严峻。

1842 年 7 月，璞鼎查率七十六艘军舰、一万两千余名士兵，气势汹汹地扑向镇江。英军大发淫威，七百多门大炮一齐开火，向城中猛轰，犹如天崩地裂一般。镇江化为一片废墟，百姓死伤无数。

长江对岸的扬州居民，见状惊恐万分。绅商们凑了五十万两白银，派人送给英军，请求不要攻打扬州。其实，英军的目标是南京，并不在乎扬州，之所以集中炮火摧毁镇江，也是为了震慑南京。

1842 年 8 月，英军抵达南京，扬言要用大炮轰城，把南京夷为平地。道光皇帝已经被英军的炮火和嚣张气焰所吓倒，急忙派宗室耆英为钦差大臣，去向英军求和。

此时，英军已在军事上占据主动权，清朝政府处于不利境地，所谓求和谈判，实际上等于投降。

1842 年 8 月 29 日，在英国军舰上，中英签订了中国近代历史上第一个不平等条约——《南京条约》。《南京条约》共十三款，主要内容有：割让香港；赔款二千一百万银圆；五口通商；中国丧失关税主权和贸易主权。不久，英国又逼清政府签订附约，增加了领事裁判权、最惠国待遇等内容。

《南京条约》丧权辱国，举国震惊。耆英后来被咸丰皇帝处死。

鸦片战争对中国影响巨大，标志着中国近代史的开端。从此，中国逐步沦为半封建半殖民地社会，中国人民进入更加灾难深重的苦难历程。

鸦片战争告诫人们：在弱肉弱食的时代，落后就意味着挨打受辱，只有发奋自强，把国家建设得富裕强大，中华民族才有希望和前途，才能屹立于世界之林。

# 三元里抗英

在鸦片战争中，清朝政府腐败无能，丧权辱国，而英勇的中国人民却不畏强暴，奋起抗争，其中有个著名事件，是三元里抗英。

1841 年 5 月，英国进攻广州。奕山惧怕英军炮火，竖白旗求和，与英军签订《广州和约》，把广州拱手送给英国殖民者，清军撤到了六十英里之外。

英军获得胜利，得意忘形，为所欲为，经常到广州城外的村庄骚扰，烧杀抢掠，强奸妇女，无恶不作。英军士兵甚至挖开坟墓，掠夺墓中宝物。英国人自己写的史料说，有几个士兵轮奸了一名六十多岁的老太太，可见英军毫无军纪和人性。英军的暴行，激起民众极大愤慨。

三元里是广州城北的一个村庄，现在已处于广州市区，设置了街道办事处。三元里离广州城很近，英军时常前来作恶，村民饱受蹂躏。

5 月 29 日，有十多名英军士兵又窜到三元里抢劫骚扰。英军士兵闯进村民韦绍光家里，翻箱倒柜，抢掠财物。韦绍光是个老实农民，敢怒而不敢言。英军士兵抢了财物，又对韦绍光的妻子李喜起了歹心，向外驱赶韦绍光，要强奸他的妻子。

面对英军的兽行，再老实的人也会怒发冲冠。韦绍光拼命保护妻子，与英军搏斗，同时大声呼救。村民们闻讯赶来，一个个气炸了肺，平时对英军的仇恨顿时爆发出来，大伙一拥而上，七手八脚打死了几个英军士兵。剩下的几个英军士兵见势不妙，拼命逃窜了。

三元里村民打死了英军士兵，自知英军必来报复，于是自动聚集在三元古庙，商议对策。韦绍光依然气愤难平，涨红着脸说："事到如今，只能与洋鬼子拼了，打死一个够本，打死两个赚一个。"村民们一致表示赞同。

韦绍光让妇女老幼疏散到其他村子，把青壮年组织起来，人人手执刀矛棍棒，以庙中的七星旗为令旗，准备与英军拼命。

有人提议说，应该联络附近村子的人，各村之间沾亲带故，历来有互相帮助的传统，特别是他们都对英军恨之入骨。韦绍光觉得是个好办法，赶紧派人联络泥城、西村、萧冈等村庄。

萧冈村有个著名士绅，叫何玉成。何玉成考中过举人，后以教书为业。他为人豪放，仗义疏财，曾经组织过怀清社，维持社会治安，在当地很有名望。何玉成对鸦片深恶痛绝，对英军入侵、朝廷军队战败痛心疾首，如今见三元里有难，毅然挺身而出，决定组织乡民，抗击英军。

何玉成有很高的威望，学生又多，结果一呼百应，在一夜之间，就联络了周围一百零三乡的民众。民众早就痛恨英军的暴行，纷纷摩拳擦掌，参战热情十分高涨。

5月30日，英军果然前来报复。少校比彻（一译为毕霞）率数百英军，杀气腾腾向三元里扑来。突然，遍地锣声响起，声震云霄。大批民众手执锄头、铁锹、棍棒、刀矛，有的提着鸟铳和弓箭，漫山遍野，高声呐喊，像潮水般地从四面八方涌来。

英军士兵见了，一个个胆战心惊。比彻急忙下令，排成方阵，向民众射击。英军都是先进的火枪，射程远，威力大，民众虽然人数众多，但难以近身，有不少民众被火枪射倒。

何玉成知道英军火枪厉害，早就谋划好了对策，传令民众步步后退，把英军引诱到牛栏冈。牛栏冈是丘陵地带，地势高洼不平，树木茂盛，英军火枪的威力大减。民众一面用树木、高冈做掩护，一面用鸟铳、弓箭、飞刀击杀英军。

战至中午，突然天降大雨，老天爷来相助了。英军火枪遇水受潮后，有些就打不响了。民众精神大振，挥舞棍棒刀枪，与英军近身肉搏，造成英军很多伤亡。

英军被民众团团包围，陷入全军覆灭的境地。这时，英军四方炮台司令卧乌古得到消息，亲自率大批英军来援，经过一番激战，总算把剩余的残兵败将救了回去。

民众取得了战斗胜利。至于打死了多少英军，有几十人、二百人、七百人等不同的说法，连指挥官比彻也死了。英国人说比彻是自己在战场上突然病死的，谁信呢？

杀死英军多少人并不重要，重要的是沉重打击了英国殖民者的嚣张气焰，大长了中国人的志气。战后，何玉成挑选了一万五千多名青壮年，组成平英团，决心与侵略者战斗到底。

5月31日，何玉成指挥平英团，将四方炮台团团包围。大批民众依然主动前来参战，妇女们也组织起来，负责做饭送饭。何玉成打算将四方炮台的英军困死。

英军望着一眼看不到头的人群，惶恐不安，感受到中国人民的强大力量。英军对付不了民众，转而向清朝政府施压。清政府怕扩大事态，惹恼了英军，急忙派广州知府余保纯前去为英军解围。

余保纯找到何玉成，软硬兼施，一面赞扬他的爱国义举，授予他六品军功，并赠予奖匾；一面令他撤围，威胁他如不收兵，后果由他负责。何玉成无奈，只得下令，解除了对四方炮台的围困。何玉成后来任四川射洪知县，年老时退休回原籍，依然受到当地民众爱戴。

何玉成在撤围之前，向英军发出《申谕英夷告示》，警告说："若敢再来，不用官兵，不用国财，百姓自己出力，杀尽尔等猪狗，方消我各乡惨毒之害也！"

三元里抗英，是中国人民第一次自发组织的大规模抗击外国侵略的斗争，表现了中国人民不畏强暴、抵御外敌的爱国主义精神，名垂青史，令人敬佩。

# 改良先驱龚自珍

清朝统治者故步自封，没有跟上时代潮流，致使中国陷入落后挨打境地。然而，有许多有识之士，早就主张革除弊政，改良社会，龚自珍就是其中之一。

龚自珍，浙江仁和（今杭州）人，生于1792年，出身官宦世家。他的祖父龚禔身，是乾隆时期进士，官至内阁中书、军机处行走；他的父亲龚丽正，是嘉庆时期进士，官至江苏按察使。龚家不仅为政清廉，而且文学修养极高，包括龚自珍母亲段驯在内，都著有诗集、文集传世。

龚自珍受家庭熏陶，自幼苦读经史，擅长诗文，但他更喜欢研究问题，关注社会发展。龚自珍二十三岁时，著四篇《明良论》，公开抨击君权专制，阐述了对改良社会的政治见解。他的外祖父段玉裁阅后又惊又喜，认为他的见解，正中当今社会之要害。

龚自珍与其他文人学子一样，走参加科举考试之路，谋取功名。当时，科举考试盛行八股文，墨守成规，死板僵化，与龚自珍别具一格的见解不相符合，因此，龚自珍尽管早就考取了举人，但连续参加了六次会试，一直到他三十八岁时，才考中了进士。

这个时候，已是道光九年，康乾盛世早已荡然无存，社会矛盾尖锐复杂。龚自珍在策论中，揭露了弊政，提出改良社会主张。主考官曹振镛认为他激进，不列优等，不得入翰林，仍然担任内阁中书。龚自珍早在九年之前，就以举人身份当了内阁中书，如今考中进士，官职却没动。

龚自珍思想解放，见解新颖，与平庸保守的朝廷大臣格格不入，他又屡屡揭露时弊，遭到权贵打压，因此，龚自珍又在官场干了十年，始终得不到升迁。

1839 年，已经四十七岁的龚自珍对朝廷失望，愤而辞去官职，回到家乡。后来，龚自珍在江苏丹阳云阳书院执教，专注于作文写诗，通过文学形式表达自己的思想感情。

龚自珍具有忧国忧民情怀。他在诗中说："不论盐铁不愁河，独倚东南涕泪多。国赋三升民一斗，屠牛那不胜栽禾。"该诗揭露了清朝统治者不重视盐铁和水利，一味依赖漕运，加重民众负担等问题，表达了龚自珍对社会和民众的担忧。

龚自珍是中国改良主义运动的先驱人物。他清醒地看到清王朝已经进入衰世，是"日之将夕"，迫切需要进行风雷般的社会革新。龚自珍大胆批判封建统治的腐朽，深刻揭露封建社会的没落趋势，企盼改革风雷出现。

龚自珍有首著名诗作："九州生气恃风雷，万马齐喑究可哀。我劝天公重抖擞，不拘一格降人才。"该诗表现了龚自珍火一样的热情，他对死气沉沉的社会猛然一击，希望能够惊醒世人的沉梦，促进思想解放和社会变革。

龚自珍一生追求"更法"和"改图"。在社会发展上，龚自珍指出社会动荡的根源在于贫富不均、差距过大，主张抑富济贫，反对土地兼并；在人才方面，龚自珍认为最大的问题是学不致用，建议改革科举考试制度，培养"通经致用"人才；在哲学上，龚自珍提出人性"无善无不善""善恶皆后起"的观点；在史学和文学上，龚自珍呼吁"尊史""尊情"，强调诗与人为一。

龚自珍有着强烈的爱国主义思想。他与林则徐、魏源是好朋友，坚决支持林则徐禁烟，并建议林则徐加强军事设施，做好抗击英国侵略者的准备。鸦片战争爆发之后，龚自珍悲愤不已，他向江苏巡抚梁章钜写信，要求上战场杀敌。

1841 年 9 月，龚自珍的请战书发出不久，却突然在丹阳去世，享年四十九岁。

关于龚自珍之死，有许多说法。比较普遍的说法是，龚自珍得急病而死。有的野史说，龚自珍与清代著名词人顾太清关系密切，顾太清的丈夫是乾隆的曾孙奕绘，奕绘倚仗权势，毒死了龚自珍。后来，有人把这一情节虚构夸大，写进了小说，结果影响广泛。可是，奕绘早在1838年就去世了，怎么能毒死龚自珍呢？

龚自珍只活了四十九岁，却留下了大量传世之作，流传下来的文章有三百多篇，诗歌近八百首，后人辑为《龚自珍全集》。在龚自珍作品中，充满了鞭挞黑暗、追求"更法"的改良理想和斗争精神，给后世留下了宝贵的精神财富。

龚自珍被称为清代思想家、文学家，并被誉为改良主义的先驱者。龚自珍为推动思想解放和社会变革付出了不懈努力，值得后人敬仰和学习。

# 魏源睁眼看世界

在道光时期，有许多有识之士，除了像龚自珍那样主张改良社会以外，还建议学习西方的先进技术，魏源就是其中之一。

魏源，生于 1794 年，湖南邵阳人。他七岁入私塾读书，学习十分刻苦，小小年纪就经常读书到深夜。魏源十七岁考中秀才，二十九岁考取举人第二名。

魏源比龚自珍小两岁，两人同拜著名经学家刘逢禄为师，成了好朋友。刘逢禄对这两个学生青睐有加，不过，两人都关注社会问题，不适应科举考试，结果双双落第。刘逢禄为学生鸣不平，专门作《两生行》，从此龚魏齐名。

龚自珍侧重于研究国内问题，提出改良社会的主张。所谓改良，是指不采用暴力手段进行社会变革。而魏源眼界更宽一些，除了研究国内问题，也开始面向世界。

魏源与龚自珍一样，多次参加会试，均名落孙山。魏源一面继续准备参加会试，一面做些实际工作。他受江苏布政使贺长龄之聘，参加编撰《皇朝经世文编》，后又参与漕运、水利等事务。在此期间，魏源与时任江苏巡抚的林则徐成了好朋友。

鸦片战争爆发后，魏源义愤填膺，入两江总督裕谦府，作为幕僚，直接参加抗英战争。裕谦是杰出的爱国将领，他率清军与敌顽强搏斗，无奈实力悬殊，难以抗御英军。定海之战，总兵葛云飞及部下四千多将士全部战死，裕谦悲愤欲绝，跳入沉泮池自杀殉国。裕谦死后，魏源无奈离开了总督府。

魏源坚决反对英国殖民者入侵，对清朝政府的腐朽无能感到痛心。三元里抗英爆发后，魏源深受鼓舞，满怀激情地写下"同仇敌忾士心齐，呼市俄闻十万师""前时但说民通寇，此日翻看吏纵夷"的诗句，热情讴歌三元里人民的抗英斗争，愤怒谴责为英军解围的可耻行径。

魏源多次向朝廷上书，提出"义民可用"主张，建议利用人民群众的力量，抗击英国侵略者。魏源还提出诱敌深入策略，把侵略者诱入中国腹地，"设阱以待虎"。这些都是真知灼见，可惜清朝统治者并未采纳。

鸦片战争之后，许多知识分子在悲痛丧权辱国的同时，也看到了中国与西方的差距，主张学习西方的先进技术。林则徐提出"师敌长技以制敌"思想，组织人员翻译外国书刊，介绍西方情况。魏源早就关注世界，更是大声疾呼，主张睁眼看世界，向西方学习。

为了系统了解外国情况，林则徐组织人员翻译了英国人慕瑞著的《世界地理大全》，编为《四洲志》。《四洲志》记述了世界三十多个国家的地理和历史，是近代中国第一部相对完整、比较系统的世界地理志书。

当时，魏源正在撰写一部介绍外国情况的综合性图书，取名为《海国图志》。林则徐很高兴，便把《四洲志》等许多资料送给魏源。

1844 年，魏源再次参加会试，终于考中了进士。此时，魏源已经五十岁了，他考取进士的目的，只是为了获得名誉，不图做官。于是，魏源在短暂地任东台、兴化知县以后，便集中精力编著《海国图志》。

《海国图志》是当时介绍世界各国尤其是西方国家情况最翔实的专著，囊括了各国历史、地理、政体、经济、宗教、文化、物产等，几乎无所不包。全书共一百卷、八十万字，是一部具有划时代意义的巨著。

《海国图志》花费了魏源毕生心血。魏源从年轻时代开始，就关注世界，收集资料。1842 年，魏源写成初稿，有五十卷。林则徐送给魏源大批外国资料，极大地丰富了《海国图志》的内容。魏源又广泛拓展其他资料来源，参阅外国著作达二十多种。到 1852 年，《海国图志》扩充到一百卷，正式刊印流行。

《海国图志》的中心思想，是"师夷长技以制夷"。魏源在序言中说，写此书的目的，是为了了解夷情，帮助人们学其长技，以抵御外侮，振奋国威。

《海国图志》介绍了大量西方先进技术，批判了把先进技术视为"奇技淫巧"的愚昧思想。同时，也介绍了西方国家的民主制度，称赞不设君位，不立王侯，民主议事，是西方的桃花源。

《海国图志》打破了清朝孤陋寡闻、愚昧无知的状况，使人们睁开眼睛，看到了外面丰富多彩的世界，对社会发展产生了极大影响。

1857 年，魏源病逝，享年六十三岁。后世赞誉魏源，说他是近代中国睁眼看世界的第一人。

# 山河破碎咸丰帝

1850 年，道光皇帝在丧权辱国的悲哀中死去，享年六十九岁，在位三十年，庙号宣宗。他的第四子奕𬣞继位，年号咸丰。

咸丰是清朝历史上第九位皇帝，也是最后一个拥有实权的皇帝。咸丰之后的同治、光绪、宣统三个皇帝，都是挂名的，朝廷大权掌握在慈禧太后手里。

咸丰皇帝与道光、嘉庆一样，也是勤政节俭，而且比父亲、祖父能力要强一些，但依然不能遏止清朝衰落的趋势。在咸丰时期，爆发了太平天国运动和第二次鸦片战争，大清王朝内忧外患，山河破碎，即将崩溃。

平心而论，乾隆之后的嘉庆、道光、咸丰三位皇帝，个人素质还是不错的，既不是昏君，也不是暴君，都十分勤政，也不奢华，但封建专制制度已经被世界潮流淘汰，任何人都无法挽救清王朝覆灭的命运。

鸦片战争之后，清朝颜面扫地，再也没有了天朝上国的威严，西方列强接踵而来，纷纷抢夺利益。道光皇帝变得心灰意冷，来者不拒，先后签订《中美望厦条约》《中法黄埔条约》，与瑞典、挪威签订五口通商章程，葡萄牙强行占据了澳门，中国的领土和主权遭到严重践踏。与此同时，国内矛盾更加尖锐，洪秀全正在筹划大规模起义。在内忧外患之中，道光皇帝死了，把烂摊子留给了奕𬣞。

奕𬣞，1831 年生于北京圆明园，母亲是道光第三任皇后钮祜禄氏。道光皇帝有九个儿子，前三个都死了，所以，奕𬣞虽说是四子，却是事实上的嫡长子。

道光一生册封过三个皇后。第一位皇后是他的结发妻子，在道光登基前就死了，没有儿子，道光称帝后，追谥她为皇后。第二位皇后是佟佳氏，当了十三年皇后病逝，也没有儿子。

道光的第三任皇后，便是奕詝生母钮祜禄氏。钮祜禄氏出身名门，从小在苏州长大，十四岁被选入宫中。道光一见倾心，认为她貌、德、才、智样样俱全，特赐封为"全妃"，佟佳氏死后，又晋封她为皇后。

钮祜禄氏受到道光宠爱，可惜红颜短命，在儿子奕詝十岁时病逝，年仅三十三岁。道光痛哭流涕，连续十三天到皇后梓宫祭奠，并亲自赐谥为"孝全皇后"。道光怀念钮祜禄氏，从此不再立皇后。

道光把奕詝交给静贵妃抚养。静贵妃为人慈善，视奕詝为己出，精心照顾。静贵妃生了皇六子奕䜣，比咸丰小两岁，两人从小一块儿长大，一同读书，犹如亲兄弟。道光也很宠爱静贵妃，但比不上钮祜禄氏，因为始终没有封她为皇后，尽管皇后的位置空着，奕詝称帝以后，感念静贵妃抚育之恩，尊奉她为康慈皇太后。

道光死的时候，活着的儿子有六个。四子奕詝二十岁；五子奕誴二十岁，但他已经过继给别人了；六子奕䜣十八岁；七子奕譞十一岁；八子奕詥七岁；九子奕譓六岁。在道光所有儿子中，奕詝年龄最大，并且是唯一的嫡子，母亲又受宠爱，因此，道光遗诏由奕詝继位，是很正常的。

可是，在一些野史中，却把咸丰继位写得曲折离奇。有的野史说，道光喜欢皇六子奕䜣。奕䜣天资聪明，文武双全，口才极好，每当道光问起治国之策，总是口若悬河，滔滔不绝。

咸丰的老师杜受田知道奕詝的见识和口才比不上弟弟，于是教给他一个办法。有一天，道光问奕詝如何治国，奕詝立即跪地磕头，痛哭流涕，一句话也不说。

道光不解，问他为何痛哭。奕詝泣涕说："如果由儿子治国，父亲必定升仙了，一想到此事，禁不住悲上心头，不能控制。"道光大受感动，认为奕詝是大孝之人。这个说法，很像三国时期曹丕对付曹植的办法，有抄袭之嫌，难以使人信服。

有的史书说，奕詝在武功方面也不如弟弟，每次打猎都是奕䜣的猎物多。杜受田又教给奕詝一个办法，再打猎时，奕詝干脆一箭不发，一无所获。道光问他，奕詝回答："此时正值春季，万物繁衍，不少猎物怀了孕，因而不忍杀生。"道光感叹道："真是一位仁孝之人。"

还有的史书说，奕詝小时候得过天花，一脸麻子；长大后摔了一跤，又成了瘸子。奕詝又麻又瘸，道光不喜欢他，他便凭着耍小聪明，最终登上帝位。

野史写得离奇新颖，有些文学作品也大加渲染，所以流传很广，但可信度不高。

咸丰皇帝的老师杜受田，山东滨州人，世代大儒，以"一门七进士，父子五翰林"名扬天下。杜受田学问高深，品行端正，在科举考试中取得会试第一、殿试二甲第一的优异成绩，被道光选中，做了奕詝十几年的老师。奕詝登基后，专门下诏夸赞杜受田，并任命他为协办大学士，辅佐朝政。

杜受田教出来的学生，应该是优秀的。咸丰果然不同凡响，他刚一上台，就清洗军机处，罢免了穆彰阿等一批平庸官员，重用肃顺等改革派，以铁腕手段整肃官场政风，严肃查处"戊午科场案"，处死了一品大员柏葰，使积累多年的弊政有所改观。

咸丰赏识并重用林则徐，再次任命他为钦差大臣，去广西负责平定洪秀全起义。不料，林则徐半途病逝，享年六十六岁。咸丰追赠他为太子太傅，赐谥号"文忠"，建祠祭祀。与此同时，咸丰下令处死了对丧权辱国负有责任的投降派大臣耆英。

咸丰皇帝十分勤政，从早忙到晚，许多圣旨都是自己亲自动手，不用大臣代写。咸丰躬行节俭，从不铺张浪费。有一次，上书房的门枢坏了，内务府打算换个新的，咸丰不同意，让修理之后继续使用。咸丰的裤子破了，不肯扔掉，打个补丁照样穿。

史学界一般认为，咸丰皇帝的资质在清朝皇帝中居中游偏上，改革力度超过道光、嘉庆两朝，但清朝破船已经千疮百孔，咸丰无力回天。

咸丰的命运实在不佳，他刚刚登基，就遇上了洪秀全起义。太平天国运动是中国历史上最大的农民起义，造成大清王朝山河破碎，加速了清朝灭亡。

# 洪秀全金田起义

咸丰皇帝登基不到一年，广西就爆发了金田起义，一场轰轰烈烈、历史上规模最大的太平天国运动开始了。起义的发动者和领导者，是农民起义领袖洪秀全。

洪秀全，广东花县（今广东花都）人，1814 年生，出身于农耕之家。洪秀全从小就有大志，七岁开始读书，十五岁在县试中名列前茅。乡亲们都认为他有学识，必能考取功名。不料，洪秀全屡次乡试失败，连举人都没考上。洪秀全受此打击，从此断绝走科举之路的念头，选择在本村教书，性格变得沉默寡言。

1836 年，洪秀全认识了基督教徒梁发。梁发是广东肇庆人，在做工时结识了英国传教士马礼逊，受洗礼加入基督教，此后积极开展传教活动，成为第一位中国籍传教士。梁发广泛传播西方文化的"自由、平等、博爱"思想，并撰写了《劝世良言》等讲义。

梁发向洪秀全传教，赠送他《劝世良言》。起初洪秀全将这书随手丢弃，不予理睬。1837 年，洪秀全府试再度失败，悲愤发病四十余天，中间昏昏沉沉，梦见自己作为上帝爷火华（即耶和华）次子遨游天堂。病愈后性情大变，变得沉默寡言。后来，洪秀全再读《劝世良言》，将此书与自己的奇梦结合起来，认为自己就是爷火华的次子，移鼠（即耶稣）的胞弟。从此，洪秀全抛弃了孔孟之书，把家中孔子牌位撤掉，换上了上帝的牌位。

洪秀全对基督教有了初步理解，便开始传教。洪秀全组织了"拜上帝教"，也称拜上帝会。他结合中国社会实际，编写了《原道救世歌》等教义，抨击清朝政府的黑暗，宣扬建立一个"天下一家，共享太平"的理想社会。洪秀全自称是耶稣的弟弟，上帝派他到人间斩妖除魔，拯救民众。

在鸦片战争之后，社会矛盾进一步尖锐，清政府的统治力下降，使得拜上帝教活动逐步兴盛。后来，洪秀全与好友冯云山去广西传教。广西贫穷，百姓苦难深重，传教活动更为顺利。许多以"反清复明"为宗旨的天地会组织，也纷纷加入了拜上帝教。

洪秀全经过十几年的辛苦传教，在广东、广西一带拥有数万教徒，形成了很大势力。洪秀全建立了拜上帝教的领导机构，杨秀清、萧朝贵、冯云山、韦昌辉、石达开等人，均为骨干领导成员。与此同时，洪秀全在教内建立了严密的基层组织，制定了教规和仪式。

拜上帝教打着基督教的名义，尊崇上帝，但在许多方面与基督教并不相同。拜上帝教有着明确的政治目的，就是推翻清朝统治，建立一个太平世界。因此，当洪秀全请求接受基督教洗礼时，基督教却认为他信仰不纯，予以拒绝。

拜上帝教坚持一神论，尊奉天父（上帝）是唯一的神，是头等信仰，天王、天兄、圣神风等围绕天父，构成次等信仰。洪秀全自称是上帝的次子，宣扬杨秀清是上帝的第三子。

拜上帝教形成较大势力以后，开始向其他宗教和神权发起挑战。广西桂平有一座甘王庙，拜上帝教教徒们砸碎甘王塑像，宣布其弑母、藐视上帝等十大罪状，造成社会震惊，拜上帝教声名大振。

洪秀全及拜上帝教的活动，引起当地官府注意，并产生了矛盾。这个时候，广西发生灾荒，民众饥寒交迫，流离失所；天地会活动频繁，许多地方发生暴乱；清朝统治者经过鸦片战争，更加腐朽衰落。洪秀全认为，举行武装起义的条件已经成熟，其他领导成员也都同意。于是，一场大风暴悄悄酝酿形成。

1850年7月，洪秀全下达命令，要求各地的教徒们，都到广西桂平金田村聚集，举行武装起义。各地教徒热情高涨，纷纷变卖田产，携带财物，奔赴金田。教徒们到达金田后，按照要求，所有钱财归公，衣食统一供给。

洪秀全按照军制，把教徒们组织起来，编成了五军，任命了五军主帅和各级头领，共计两万余人。实行男女别营，抓紧进行军事训练，日夜打造兵器。

洪秀全颁布了简明军纪：一是一切行动听命令；二是男女有别；三是对百姓秋毫无犯；四是同心合力；五是严禁临阵退缩。

洪秀全以"太平"为号召，自称太平王，宣布与清朝决裂。所有将士一律改穿汉人服装，剪掉辫子，头裹红布，打着红旗，公开向清朝统治者宣战。

当地政府听说金田民变，慌了手脚，急忙派兵镇压。起义军同仇敌忾，奋力反击，把官军打得大败，毙敌三百余人，副将伊克坦布也被斩杀。清朝在广西驻军不多，统治力量薄弱，短时间无法扑灭起义烈火。

1851 年 1 月 11 日，洪秀全三十七岁寿诞，举行盛大的祝寿活动。全军士气高涨，之后便大张旗鼓地对外用兵，攻城略地，开始夺取天下。轰轰烈烈的太平天国运动拉开了大幕。

# 太平天国势力大盛

洪秀全在金田起义之后，经过一段时间准备，开始对外用兵，试图夺取天下，建立一个太平世界。

1851年秋，起义军经过一系列战斗，攻占了永安城（今广西蒙山）。永安城是永安州治所，是一个比较坚固的中型城市。洪秀全在这里暂时停顿下来，进行政权建设，史称永安建制。

洪秀全定国号为太平天国，自称天王、万岁。封杨秀清为东王、九千岁；萧朝贵为西王、八千岁；冯云山为南王、七千岁；韦昌辉为北王、六千岁；石达开为翼王、五千岁。同时，对有功将士晋封官职，秦日纲为天官丞相，后封为燕王。

太平天国修改历法，制定与清朝不同的"天历"；建立圣库制度，统一管理和分配财物，实行财产公有制；制定官制、兵制、礼制、法纪等一系列制度。永安建制具有重要意义，为太平天国政权奠定了基础。

洪秀全在永安住了半年多，得到民众拥护和支持，大批青壮年踊跃入伍，太平军实力大增。与此同时，咸丰皇帝也征调了数万清军，由著名猛将乌兰泰率领，杀气腾腾扑向永安，企图一举消灭太平军。

经过永安建制，太平军的组织性、纪律性和战斗力明显增强，一战击败了清军，乌兰泰和四个总兵阵亡。清军损失惨重，溃败而逃。

太平军乘胜北上，攻打桂林。桂林当时是广西省会，城池坚固，守军较多。太平军围城一月，不能攻克，于是绕过桂林，继续北上，攻占了全州，然后进入湖南境内。不幸的是，冯云山在全州蓑衣渡受炮伤牺牲。

太平军进入湖南后，发布《奉天诛妖救世安民谕》等三篇檄文，声讨清朝统治者罪行，号召民众起义，民众纷纷响应。太平军势如破竹，连续攻克道州、郴州等地。

萧朝贵听说长沙空虚，主动请缨，带两千名将士去打长沙，不料中炮牺牲。洪秀全闻之悲痛，亲率主力赶到长沙。这时，清朝已派重兵救援长沙，太平军连攻三个月，不能攻克。

杨秀清建议说："我们的战略目标，是夺取武昌，然后顺江东下，占领南京，不能在长沙耗时太多。"

洪秀全同意了，于是撤长沙之围，继续北上，进入湖北境内。此时的清军，已经腐朽不堪，毫无战斗力，一触即溃，抵挡不住太平军的凌厉攻势。太平军越战越勇，实力越来越强，兵力已达五十万之众。

1853年1月，太平军包围了武昌。武昌守军抵挡不住，频频向朝廷告急。咸丰皇帝急得团团转，但短时间内难以调集援军。太平军攻破武昌城，湖北巡抚常大淳全家自杀。

太平军按照既定方针，沿长江东进。江面上战船首尾相连，一望无际，旌旗遮日，锣鼓喧天，声势浩大，沿途鄂州、黄石、九江、彭泽等地无不望风而降。太平军抵达安庆时，安徽巡抚蒋文庆率兵抵御，但无济于事，被太平军一举突破防线，蒋文庆被杀。

1853年3月，太平军到达南京，将城池团团包围。洪秀全派人劝降，两江总督陆建瀛和南京守将祥厚宁死不降，并且亲上城头督战。太平军奋力攻城，激战十日，攻破城池。陆建瀛、祥厚双双战死。

洪秀全占据了南京，改名为天京，宣布在此建都，正式建立了太平天国，与清朝政府分庭抗礼。

洪秀全占领南京后，分别派兵北伐和东征。北伐军由林凤祥、李开芳率领，直捣北京，一直打到天津附近，可惜兵马太少，只有两万余人，结果被清军消灭，林凤祥、李开芳牺牲。东征军却取得胜利，连续攻克镇江、扬州等地，占领了江浙部分地区。

太平天国气势如此之盛，令咸丰皇帝惊恐不已，知道这是心腹大患，必须全力对付。咸丰下令，从全国各地调集清军，围困南京。钦差大臣琦善在扬州城外建立江北大营，另一钦差大臣向荣在孝陵卫建立江南大营。不久，两个大营皆被太平军攻破，琦善病死，向荣自杀。

咸丰见清军如此腐朽无能，不得已利用地方武装，允许曾国藩建立湘军，李鸿章建立淮军。后来，地方武装成为镇压太平天国的主要力量。

洪秀全起义只有短短几年时间，就占领江南大部分地方，势力达到鼎盛，暴露了清政府的腐朽衰落。可惜，不久发生了天京事变，太平天国便由盛转衰了。

# 天京事变太平天国由盛转衰

　　洪秀全在短短几年之内，就建立政权，占据南京，形成强大势力。这时，他犯了一个战略性错误，没有乘胜向北进军，彻底推翻清朝统治，而是在南京停滞下来，精心构建他心目中的太平世界。

　　1853年，洪秀全入主南京不久，就颁布了《天朝田亩制度》，宣布废除封建土地制度，平均分配天下土地；摧毁地方政权，建立乡官制度；废除封建婚姻制度，男女平等，婚姻自由；建立社会救助制度，保障鳏寡孤独及病残者的生活。

　　《天朝田亩制度》是洪秀全的建国纲领，它以土地问题为中心，涉及政治、经济、军事、社会诸多领域，试图建立一个"天下一家，共享太平"的理想社会，实现"有田同耕，有饭同食，有衣同穿，有钱同使""无处不均匀，无人不饱暖"。

　　洪秀全还在思想、文化、官僚队伍、政权建设、贸易、科举等方面采取一系列措施，力求形成符合太平社会要求的制度和政策，描绘了一幅崭新的社会蓝图。洪秀全的理想社会虽然带有某些空想，但却具有强烈的反封建精神，符合广大贫苦民众的心愿。后来，洪秀全又接受族弟洪仁玕的建国理念，颁布《资政新篇》，试图探索走资本主义道路。

　　洪秀全精心构思着太平世界的美好图景，太平天国势力达到鼎盛。与此同时，在安徽、江苏、山东、河南等地，爆发了大规模捻军起义，兵力达二十余万人。捻军接受了洪秀全封号，配合太平军作战。清朝政府无力对付太平军、捻军两大武装集团，几乎丧失了一半的国土。

面对一片大好形势，太平天国内部却出了问题。洪秀全和领导层骄傲懈怠，生活腐化，朝中等级森严，纲纪紊乱。更严重的是，内部展开了你死我活的权力斗争。

洪秀全是天王，掌握着君权；而杨秀清却能通过"天父附体"，传达天父的旨意，掌握着神权。这种君权与神权相结合的制度设计，不可避免地产生了尖锐矛盾。

1856 年 6 月的一天，杨秀清称"天父附体"，召见洪秀全。洪秀全虽然是天王，但面对"天父附体"的杨秀清，也必须跪拜，聆听旨意。

杨秀清以天父的口吻说："你和秀清，都是我的儿子，秀清有大功，何止称九千岁？"

洪秀全只好说："东王打下天下，应该也称万岁。"杨秀清大喜，说："如此甚好，为父回天了。"

洪秀全与杨秀清当初设计的这套"天父附体"把戏，是为了增加神秘色彩，蒙蔽别人，如今杨秀清却用在了洪秀全身上，洪秀全十分恼火。

杨秀清是广西桂平人，出身穷苦，比洪秀全小九岁。杨秀清很早加入拜上帝教，与洪秀全一起发动金田起义，他胸有谋略，做事干练，成为太平天国二把手。定都南京以后，洪秀全热衷于构思太平世界，而且生活糜烂，追求享受，一切军政事务都由杨秀清处理。杨秀清集神权、军权、政权于一身，便滋生野心，企图也称万岁，与洪秀全平起平坐。

不久，天官正丞相陈承瑢密报天王，说杨秀清有弑君篡位企图。洪秀全早就对杨秀清心怀不满，决心铲除。当时，天京城内被杨秀清控制着，洪秀全只好发出密诏，令在外地的北王韦昌辉、翼王石达开、燕王秦日纲进京，除掉杨秀清。

当时，石达开在安庆前线作战，韦昌辉在江西，秦日纲在南京城外驻军。韦昌辉素与杨秀清不和，又怀有野心，接到密诏后，立即率三千精兵赶回天京，与秦日纲会合，并与陈承瑢取得联系。杨秀清面临大祸，却浑然不知。

1856 年 9 月 4 日深夜，在陈承瑢接应下，韦昌辉、秦日纲的部队悄悄入城，包围了东王府。杨秀清毫无防备，府中人员全都沉睡在梦乡之中。韦昌辉一声令下，士兵们蜂拥闯入东王府，见人就杀，一夜之间，杨秀清全家男女老幼及府中将士数千人被杀殆尽。天京事变爆发了。

天京事变如果只杀杨秀清，太平天国损失还不太惨重。可是，杨秀清久掌大权，手下有不少心腹将领，此时奋起反抗。韦昌辉干脆一不做二不休，下令大开杀戒，血洗南京城，几天之内，屠杀太平军将士两万余人。

石达开从前线赶回天京，见韦昌辉已造成重大惨案，十分愤慨，谴责他滥杀无辜。韦昌辉杀红了眼，竟然想把石达开也杀掉。石达开得到消息，连夜缒城出逃，但家眷和翼王府部属均被杀害。

石达开义愤填膺，从安庆起兵，讨伐韦昌辉。韦昌辉的暴行不得人心，朝中大臣和天京将士纷纷支持石达开。韦昌辉见情况不妙，狗急跳墙，又去攻打天王府，企图挟持天王。这就更不得人心了，结果兵败被擒。

洪秀全下令，将韦昌辉、秦日纲、陈承瑢处死。杨秀清篡位谋反并没有确凿证据，洪秀全为了安抚人心，不久为杨秀清平反，把杨秀清遇害日定为东王升天节。

史学界对天京事变有着许多争议，其过程和细节也有很多不同的说法，但有一点是公认的，即天京事变是太平天国由盛而衰的转折点。天京事变损伤了太平天国的实力，更重要的在于思想和精神层面，造成神话宗教体系崩溃和人心涣散、内部分裂。

天京事变之后，石达开留京执政，但得不到洪秀全信任。石达开一气之下，率大军出走，转战数年，最后在大渡河全军覆灭，石达开被杀。石达开率军出走，严重削弱了太平天国的军事力量，使得太平天国雪上加霜。

太平天国虽然有些衰落，但势力依然不小。后来，洪秀全提拔重用年轻将领陈玉成、李秀成。陈玉成率军西征，击毙湘军名将李续宾，攻克黄州，兵逼武昌；李秀成则领兵东伐，攻占苏州、杭州，攻打上海，占领江浙部分地区。洪仁玕总理朝政，推行新政，太平天国又一度兴旺起来，但势力远不如从前了。

太平天国坚持斗争十四年，势力发展到十八个省，把中国农民战争推向了最高峰，对清王朝给予致命打击。咸丰皇帝终其一生，也没有灭掉太平天国，抱憾而终。

太平天国运动虽然有一些缺陷和问题，但极大地冲击了封建统治，拉开了中国民主革命的序幕，为辛亥革命创造了条件，其影响和作用是不能低估的。

# 第二次鸦片战争

　　太平天国搞得咸丰皇帝焦头烂额，不料，西方列强也来趁火打劫，悍然发动第二次鸦片战争，而且打进北京城，火烧圆明园。大清王朝内忧外患，处于风雨飘摇之中。

　　鸦片战争之后，中国门户大开，主权丧失，西方殖民者纷至沓来，攫取利益。然而，强盗的欲望是无尽的，他们的胃口越来越大，恰在这时，太平天国兴起，清朝一片混乱。西方列强大喜，以为是趁火打劫的好机会，便谋划再次对中国发动侵略战争，夺取更大的利益。

　　1856年10月，广东水师在一艘中国船只上逮捕了几名海盗。这艘中国船过去为了走私方便，曾在英国注册，取名"亚罗号"，但早已过期失效，被捕的海盗也是中国人，这事本来与英国毫无关系。

　　可是，英国的香港总督包令和广州领事巴夏礼，却硬说清朝侵犯了英国船只的利益，还诬陷中国人侮辱了他们的国旗，以此为借口，下令炮击虎门炮台和广州市区，造成不少民宅被毁，大量民众伤亡，从而挑起了第二次鸦片战争。

　　英军炮击广州，英国当局欣喜若狂，立即派前加拿大总督额尔金为全权代表，率一支舰队奔赴中国。英国殖民者为了扩大战争，邀请法国、美国、俄国等国参加。法国很高兴，也派出一支舰队。美国、俄国没有派兵，但表示支持，并派出公使，借机渔利。

　　英法联军到达广州，气焰嚣张，扬言要把广州夷为平地。两广总督叶名琛很有民族气节，决心抵御。可是，朝廷当时正在全力镇压太平天国，给叶名琛发来指示，要他"息兵为要"，不得抵抗。叶名琛无奈，只得派人与英法联军议和。

英国扩大侵华战争蓄谋已久，根本不讲任何道理，悍然炮轰广州，强行入城。广东巡抚柏贵、守城将军穆克德讷奉命不予抵抗，挂白旗投降。千总邓安邦等人气愤难忍，率手下五百士兵与敌拼杀，但无济于事。英法联军顺利占领广州，把叶名琛押往印度。叶名琛不肯受辱，绝食殉国。

英法联军占领广州以后，并不罢休，集结军舰，继续向北进兵。英法联军到达天津，攻占大沽炮台，摆出进攻北京的架势。美、俄两国公使借机充当"调停人"，劝清政府与英法议和。咸丰皇帝没有办法，在大炮威胁下，只得违心地与英、法、美、俄分别签订《天津条约》。

《天津条约》比当年鸦片战争时签订的《南京条约》还要屈辱得多，除增加十几处通商口岸、减免关税、赔偿英法银两外，还规定外国公使可以常驻北京，外国人可以随意在中国传教、经商、旅游，外国船只可以自由在中国内河行驶，鸦片贸易完全合法化，清政府不得禁止。

《天津条约》签订后，西方列强的欲望暂时得到满足，英法联军返回广州。面对屈辱的条约，咸丰皇帝既忧虑，又气愤，堂堂"天朝上国"，岂不成了外国的后花园了？朝廷大臣们也都愤愤不平。

在朝廷主战派官员要求下，咸丰派出代表，与英法商谈，请求修改《天津条约》，取消外国人在中国自由出入等条款。英法殖民者大怒，坚决不肯修改，并决定再次动用武力，好好教训一下咸丰。

1859 年 6 月，英法联军气势汹汹地第二次北上，进攻大沽炮台。不料，咸丰皇帝已经有了准备，增加兵力，加强防御，并派心腹大将僧格林沁亲自指挥战斗。结果，英法联军遭受惨败，被击沉击伤军舰十艘，伤亡五百余人，连英军舰队司令何伯也受了重伤。这是自鸦片战争以来，清朝取得的唯一一次胜利。清军也付出很大代价，直隶提督史荣椿、大沽副将龙汝元等大批将士阵亡。

英法联军战败的消息传到欧洲，英、法殖民者一片战争喧嚣，叫嚷要对中国实行大规模报复，要攻占北京城。为此，英法做了一系列战争准备。

1860 年 2 月，英法分别任命额尔金、葛罗为全权代表，率领一万五千名英军、七千名法军，携带最先进的大炮和新式武器，进一步扩大对华侵略。

8 月，英法联军第三次抵达大沽口。僧格林沁做好备战，严阵以待，准备给侵略者以迎头痛击。然而，狡猾的英法联军却没有进攻大沽口，而是攻打防守较为薄弱的北塘，在北塘登陆，从背后攻击大沽口炮台。僧格林沁只得率军撤往通州，大沽口失陷。英法联军长驱直入，很快占领了天津，并准备攻击北京。

咸丰皇帝见状不妙，只得派代表议和。英法联军气焰正盛，狮子大张口，除了必须全部接受《天津条约》外，又增添了增加赔款、开放天津口岸、允许外国军队进入北京等无理要求。咸丰愤慨，予以拒绝，谈判破裂。

9 月，英法联军攻打通州，准备消灭僧格林沁的部队。僧格林沁的数万清军，是当时唯一的一支劲旅，战斗力比较强悍，全体将士皆抱定必死之决心，与侵略者殊死搏斗。无奈血肉之躯，敌不过钢铁大炮，战至最后，将士们大多为国捐躯，僧格林沁侥幸逃脱。

僧格林沁部队几乎全军覆灭，清朝再也没有力量抵挡英法联军了，侵略者即将兵临城下。北京城内一片惊慌，大批民众扶老携幼，涌出城外逃难。咸丰皇帝也带着后宫嫔妃、王公大臣，仓皇逃往承德。

10 月，英法联军攻占北京，随即展开了野蛮的烧杀抢掠。著名的皇家园林圆明园、清漪园、静明园、静宜园、畅春园全被抢劫一空，并被放火烧毁。

圆明园是当时世界上最大的皇家园林，藏有无数珍宝。英法强盗大肆抢掠之后，纵火焚烧，大火持续烧了三天三夜，有三百多名宫女太监被活活烧死。大火过后，圆明园成为一片废墟。至今，圆明园的断壁残垣还躺在那里，无声地控诉着那些所谓文明国家的兽行。被强盗们抢去的中国国宝，有很多现在还陈列在英法博物馆，正在无情地嘲笑着他们所谓的博爱。

英法联军的暴行，连他们自己国家正直的人都看不下去。火烧圆明园的第二年，法国著名作家雨果写道："有一天，两个强盗闯进圆明园，一个洗劫，一个放火……他们塞满了腰包，手挽着手，笑嘻嘻地回到了欧洲。这两个强盗，一个叫法兰西，一个叫英吉利。"

英法联军火烧圆明园之后，仍不肯罢休，威胁要烧毁紫禁城。咸丰皇帝无可奈何，只得答应英法提出的全部条件，派恭亲王奕䜣为全权代表，分别签订了《中英北京条约》《中法北京条约》，作为《天津条约》的补充。

这两个条约，除了确认《天津条约》全部条款外，又增添了新的内容，包括开放天津口岸，允许外国人在中国租买土地、建造房屋，允许英法在中国自由招募劳工，割让九龙司给英国，赔偿英法军费各增至八百万元，等等。

俄国利用第二次鸦片战争的机会，逼迫清政府签订了《瑷珲条约》和《北京条件》，除了享受与英法相同的在华特权外，还霸占了黑龙江以北、乌苏里江以东一百多万平方千米的土地，后来又抢去四十多万平方千米，使中国丧失了一百四十多万平方千米的领土。

第二次鸦片战争历时四年，造成清王朝巨大损失，主权进一步丧失，半封建半殖民化更加严重，大清王朝处于崩溃的边缘。

# 慈禧入宫初露峥嵘

咸丰皇帝命运悲催，他登基不到一年，就兴起太平天国运动；接着又爆发第二次鸦片战争，搞得他焦头烂额，心力交瘁。在英法联军攻打北京的前夕，咸丰逃到承德，此后再也没有回到北京。

咸丰躲到承德避暑山庄，忧郁愤懑，不到一年，就得了重病，感觉不久于人世。咸丰只有一个儿子，名叫载淳，继承皇位非他莫属。可是，载淳只有六岁，如何能治理这已经破败不堪的江山呢？咸丰皇帝更加忧心忡忡。

咸丰没有别的办法，只好精心为儿子挑选顾命大臣。咸丰担心顾命大臣少了会擅权欺主，便一口气选了八个，分别是载垣、端华、肃顺、景寿、穆荫、匡源、杜翰、焦佑瀛，史称顾命八大臣。

顾命八大臣分为两类，一类是宗室国戚，一类是朝廷大臣。其中满族人五个，汉族人三个；年龄最大的五十七岁，最小的三十二岁。

居于顾命八大臣之首的载垣，是康熙六世孙，世袭怡亲王；接下来的端华、肃顺是亲兄弟，是济尔哈朗七世孙，端华世袭郑亲王；第四名景寿是咸丰的姐夫，属于国戚。在四名朝廷大臣当中，有两个是山东人，其中杜翰是杜受田之子。

在顾命大臣当中，没有咸丰的弟弟。当时，咸丰有五个健在的弟弟，都已成人。尤其是六弟奕䜣，胸有谋略，文武双全，时年二十九岁。咸丰逃往承德时，奕䜣临危受命，留在北京主持危局，与英法谈判。正因为奕䜣优秀，咸丰才把他摒弃于顾命大臣之外，防他篡位。咸丰的做法，引起奕䜣和其他兄弟极大不满。

咸丰选好了顾命大臣，仍不放心，当年多尔衮、鳌拜等专权擅政的情景，让他记忆犹新。于是，咸丰对顾命大臣采取了限制措施。他授予皇后钮祜禄氏一枚"御赏"印章，又授予载淳生母慈禧一枚"同道堂"印章，规定顾命大臣在处理国政、颁布圣旨时，除了盖用皇帝玉玺外，还要加盖"御赏""同道堂"印章才能生效。也就是说，军国大事，需要顾命大臣、皇后、慈禧三方都同意才行。

咸丰此举，是为了形成制约机制，防止有人专权，保障幼子载淳皇位稳固。可是，咸丰没有想到，这给辛酉政变埋下了祸根，为慈禧登台创造了条件。

慈禧，满族人，1835 年生于北京，姓叶赫那拉，不知道原名叫什么。其父叶赫那拉·惠征，出身监生，是个中级官员，地位并不显赫。

慈禧十七岁时，参加宫廷选秀。她长得身材高挑，眉清目秀，被咸丰选中，赐号兰贵人，两年后晋封懿嫔。慈禧二十一岁时，生下咸丰第一个儿子载淳。咸丰后来又生了一个儿子，但当天就夭折了，载淳成了唯一的皇子。母以子贵，慈禧被晋封为懿贵妃，地位仅次于皇后。

咸丰的皇后是钮祜禄氏，她出身名门，温柔贤惠，知书达理，深受咸丰宠爱。慈禧很有心计，与皇后保持着良好关系。慈禧更是千方百计讨好咸丰，咸丰处于内外交困之中，心情烦躁，慈禧时常予以劝解，有时发表一些独到的见解。咸丰觉得慈禧有治国才能，常让她代笔批阅奏章。所以，咸丰在设定权力制衡的时候，把慈禧也列为一方。

不过，咸丰感到慈禧有心计、有能力、有手段，怕她日后成为武则天式的人物，便给他最信任的钮祜禄氏皇后留下一份密诏，让她监视慈禧，如果慈禧不安分守己，便凭此诏除之。此事为《崇陵传信录》所记载，《崇陵传信录》是晚清宫廷史官恽毓鼎写的，应该有一定的可信度。

慈禧真是命好，她凭着生下了皇帝独子，在宫中步步高升，处于显赫位置；又凭着机智和才能，取得咸丰信任，成为三角权力的重要一方，为她日后独揽朝政奠定了基础。

由于慈禧赫赫有名，关于她的传说自然很多，其中一个爆炸性的说法，是说她原本是个汉人。

有学者考证说，慈禧生在山西长治县西坡村一个姓王的贫民家里，取名王小嫌，四岁时卖给了本县上秦村宋四元，改名宋龄娥，十二岁时又卖给惠征为婢，称为玉兰。

当时朝廷有规定，满族贵族的女儿到了一定年龄，必须参加宫中选秀，但许多人不愿意让女儿入宫。于是，惠征便让玉兰冒充自己的女儿参加选秀，结果成了后来的慈禧太后。这个说法存在争议，许多学者并不认可，需要进一步研究。

慈禧从一个平凡少女，一步步爬上了权力的顶层，初露峥嵘。下一步，她就要施展才能和手段，独揽大权，统治天下了。

# 辛酉政变慈禧登台

　　1861 年 8 月，咸丰皇帝安排好了后事，依依不舍地离开了人间，年仅三十岁，在位十一年，庙号文宗。

　　咸丰六岁的独子载淳继位，拟年号祺祥，尊皇后钮祜禄氏为母后皇太后，即慈安太后；尊生母懿贵妃为圣母皇太后，即慈禧太后。咸丰生前指定的顾命八大臣处理朝政，但需要两宫皇太后同意，形成了三足鼎立的权力格局。

　　按照顾命大臣们的想法，两宫皇太后盖章，只不过走个形式而已。慈安太后为人宽厚，权力欲不强，确实只起个橡皮图章的作用；慈禧太后为人精明，又有才干，此时掌握了三分之一的权力，便滋生了野心。慈禧对八大臣提出的意见，并不随声附和，而是有自己的主见，有时不肯盖章。八大臣自然不满意，双方产生了矛盾。

　　慈禧很有手段，她觉得自己一人对付八大臣，有点势单力薄，便极力拉拢慈安太后。慈禧常对慈安说："先帝让咱们姐俩辅佐皇上，是为了防止臣子篡权，如果让臣子们祸乱了朝廷，怎么对得起先帝呢?"当时，慈安二十五岁，比慈禧小两岁，她认为慈禧说得有道理，便事事按慈禧的意见办。两宫联合起来，势力就不容小觑了。

　　顾命大臣的意见常常被驳回，有些着急了，尤其是肃顺，更是气愤。肃顺性格倔强，手段强硬，主张改革，曾以铁腕方式肃贪反腐，得到咸丰皇帝信任。咸丰不断提升他的职务，肃顺历任御前大臣、总管内务府大臣、协办大学士等职，权势煊赫，盛极一时。

　　有的史料说，肃顺见皇帝幼小、太后年轻，便产生专权之意，甚至有篡位野心。野史记载了一个故事，说肃顺十分喜爱一个玉杯，每天早晨用它喝参汤。有一次，奴仆不小心把玉杯打坏了，吓得半死，便想出一个办法。奴仆用胶勉强把玉杯粘上，早晨仍然盛上参汤送给肃顺。奴仆走到肃顺床前，假装大惊倒地，玉杯自然摔碎了。

奴仆故作惊骇，对肃顺说："奴才刚才看见床上有条龙，因惊吓摔坏了玉杯，请老爷降罪。"肃顺面露喜色，没有责罚，嘱咐他不要对外人说。这故事十分有趣，不知道是不是真的。

还有的史料说，肃顺忌惮慈禧的才能，曾劝咸丰效法汉武帝赐死钩弋夫人的做法，免除后患。咸丰不忍心，只是给皇后留下一道密诏。慈禧知道了此事，对肃顺恨之入骨。

慈禧与慈安联手，野心逐渐膨胀，便产生了垂帘听政的想法。于是，她指使御史董元醇给两宫上书，请求由两宫皇太后垂帘听政。

慈禧接到董元醇奏书后，与慈安密谋一番，携小皇帝共同召见八大臣，展示董元醇的奏书。不料，八大臣反应强烈，坚决不同意，说大清朝从无太后听政之事。肃顺更是气冲牛斗，咆哮如雷，声震殿陛，以至于把小皇帝吓得尿了裤子。双方互不相让，结果不欢而散。

慈禧为人刚毅，不达目的决不罢休，而且手段毒辣。她见八大臣不肯屈从，便开始谋划发动政变，以武力夺取朝廷大权。

当时，朝廷被顾命八大臣控制着，朝廷大臣多数都在承德，慈禧如果在承德动手除掉八大臣，是不可能的。于是，慈禧想到了北京的奕䜣。

奕䜣在北京主持危局，身边也有一些大臣，尤其是僧格林沁、胜保等人，都手握军权，形成了一股新的势力。慈禧认为，奕䜣没有被列为顾命大臣，必定心怀不满，正好可以利用。于是，慈禧派心腹秘密回京，联络奕䜣，让奕䜣速来承德。

奕䜣何等聪明，见两宫皇太后秘密召见，便知必有大事商议，立即以奔丧的名义赶到承德。奕䜣在咸丰灵前哭祭一番之后，谒见两宫皇太后。

慈禧提出了政变计划，与奕䜣果然一拍即合，三人密谋了很久，形成了一个周密的方案。咸丰的陵寝在清东陵，他的灵柩必然要回北京，慈禧他们决定，就在灵柩回京那天动手。

密谋好了以后，奕䜣返回北京，紧锣密鼓地进行政变准备。奕䜣首先联络了七弟奕谭，奕谭表示支持。奕谭当时掌管的正黄旗，是驻守北京清军的主力。奕䜣又联络了军机大臣文祥，领兵将领僧格林沁、胜保等人，几个人都因没有被列为顾命大臣而不满，欣然答应。奕䜣在北京调兵遣将，做好一切准备，布下了天罗地网，只等八大臣前来送死。

咸丰病逝一个月后，朝廷大臣们护送灵柩回北京，一路悲悲切切，行走缓慢。慈禧知道奕䜣精明强干，肯定一切都布置好了，但事关重大，仍然有些不放心。慈禧以皇帝年幼为借口，与慈安陪幼帝先行回京，并且把顾命大臣分成两批，一批陪皇帝先行，一批护送灵柩慢走。慈禧忌惮肃顺，把他留在了后边。

慈禧回到北京以后，立刻接见奕䜣，把准备工作从头至尾审视一遍，觉得万无一失，下令开始行动。

载垣、端华等人回到北京，没有察觉异常，由于一路劳顿，很想好好休息一下，不料，第二天被突然逮捕，打入大牢。肃顺等人护送灵柩走得慢，在密云就被奕谭率兵截住，押解回京。就这样，顾命八大臣没有任何防备，稀里糊涂地全被抓了起来。

两宫皇太后和小皇帝发布谕旨，宣布载垣等人抵御英法不力、阻挠咸丰回京、擅改谕旨等罪名，分别予以惩处。

慈禧最恨肃顺，将他在菜市口公开斩首弃市；载垣、端华被逼自尽；穆荫、匡源、杜翰、焦佑瀛革职流放；景寿被免职，但保留了公爵。

顾命八大臣被一网打尽，奕䜣率众大臣奏请两宫皇太后主持大局，慈安、慈禧欣然接受，堂而皇之地垂帘听政了。两宫皇太后任命奕䜣为议政王，主理朝政；奕谭、文祥、僧格林沁、胜保等有功人员，全都加官晋爵。

慈禧将年号改为同治，表示两宫太后同治天下。不过，慈安的才能比不上慈禧，朝廷大权都落在慈禧手里。不久，慈禧废除了奕䜣的议政王，独揽大权。慈禧先后控制了同治、光绪两个皇帝，成为清朝晚期实际统治者，执政长达四十七年。

慈禧统治了天下，但天下并不太平，她面对的第一件大事，就是镇压太平天国。

# 曾国藩剿灭天国

曾国藩，清朝晚期政治家、战略家、文学家，他组建了湘军，长期与太平军作战，最终剿灭了太平天国。

曾国藩是湖南湘乡人，1811年生，出身耕读家庭，家境富裕。父亲曾麟书，初为山乡塾师，后考中秀才。曾国藩兄妹九人，他是长子。

曾国藩小时候是否聪明，史书记载不一。有的说，曾国藩天生聪颖，异于常人。有一次，家中鸡蛋被人偷吃了，父亲挨个儿审问，无人承认。曾国藩说："这很容易。"他端来一个脸盆，让每个人漱口后吐到脸盆里，结果发现一个佣人漱口水里有鸡蛋黄粉，佣人无法抵赖了。

有的则说，曾国藩小时候很笨，学习十分吃力。一天晚上，曾国藩在灯下读书，一篇文章重复读了很多遍，一直到深夜，就是背不下来。忽然，窗外有人说："你这么笨，还读什么书啊？我听几遍就会背了！"原来，那个人是小偷，想等曾国藩睡觉后入室盗窃，可等的时间太长，小偷不耐烦了，讽刺他几句，然后扬长而去。

不管曾国藩是笨还是聪明，他学习是非常刻苦的，成绩也不错。曾国藩五岁接受启蒙教育，六岁入私塾，十六岁考取童子试第七名，二十二岁考中秀才，二十四岁考取举人，二十八岁考中进士，踏入仕途。

曾国藩被选为翰林院庶吉士，不久补授翰林院侍讲，历任文渊阁校理、左庶子、侍讲学士、礼部侍郎、兵部左侍郎、工部左侍郎。曾国藩做事认真，坚韧不拔，他在朝中十年，一步步升为二品高官。

洪秀全金田起义，震惊了朝廷，咸丰急忙派兵镇压。可是，清军已经腐朽，没有战斗力，太平天国势力越来越大。曾国藩上书，建议各地举办团练，对抗太平军。咸丰皇帝起初犹豫，担心团练强大以后，会对朝廷造成威胁。后来，太平天国已成燎原之势，咸丰没有办法，只好颁布诏令，鼓励地方大搞团练。团练是古代地方民兵制度，属于地方武装。

1853年，咸丰命曾国藩回湖南老家办团练，组建地方武装。曾国藩利用师徒、亲戚、朋友等人际关系，很快组建了一支数千人的队伍，称为湘勇。后来，湘勇逐步扩大，形成了湘军。

曾国藩是文人出身，却对治军很有一套。他认为兵不在多而在精，因而在招募士兵时严格把关。曾国藩按照戚继光招兵的办法，不在城市募兵，而侧重于招收淳朴的农民，招募了大批忠勇之士，同时也动员了大批知识分子入伍。

曾国藩重视湘军的思想建设，以儒家学说治军，向官兵灌输忠君思想和封建伦理纲常，大讲仁礼信义，以此维系军心。曾国藩把选将作为第一要务，儒生出身的将领占到百分之六十，这在历代都是罕见的。曾国藩特别注重使用先进武器，花巨资买来西方大炮和火枪。因此，湘军虽然建立时间不长，却在组织纪律性和战斗力方面明显强于清军八旗兵。

1854年2月，曾国藩经过多半年的治军和训练，觉得湘军可以上战场了，于是亲率大小船舰二百四十艘、水陆军队一万七千多人，开始北上，去与太平军作战。

曾国藩踌躇满志，发表《讨粤匪檄》，声讨太平天国罪行，决心一举荡平匪祸。湘军在岳州与太平军相遇，双方展开混战。此时，太平军团结一致，同仇敌忾，气势正盛；湘军组建不久，缺乏战斗经验，结果大败。曾国藩气得跳水自杀，幸被部下救起。

曾国藩只得整顿兵马，总结教训，以求再战。后来，湘军经过激战，终于攻占了岳州，之后又占领武昌、汉阳。曾国藩乘胜东进，围攻九江，意图向东攻打南京。

不料，曾国藩遇上了太平天国名将石达开，又遭大败，战船被烧毁一百余艘，官兵死伤惨重。曾国藩悲愤至极，又想自杀，被部下劝阻。曾国藩不敢东进了，只好停留在江西。

1856年，太平天国不幸发生内讧，势力由盛转衰。天京事变给了曾国藩一个绝好机会，此后湘军与太平军作战，几乎势均力敌了。

天京事变重创了太平天国，造成思想混乱，人心离散。洪秀全片面接受天京事变的教训，不再信任诸王，而大力提拔重用洪家人，造成石达开率军出走，太平天国分裂。

这个时候，英法联军发动了第二次鸦片战争。英国派使者到天京，提出帮助太平天国灭掉清朝，事成后平分中国。洪秀国是坚定的爱国者，断然予以拒绝，此举令人十分敬佩。后来，西方列强与清朝签订条约，反过来帮助清朝镇压太平军，甚至组织"洋枪队"直接参战。太平天国面对内外两个大敌，处境更加不利。

曾国藩趁此良机，先后攻占九江、庐州、舒城、安庆等地，进逼南京。在陈玉成、李秀成等人奋力拼杀下，多次击退清军对南京的围攻，并东征西讨，收复了一些地方。陈玉成牺牲后，太平天国形势急转直下。

慈禧太后掌权以后，进一步重用曾国藩，加封他为太子太保，让他负责苏、皖、浙、赣四省军务。曾国藩受宠若惊，更加尽心竭力为朝廷效力。

1862年，曾国藩指挥湘军和其他清军，包围了南京城。洪秀全组织了二十多万太平军，与清军大战四十多天，双方死伤惨重，不分胜负。清军不能攻克南京城，洪秀全也不能击退清军，双方形成对峙，但总体形势对太平天国十分不利。

慈禧太后继续对曾国藩加官晋爵，任命他为两江总督、协办大学士，赏穿黄马褂，赏戴花翎。同时，提升曾国藩弟弟曾国荃为浙江按察使。曾国藩手下大将左宗棠、李鸿章、彭玉麟、胡林翼等人，也都被封为高官。慈禧在笼络人心方面还是很有办法的。

1864年4月，洪秀全病逝，享年五十岁。天王一死，天京一片混乱。曾国藩趁乱攻城，南京终于陷落，太平天国灭亡。

有史书说，湘军攻破南京后，对无辜平民进行屠杀，曾国藩因此落了个"曾剃头""曾屠户"的外号。也有史书说，"曾剃头"的外号，是曾国藩在湖南杀土匪时落下的。

曾国藩剿灭太平天国之后，又率军追杀捻军。捻军的特点是流动作战，行踪不定，而且刚刚全歼了僧格林沁的部队，斩杀僧格林沁，气势正盛。曾国藩采取重点防御、坚壁清野、画河圈围的办法，给捻军造成很大困难。捻军后来被曾国藩手下大将左宗棠、李鸿章所灭。

曾国藩剿灭太平天国，为清王朝消除了内患，立有不世之功。慈禧封他为一等侯爵，世袭罔替，赏戴双眼花翎，同时，为防止曾国藩势力过大，将湘军裁撤两万五千人。慈禧还是很有手段的。

当时，湘军是战斗力最强的队伍，军纪严明，士气高昂，装备先进，远非清军可比。同时，曾国藩指示李鸿章创立了淮军。曾国藩拥有强大势力，他如果有野心称帝，是有可能实现的。

至于曾国藩有没有称帝野心，有不同的说法。有人说，曾国藩历来以忠君自诩，没有野心，裁撤湘军是他自己提出来的；有人说，曾国藩产生过不臣之心，只是担心不成功而放弃了。

曾国藩思想开放，主张向西方学习，在他的倡议下，建造了中国第一艘轮船，创办了第一所兵工学堂，安排了第一批赴美留学生。曾国藩对清朝晚期的政治、军事、经济、文化都产生了深远影响，被称为晚清中兴四大名臣之首。

1872 年，曾国藩患病去世，享年六十一岁，谥号"文正"。

# 左宗棠收复新疆

左宗棠，清朝晚期政治家、军事家，洋务派代表人物之一。左宗棠协助曾国藩平定太平天国，灭掉西捻，但他最大的功绩，是从侵略者手里夺回了新疆，维护了国家主权和领土完整。左宗棠被誉为民族英雄。

左宗棠是湖南湘阴人，1812 年生，出身小官僚家庭。其父左观澜，任过通判、知县等职，喜欢写诗。

左宗棠生性颖悟，少负大志，二十岁考中举人，但此后在会试中屡试不第。左宗棠不气馁，继续遍读群书，尤其喜爱兵法。

左宗棠曾与林则徐见过面，两人相差二十七岁，却一见如故，彻夜长谈。林则徐赞左宗棠是不凡之才、绝世奇才，寄予厚望。可惜，林则徐不久病逝了。

太平天国兴起后，左宗棠被聘为湖南巡抚幕僚，与太平军作战，后又为曾国藩襄办军务，屡立战功。

1861 年，曾国藩推荐左宗棠担任了浙江巡抚。在英法军队协助下，左宗棠用两年时间，攻克金华、绍兴、杭州等地，收复浙江全境。左宗棠因功升任闽浙总督，加太子少保衔，封二等恪靖伯，赐黄马褂。

平定太平天国以后，朝廷全力对付捻军。捻军被迫分为东捻、西捻两部，左宗棠奉命追杀西捻、将其消灭。

由于受太平天国和第二次鸦片战争影响，清朝对新疆地区的统治力下降，中亚浩罕汗国派大将阿古柏率军入侵新疆，建立了哲德沙尔汗国，声称新疆脱离清朝，纳入浩罕汗国。英俄两国表示支持，俄国还趁机侵占了伊犁地区。

慈禧在平定太平天国和捻军之后，准备收复新疆，任命有勇有谋的左宗棠为陕甘总督。左宗棠将总督府设在兰州，创办甘肃机器制造局，制造枪炮，为收复新疆做准备。

新疆路途遥远，地形气候复杂。左宗棠在整顿军队、筹集军饷、改善装备、后勤保障等方面，做了大量准备工作。

1876年，左宗棠做好一切准备，在肃州举行誓师大会，开始了收复新疆之战。在作战部署上，左宗棠采取"先北后南，缓进急战"的策略，即先集中兵力打击阿古柏在北疆的军队，进军前要做好充分准备，一旦打响则要速战速决。

阿古柏的主力部队有五六万人，左宗棠的西征军有六七万人，虽然兵力几乎相当，但左宗棠事先经过整军，把老弱士兵留下，上阵的全是精兵强将，又经过战斗动员，将士们皆抱定誓死收复国土之决心，因而战斗力十分强悍，阿古柏军队不是对手。

西征军计划首先收复北疆重镇乌鲁木齐，便向北疆进军，沿途攻占古城、阜康、古牧地，夜袭黄田，很快抵达乌鲁木齐城下。清军架设大炮轰城，守敌招架不住，弃城逃跑。

清军攻占乌鲁木齐，打通了南北交通要道，给敌军造成很大震慑。清军乘胜连续作战，只用三个月时间，就收复了除伊犁之外的北疆地区。伊犁由俄国占着，左宗棠打算先消灭阿古柏，再回头夺取伊犁。

这个时候，已到冬季，大雪封山，不利于大规模作战。左宗棠决定在北疆休整，等来年春季，再向南疆进军。

1877年4月，清军兵分三路，大举南下，迅速攻克达坂城、托克逊、吐鲁番三城，打开了南疆大门。新疆民众早就不满阿古柏的残暴统治，纷纷举行起义。清军在新疆民众支持配合下，势如破竹，只用数月时间，就连续攻占南疆东四城和西四城。

阿古柏的主力大部分被歼灭，阿古柏带残兵败将逃到库尔勒，气得患病而死，也有自杀和被部下谋杀等说法。

1878年1月，清军收复和阗，宣告新疆地区又回到中国怀抱。

左宗棠收复南疆之后，立即率军北上，进兵伊犁。左宗棠知道，俄国的实力，远非阿古柏可比，伊犁必有一场恶战。左宗棠已经六十九岁了，身体有病，但他毫不畏惧，亲自率军前往，决心与俄军决一死战，誓死收回伊犁。

俄国政府不愿归还伊犁，一面向伊犁增兵，一面给清政府施压。慈禧怕事态扩大，调左宗棠回京。后来，清政府以谈判的方式，付出了很大代价，才换回了伊犁。

左宗棠收复新疆以后，在他的建议下，光绪十年（1884年），清政府正式在新疆设省，取"故土新归"之意。此后，新疆一直处于中央政府的管辖之下。

左宗棠西征，粉碎了英、俄勾结阿古柏侵占新疆的企图，维护了中国领土完整，其功绩永载史册。

1885年，左宗棠病逝，享年七十三岁，谥号"文襄"。

# 李鸿章组建水师

李鸿章，清朝晚期政治家、外交家、洋务运动主要领导人物之一。李鸿章是晚清重臣，做过许多大事，其中之一，是组建了中国近代化海军舰队——北洋水师。

李鸿章是安徽合肥人，1823 年生，出身官宦之家。其父李文安，进士出身，官至刑部主事。李鸿章在兄弟姐妹八人中排行第二，民间有"李二先生"之称。

李鸿章自幼聪慧，六岁开始读书，拜合肥名士徐子苓为师，打下了扎实的学问功底。李鸿章少有大志，曾写下"一万年来谁著史，三千里外欲封侯"的诗句。李鸿章年轻的时候，拜曾国藩为师，后来跟随曾国藩建功立业。

1847 年，二十四岁的李鸿章考中进士，入朝做官，任翰林院编修和英武殿编修。太平天国爆发以后，李鸿章随父亲李文安回乡办团练。不久，李文安病逝，李鸿章被曾国藩招入湘军，做了幕僚。

李鸿章比曾国藩小十二岁，两人有师生之谊。曾国藩的思想、为人处世和做事风格，对李鸿章影响很大；李鸿章办事明快果断，在曾国藩遇事犹豫时，李鸿章往往数言就能使其决断。李鸿章为曾国藩出谋献策，发挥了重要作用。

1860 年，曾国藩为了扩大势力，派李鸿章回淮西发展地方武装。李鸿章仿照湘军的模式，组建起了拥有数万之众的淮军。淮军在英法军队配合下，在上海抗击太平军，之后又在江苏、浙江与太平军作战，屡立大功，声名显赫。太平天国灭亡后，李鸿章又率军灭掉东捻。当时，淮军的名声仅次于湘军。

在平定太平天国之后，曾国藩担心功高震主，把大部分湘军遣散。李鸿章却以"御外侮"的名义，将淮军保留并继续扩大。因此，淮军逐步成为晚清主要的国防力量，是中国军队近代化的前身。曾国藩不久病逝，李鸿章则成为晚清最重要的大臣。

李鸿章剿灭太平天国和捻军，立下大功，被朝廷任命为湖广总督，加太子太保衔，封一等肃毅伯。李鸿章功成名就，得意扬扬，回合肥时去看望恩师徐子苓。

徐子苓满腹才学，却不慕富贵，不愿做官，早已归隐山林，而且性情有些古怪。徐子苓一面听着李鸿章夸耀他的功绩和爵位，一面脱掉鞋子，捻起了脚丫子，一语双关地说："这脚味（指爵位）有点臭啊！"李鸿章闹了个大红脸。

慈禧十分欣赏和器重李鸿章，擢升他为直隶总督，兼北洋通商大臣，入朝担任大学士，相当于宰相。李鸿章积极推动洋务运动，创办了军工、煤矿、造船、电报、纺织等多家企业，促进了中国资本主义发展。李鸿章的成绩之一，是组建了北洋水师，成为中国近代海军的开端。

北洋水师，也叫北洋舰队、北洋海军，1888年在山东威海的刘公岛正式成立。清末把北方沿海各省称为北洋，所以有北洋水师、北洋军阀等名称。

西方列强侵略中国，是凭借海军优势，从海上打开缺口的。清朝虽有水师，但都是木制船只，没有铁甲船，敌不过西方的坚船利炮。李鸿章大声疾呼，请求建立一支拥有铁甲舰船的水师。李鸿章的建议，得到朝中大臣支持和慈禧同意。

1875年，李鸿章奉命筹办北洋水师。当时，清朝没有能力造铁甲船，只能向西方购买。李鸿章从英国订购了四艘蚊船。蚊船是小型铁甲船，因个头小，被称为蚊船。

清朝政府对筹办北洋水师给予大力支持，每年拨白银四百万两。李鸿章又向德国购买两艘较大的铁甲船，并向英国购买两艘先进的战舰，使北洋水师初具规模。

1880年，李鸿章创办天津水师学堂，专门培养海军人才，又在威海、旅顺修建海军基地，在天津创办北洋水师大沽船坞。

后来，清朝自己也能建造铁船，使得北洋水师的战船越来越多。李鸿章双管齐下，一面自己造船，一面花巨资购买西方先进战舰。李鸿章向英国购买巡洋舰"致远号"和"靖远号"，向德国购买巡洋舰"经远号"和"来远号"，还购买了一批鱼雷艇。

到1888年北洋水师正式成立的时候，北洋水师已经拥有军舰二十五艘、辅助军舰五十艘、运输船三十艘、官兵四千余人。组建北洋水师，是洋务运动的最大成就。当时，北洋水师的实力，居于亚洲第一、世界第九。前八名分别是英国、法国、俄国、德国、西班牙、奥匈帝国、意大利、美国。不过，日本后来居上，很快超过了清朝。

清朝政府花大力气组建了实力强大的北洋水师，是否能够摆脱落后挨打的命运呢？

# 张之洞兴办洋务

张之洞，清朝晚期重要大臣、洋务派主要代表人物。张之洞主张学习西方先进技术，大办洋务，在军工、企业、铁路、教育、法律等各方面都有建树。

张之洞祖籍是河北南皮，1837年生于贵州兴义府。张之洞出身官宦世家，曾祖父、祖父都当过知县，父亲张锳担任兴义府知府十年，政绩显著，留有贤名。

张之洞从小受到良好教育，学习十分刻苦，十二岁出诗集，十三岁中秀才，十五岁考取举人第一名，二十七岁考中进士第三名，荣获"探花"。张之洞不仅熟读四书五经，而且喜欢《孙子兵法》等兵书，学识渊博。

张之洞入仕时，太平天国和捻军起义已被平定。朝廷消除了内患，张之洞呼吁尊儒重教，很对朝廷口味，提升他为浙江乡试副考官、湖北学政、四川学政。

张之洞当了十年地方官之后，入朝为官，得到慈禧太后赏识。张之洞不到五年就升为山西巡抚，三年后又升为两广总督，不久改任湖广总督。

张之洞在任两广总督期间，积极组织抗击法国侵略，推荐重用老将冯子材，取得镇南关大捷。张之洞根据当时中国的实际情况，主张大力学习西方的先进技术，以求自强。

1889年，张之洞上奏朝廷，建议修一条卢汉铁路，即从卢沟桥至汉口，以贯通南北。慈禧批准了这个建议，并且调任张之洞为湖广总督，主持修建铁路南段。卢汉铁路用了八年时间完工，全长一千二百多千米，是中国自己修建的第一条铁路，后改为京汉铁路。

张之洞知道钢铁的重要性，创建了汉阳铁厂。汉阳铁厂是一个钢铁联合企业，包括炼钢、炼铁、铸铁等十个工厂，有四千多名工人，是中国第一个利用机器生产的大型企业，在亚洲位居第一。

汉阳铁厂生产了大量钢铁，满足了修建铁路的需要，张之洞又创建了汉阳兵工厂，制造枪炮。汉阳兵工厂生产的"汉阳造"步枪，成为中国军队的主要枪械，使用了很长一段时间。

张之洞除了创建钢铁、军工、煤矿、炼焦企业外，还重视发展民用企业。他看到棉纱、织布销路广、赢利大，便创建了湖北织布局。张之洞从英国购来机器，建了两个纱厂、一个织布厂，有五万纱锭、一千多张织布机、两千多工人。后来，湖北织布局扩建成纺纱局、织布局、缫丝局、制麻局等多个企业。

张之洞目光高远，他认为不仅要学习西方的先进技术，更要重视培养本国人才。张之洞借鉴西方教育模式，大规模推行新式教育，把实业教育、师范教育、国民教育结合起来，逐步形成了一套比较系统的近代教育思想，推动了中国教育近代化进程。

张之洞在湖北创办自强学堂，是中国近代第一所新式高等学堂，后来发展为武汉大学；创办农务学堂，是中国最早的农业方面的高等学校，后来发展为华中农业大学；创办湖北工艺学堂，学习各种先进技术，现在的武汉科技大学、武汉理工大学、华中科技大学等，都与湖北工艺学堂有渊源。张之洞还创办了算学学堂、矿务学堂、武备学堂、师范学堂等，涵盖了实业教育、师范教育、国民教育等层面。

张之洞还主张学习西方的法律制度，向朝廷建议"恤刑狱、结民心、改良法制"，并参考西法，提出"重众证、改罚锾、教工艺"等具体改进方法。

张之洞在经济、军事、教育、法律等方面，全面学习西方，并为此付出很大努力，取得显著成效。但是，唯有一条，张之洞坚持不能学、不能用，就是西方的民主思想和民主制度。

张之洞旗帜鲜明地提出"中学为体，西学为用"，就是以中国的封建体制和伦理纲常为根本，不能动摇，西方的东西只能为其服务。

张之洞在他管辖的地区和创办教育过程中，禁止宣传西方民主、民权等先进思想。

张之洞有着浓厚的忠君思想，对慈禧太后感恩戴德。张之洞本来与康有为关系不错，还曾为康有为的强学会捐款，但当他得知慈禧态度以后，立即变为反对维新变法，并杀害湖北维新派成员唐才常等十一人。

清朝腐朽衰落的根本原因，是封建专制制度，不解决这个根本问题，仅仅学习西方表面上的一些东西，又有什么用呢？

1909 年，在清朝覆灭前夕，张之洞病逝，享年七十二岁。

# 洋务运动谋求自救

洋务运动，是指慈禧上台以后，打着自强、求富的旗号，引进西方先进技术和设备，大力发展中国工商业，为挽救封建统治而开展的自救运动。

西方列强用大炮轰开了中国大门，也打掉了清朝统治者的妄自尊大和愚昧无知。人们不得不睁眼看世界，看到了清朝与西方的巨大差距。许多人主张学习西方先进技术，购买西方军事装备。

恭亲王奕䜣和大学士文祥、桂良等人，长时间在北京与英、法等国谈判，对中西方差距感受最深，因此，他们成为洋务运动的最早发起人。

1861年1月，奕䜣、文祥、桂良联名给咸丰上书，提出《通筹夷务全局酌拟章程六条》，建议成立外交机构、选派留学生等，实际上是要抛弃闭关锁国政策，向西方学习，谋求自救。咸丰皇帝同意了部分建议，设置了总理衙门，负责外交事务。

半年多以后，咸丰病死，慈禧上台。慈禧虽然是女人，但比之前的几个男性皇帝要强一些，她支持奕䜣等人的意见，提拔重用一批洋务派官员，使得洋务运动迅速开展起来。

慈禧为了加强对外联系，充实扩大了总理衙门。总理衙门起初只有奕䜣等几个人，后来不断增设机构，扩充人员，内设英国股、法国股、俄国股、美国股等。总理衙门的职权也逐步扩大，凡是建工厂、修铁路、开矿山、办学校、派留学生、购买外国设备等，都由总理衙门负责。总理衙门实际上成了洋务运动的领导中枢。

慈禧改变闭关锁国状况，向英、法、俄、美、日、德、秘鲁等国派出公使，建立外交关系，制定国旗、国歌、国徽，初步建立起中国近代外交体系，将中国纳入国际外交轨道。

由于慈禧态度明朗，从中央到地方，涌现出一大批洋务派官员，形成了一个庞大的政治派别。朝廷以奕䜣、文祥、桂良、沈桂芬等人为代表，地方官员除曾国藩、李鸿章、左宗棠、张之洞外，著名的还有福建巡抚丁日昌、两江总督刘坤一、江西巡抚沈葆桢等人。

洋务运动以富国强兵为目标，以自强、求富为旗号，大量引进西方先进技术和设备，创建企业，整顿军事，兴办教育，搞得轰轰烈烈，有力冲击了中国落后的封建生产方式，促进了资本主义发展。

洋务运动首先打着"自强"的旗号，从创办军工企业开始。中国屡次遭受外敌侵略，一个重要原因是武器简陋，大刀长矛对付不了洋枪洋炮。中国要自强，必须要有先进武器，因此，一批军工企业应运而生。

1861年，曾国藩创办安庆军械所，制造枪炮，这是中国最早的新式兵工厂。此后，洋务派相继在广州、福州、上海、南京、天津、济南、兰州、汉阳等地创建二十六个制造局，大量生产军工产品。

在短短几年之内，中国就具备了铸铁、炼钢和生产军火的能力，包括枪械、大炮、水雷、铁甲船、蒸汽机等。这些军工企业，都是由朝廷拨款，产品直接装备军队，属于带有资本主义因素的封建官营企业。

在洋务运动后期，洋务派打出"求富"的旗号，兴办了一批民用企业，涵盖航运、冶矿、纺织、电讯等各个方面。这些民用企业，有官办、商办、官商合办等形式，以商品生产为目的，追求利润，逐步形成了中国民族资本主义。

洋务运动的最大成就和重要标志，是组建了实力强大的北洋水师。洋务派还推行新式教育，开创报刊，翻译外国书籍，选派留学生等，对中国社会产生了广泛而深刻的影响。

洋务运动的实质，是学习和利用西方的先进技术，企图挽救封建统治即将灭亡的命运。因此，洋务派自始至终坚持"中体西用"原则，毫不动摇地维护封建专制体制，反对西方的民主制度。

即便如此，朝廷仍然有一批顽固派，死抱着祖宗留下的腐朽东西不放，反对洋务，为首的是同治皇帝的老师、大学士倭仁。

倭仁强烈反对学习西方的先进技术，担心"变夏为夷"，与洋务派展开了激烈争论。慈禧太后支持洋务派，压制顽固派，将倭仁免职。慈禧是最高统治者，没有她的支持，洋务运动是不可能兴起的。

洋务运动开展了三十多年，促使了中国民族资本主义产生，促进了中国近代化发展，具有重要意义。但是，由于洋务运动没有触及封建专制这个根本问题，反而是封建传统思想的卫道士，所以不可避免地归于失败。

1894 年，中日甲午战争爆发，北洋水师全军覆灭，洋务运动宣告破产。

# 同光中兴回光返照

从 1861 年至 1894 年，是同治时期和光绪前期。在这三十多年间，清朝剿灭了太平天国和捻军起义；西方列强在中国获得巨大利益后，暂时不来骚扰；清朝收复新疆；洋务运动蓬勃发展。清朝出现了难得一见的兴旺气象，史称同光中兴，也叫同治中兴。

同治皇帝六岁登基，由咸丰指定的顾命八大臣辅政。不料，他的生母慈禧发动政变，将八大臣一网打尽，实行两宫垂帘听政。慈安的才能比不上慈禧，慈禧实际上掌握了大权。

慈禧发动政变，依仗了奕䜣的力量，因而封他为议政王。慈禧为了独揽大权，四年后革去了他议政王的头衔。奕䜣虽然仍然担任军机大臣，但只能听命于慈禧了。

1873 年，同治十八岁了，慈禧不得不宣布结束两宫听政，把朝政还给同治，但仍然掌控着大权。同治亲政没有什么作为，只是降旨兴修颐和园。同治还想重修圆明园，但只修复了部分，就因财力不足而作罢。

1875 年 1 月，同治病逝，亲政不到两年。关于同治之死，有许多说法，有的说死于天花，有的说死于梅毒，有的说死于疥疮，总之是病死的。

同治皇帝没有儿子，也没有兄弟，龙脉似乎断绝了。慈禧只好选择了奕䜣的儿子载湉继位。载湉成为清朝第十一位皇帝，年号光绪。

奕䜣是咸丰的七弟，他积极参加辛酉政变，抓捕肃顺，与慈禧关系密切。特别是光绪的母亲，是慈禧的妹妹。更重要的是，光绪登基时只有三岁，两宫皇太后又可以堂而皇之地垂帘听政了。

1881 年，慈安太后去世，享年四十五岁。慈安之死，也有许多说法，有人说是被慈禧毒死的。慈安一死，慈禧独尊，不管在实质上还是形式上，都是大权独揽了。

在同光时期，以及在整个清朝晚期，慈禧太后都是最高统治者。慈禧在历史上形象不佳，也确实有许多弊政，但她在执政前期，还是有所作为的。面对内忧外患、山河破碎的危难局面，慈禧采取一系列措施，苦苦支撑着即将覆灭的大清王朝，同光中兴应该是她的政绩之一。

慈禧采取笼络手段，大力提拔重用汉臣，依靠曾国藩、左宗棠、李鸿章、胡林翼、彭玉麟等人，灭掉太平天国和捻军，消除了内患，成为同光中兴的重要标志之一。

慈禧重用的大臣，多数是汉人。著名的晚清中兴四大名臣，有两种说法：一是指曾国藩、李鸿章、左宗棠、张之洞；二是指曾国藩、左宗棠、胡林翼、彭玉麟。不管是哪种说法，总之全是汉人。

这些中兴之臣，均是当时的杰出人才，文韬武略，而且手握实权，湘军、淮军都是最强的军事力量。可是，他们没有产生野心，而是尽心竭力地为清朝卖命，唯慈禧马首是瞻，体现了慈禧的高超手段和御人能力。

清朝派出西征军，从侵略者手中夺回新疆，维护了国家主权和领土完整，这是同光中兴的又一标志。收复新疆的实施者是左宗棠，决策者则是慈禧太后。

同光中兴最重要的标志，是开展洋务运动，开辟了中国近代化道路。这固然是洋务派大臣们辛苦努力的结果，慈禧作为最高统治者，也功不可没。

在同光时期，朝廷还调整经济政策，降低农民赋税，鼓励农耕，发放粮种；增加科举录取名额，进一步笼络知识分子；改变抑商重农政策，鼓励工商业发展。因此，在这一时期，社会比较稳定，没有发生大的动乱。

后世有人认为，所谓的同光中兴，实际上并不存在，只是慈禧等人的自吹自擂。不过，从上述事例来看，同光时期还是发生了一些重大变化，对中国社会发展产生了积极作用。

当然，同光中兴并不同于历史上的中兴，也不是严格意义上的中兴。清朝自乾隆晚期以来，由于没有跟上世界潮流，已经无可避免地走下坡路了，所谓中兴，只不过使得下降趋势得到一定缓和而已。

无论是洋务运动还是同光中兴，都是极力维护封建专制制度，而这恰恰是社会发展的根本性问题，这个问题不解决，任何人都不能挽救清朝覆灭的命运。

所以说，同光中兴只不过是清朝乃至封建社会灭亡前的回光返照。

# 镇南关大捷

在同光时期，清军在广西镇南关（今友谊关）大败法国侵略者。这是中国军队在对外作战中为数不多的胜利之一，大长了中国军民的士气。

在西方列强当中，法国势力强盛，当时号称世界第二。法国实行殖民扩张政策，在第二次鸦片战争期间，不仅积极配合英国侵略中国，还武力侵占了越南南部，不久又向北部进兵。越南长期是中国的藩属国，越南国王向中国军队求援。刘永福的黑旗军正驻扎在中越边境，协助越军击退了法军。

1883 年 8 月，法国增派兵力，又向越南北部发动进攻。越南抵挡不住，被迫与法国签订《顺化条约》，宣布脱离清朝政府，变为法国的殖民地。

消息传到北京，慈禧大怒，决定出兵越南。经过洋务运动，清朝恢复了一些实力，清军也装备了火枪火炮，但不如法国的武器先进。清军在越南激战数月，不能获胜，只好退回国内。

法国趁此机会，组织一万六千余人的兵力，向中国发动进攻。法军攻占文渊、谅山、北宁等地，一度攻占基隆，企图占据台湾。台湾巡抚刘铭传奋勇抵抗，法军没有达到目的，但占领了澎湖，封锁了北海。

刘永福率领的黑旗军，原本是反清起义军，在外敌入侵关头，接受朝廷招安，成为抗法的一支重要力量。黑旗军取得纸桥大捷，给法军造成较大伤亡。中法在中越边境及东南沿海打了一年多，互有胜负。

1885 年 2 月，法国再次增兵，准备以两个旅团的兵力进攻镇南关。镇南关位于广西凭祥市西南，是广西的门户，镇南关若失，法军便可长驱直入。由于镇南关战略位置重要，时任两广总督的张之洞推荐冯子材镇守镇南关。

冯子材，广东钦州（今属广西）人，自幼父母双亡，流落江湖，学了一身好武艺，以保镖为生。冯子材参加过反清起义，后被招安，成为朝廷军官。他作战勇猛，胸有谋略，镇压太平军有功，升为贵州提督。冯子材是清军名将，深受张之洞器重。不过，当时冯子材已经六十八岁了，退休在家。

冯子材接到朝廷命令，并没有犹豫，立刻带领两个儿子，星夜赶往镇南关。冯子材到达后，马上勘察地形，见关前隘口横跨东西两岭，便命令部队迅速在两岭之间修筑高墙，使得镇南关更加坚固。

法军大队人马到达后，在关前安营扎寨，打算次日进攻。当天夜里，冯子材挑选了一批精壮士兵，准备夜袭敌营。有人劝道："敌兵势大，我们只宜凭坚据守，不可出击。"

冯子材笑着说："敌军虽然人多，但想不到我们会去劫营，出其不意，必能获胜，先挫挫敌军锐气。"法军果然没有防备，顿时大乱，受了不小损失。

法军恼羞成怒，第二天发动猛攻。法军依仗武器先进，先用大炮猛轰，炮声震天动地，烟火弥漫山谷，然后集中火力密集射击，子弹壳在阵前积了一寸多厚。清军以隘口和高墙为依托，奋力反击。法军连攻数日，没有进展，关前留下一片尸体。

法军久攻不下，逐渐失去锐气。冯子材见时机已到，令部队展开反击。清军跳出掩体，居高临下，向法军发动反冲锋。冯子材手持长矛，冲在最前面，他虽然已近七旬，但勇猛不减当年，长矛上下飞舞，无人能挡。两个儿子也是武艺高强，紧随其父，奋勇杀敌。将士们受其鼓舞，高声呐喊，拼死向前。

法军没想到清军会反击，又不习惯近身搏斗，一个个胆战心惊，抱头鼠窜。冯子材乘胜追杀，大批民众手持锄头钉耙，自动前来助阵杀敌。冯子材率军民一口气追杀二十多里，把法军打得一败涂地。

镇南关一战，消灭法军一千多人，其中军官数十名，法军司令尼格里也受了重伤。战斗结束后，百姓们抬着酒肉，争相前来慰军。

冯子材守住了镇南关，并不罢休，继续攻击法军，接连收复文渊、谅山，直抵北宁，打得法军闻风丧胆。这时，朝廷的停战诏书到了，冯子材只得含泪撤兵。战后，冯子材因功获太子少保衔，八十六岁病逝。

镇南关大捷震惊中外，英、美等国出面"调停"，对清朝施压。慈禧不想扩大事态，派李鸿章与法国谈判，最后签订《中法新约》，承认法国对越南的殖民统治，法军则撤出台湾、澎湖，解除对北海的封锁。

《中法新约》是在中国战胜情况下签订的，但总体上对法国有利。不过，法国世界第二的地位受到影响，也导致法国内阁政府垮台。

# 中日甲午战争

中日甲午战争，是日本侵略中国和朝鲜的非正义战争，因战争爆发的 1894 年是甲午年，所以称为甲午战争。

甲午战争历经近一年时间，最后以北洋水师全军覆灭而告终。甲午战争是世界近代史上的重大事件，给中国带来沉重灾难和巨大影响。

日本是东亚的岛屿国家，由四个大岛和六千八百多个小岛组成，资源贫乏，长期处于落后状态。从 19 世纪中期开始，日本推行明治维新，从根本上改变了国家体制，废除了封建制度，走上资本主义道路，只用短短几十年时间，就一跃超越清朝，成为亚洲第一强国。

这个时候，西方一些主要资本主义国家逐步向帝国主义过渡，不断对外扩张侵略。日本作为岛国，资源匮乏，市场狭小，再加上转嫁国内矛盾的需要，更急于从对外扩张中谋求发展。

对外侵略要有漂亮的遮羞布，于是，日本统治者大力宣扬"八纮一宇"。"八纮一宇"出自中国古籍《列子·汤问》，意思是天下一家。日本统治者大肆鼓吹，说日本是世界上最优秀的民族，全世界要合并为一体，日本天皇是世界最高君主。

1887 年，日本制定了"清国征讨策略"，后来演变成臭名昭著的"大陆经略政策"。日本的野心和胃口很大，计划先吞并朝鲜，以朝鲜为跳板灭亡中国，然后再征服亚洲，称霸世界。因此，日本侵略朝鲜和中国，是蓄谋已久、不可避免的。

1894 年，朝鲜发生内乱，爆发了东学党起义，声势浩大。朝鲜长期是中国的藩属国，朝鲜国王请清政府出兵支援。清政府派清军入朝，很快平息了起义。

日本见朝鲜内乱，觉得是吞并朝鲜的好机会，立即派出军队，强行侵入朝鲜，突袭汉城王宫，挟持了朝鲜国王李熙，一手挑起了甲午战争。战争分五个阶段进行。

第一阶段：丰岛海战。清朝见日本侵略朝鲜，自然不能坐视不管，开始向朝鲜增兵。1894 年 7 月 25 日，清朝几艘运兵船行驶到丰岛附近海域，突然遭到日本军舰袭击。由于日军不宣而战，清军没有防备，几艘运兵船被击伤或击沉，近千名清军葬身大海。8 月 1 日，中日两国政府同时向对方宣战。甲午战争爆发了。

第二阶段：平壤之战。丰岛海战之后，清朝继续向朝鲜增兵，主力集中在平壤，有一万五千多人。日军早有准备，兵分四路，迅速向平壤推进，准备一口吃掉清军。

1894 年 9 月 15 日，日军向平壤发起攻击。清军在平壤立足未稳，兵马又是从各地抽调来的，不能协调一致，结果只坚持了一天，就大败溃逃，伤亡两千多人，数百人被俘。平壤之战，暴露了清军战斗力软弱。

第三阶段：黄海海战。1894 年 9 月 17 日，中日双方海军在黄海展开了惊心动魄的大决战，也是甲午战争的决定性战役，双方都派出了主力战舰，规模宏大。

北洋水师提督丁汝昌亲自乘旗舰"定远号"，率领十二艘战舰，水兵两千一百多人；日本方面也派出十二艘战舰，水兵三千九百多人。双方军舰数量相当，但质量上有很大差别。

有人说，当时北洋水师的实力超过日本海军，之所以战败，是因为朝廷腐败，是人为因素造成的。这固然是重要原因，但笔者查阅了一些资料，发现并非完全如此。当时海战时，日本军舰优于中国舰船。

在北洋水师十二艘军舰当中，"定远""镇远"排水量七千多吨，其余十艘没有超过三千吨的，有四艘只有一千多吨；在日军十二艘军舰当中，排水量三千吨以上的有九艘，一千吨以下的只有一艘。

综合来看，日军军舰总排水量四万多吨、大炮二百六十八门、平均航速 14.5 节；北洋水师军舰总排水量三万多吨、大炮一百九十五门、平均航速 10.2 节；日本军舰上的大炮射程五千米，北洋水师大炮射程只有三千米。由此可见，北洋水师的军舰吨位、速度、火力、兵力，都比不上日本海军。

北洋水师在 1888 年正式成立的时候，实力居亚洲第一、世界第九，确实超过日本，但之后就没有再增添任何舰只，而且缺乏维修，燃煤、弹药等物资也不充足。有的史料说，慈禧把海军军费挪用去修颐和园了。所以，到甲午战争的时候，日本海军的实力，已经大大超过了北洋水师。

丁汝昌的旗舰"定远号"，已经下水十二年，七年没有维修，战斗打响不久，炮塔意外爆炸起火，丁汝昌受伤（一说是被日军击中的），舰长刘步蟾代替指挥。

虽然北洋水师的实力比不上日本海军，但将士们奋勇对敌，不惧生死，两军激烈交火，大炮轰鸣，海面上掀起惊涛骇浪。

邓世昌的"致远号"，排水量两千三百吨，航速 18 节，是北洋舰队中速度最快的。"致远号"船身多处受损，即将沉没。邓世昌决心与敌同归于尽，全速向日舰"吉野号"撞去。"吉野号"排水量四千二百吨，航速 22.5 节，速度更快，是不会被撞上的。结果，"致远号"中弹沉没，邓世昌壮烈殉国。

黄海海战历时五个多小时，其规模之大、时间之长，为近代海战史上所罕见。战至最后，北洋水师损失五艘军舰，其他军舰也伤痕累累，死伤官兵千余人。日本五艘军舰受伤，伤亡官兵六百余人，没有军舰沉没。北洋水师受到重创，躲入威海港内，不再出海迎敌。日本夺取了黄海的制海权。

第四阶段：辽东之战。日军取得黄海海战胜利以后，从陆地跨过鸭绿江，向辽东进军。1894 年 11 月，日军经过鸭绿江之战和金旅之战，攻占了旅顺，在渤海湾获得重要根据地，中国北方门户大开。日军在旅顺屠杀无辜民众数万人，造成旅顺惨案。

第五阶段：威海之战。1895 年 1 月，日军两万五千余人在山东荣成登陆，向威海发动进攻。与此同时，日本军舰封锁了威海港。清军进行殊死抵抗，激战一个月，日军占领了威海城，北洋水师的大本营刘公岛成为孤岛。

日军劝丁汝昌投降。丁汝昌宁死不从，登上"定远"，决心与日军决一死战。日军大小战舰四十余艘，排列在威海港外，一齐向北洋舰队猛轰，陆地上的日军也用大炮轰击。威海港陷入一片火海，北洋舰队全军覆灭。

丁汝昌见多年心血毁于一旦，愤而自杀，刘步蟾等五名高级将领一同自杀殉国。北洋水师的将士们，用生命和鲜血谱写了一曲壮烈的英雄悲歌。

在甲午战争的五个阶段，清朝屡战屡败，无一获胜，显示出日本的强盛和清王朝的腐朽没落。

清朝已无力再战，只得向日本求和。李鸿章代表清政府与日本谈判，最后签订了丧权辱国的《马关条约》。

《马关条约》比之前的任何条约都要屈辱，主要内容有：一是承认日本对朝鲜的统治；二是赔偿日本白银两亿两；三是割让辽东半岛、台湾及所附属岛屿（包括钓鱼岛）和澎湖列岛，辽东半岛因俄国干预未能割成，清政府又拿出三千万两白银作为补偿；四是日军驻守威海，清政府每年支付五十万两银子的驻军费；五是对日本间谍和汉奸不得追究。另外，还有通商、免税、派领事等多款条约。

《马关条约》给中国社会带来巨大灾难和影响，它宣告洋务运动彻底破产，三十多年的成果化为乌有；清朝遭受重大损失，国库空虚，更加衰弱不堪；更为严重的是，中国丧失了主权，引发列强瓜分中国的狂潮，中国处于任人欺凌的境地。后来，日本和俄国在中国土地上发生日俄战争，清朝政府无力干涉，只能眼睁睁地看着强盗们在自己家里杀人放火。

《马关条约》激起中国人民的极大愤慨，也促使人们警醒。

# 英名长存邓世昌

在黄海海战中，涌现出一位英雄人物，名叫邓世昌。邓世昌视死如归，与敌血战，壮烈牺牲。后人创作了许多影视戏剧，歌颂其英雄精神。邓世昌英名与世长存。

邓世昌，广东番禺（今广州）人，1849 年生，出身于商人家庭。其父邓焕庄，专做茶叶生意，在上海、天津、香港等地都有茶庄。邓焕庄很有远见，想让儿子学习外文，便把邓世昌送到上海一家教会学校。邓世昌通晓英语，能阅读英美原版书籍。

邓世昌长大以后，考入著名洋务派大臣沈葆桢创办的海军学校，学习驾驶专业。当时清朝正在兴起洋务运动，邓世昌立志学好本领，报效国家。邓世昌刻苦攻读五年，自始至终奋发努力，从不懈怠，各门功课皆列优等。

邓世昌以优异的成绩毕业，加入北洋水师，成为中国第一批经历系统教育的海军军官。邓世昌先任运输船大副，后任炮舰千总、大副、管带（舰长），开始指挥军舰。在此期间，邓世昌到英国接舰，他利用各种机会，考察英国海军情况，学习西方先进军事技术。邓世昌逐渐成长为一名优秀的海军主力舰舰长。

1887 年，李鸿章派邓世昌带队去英、德两国，接收订购的"致远""靖远""经远""来远"四艘巡洋舰。邓世昌顺利完成了任务，被任命为致远舰管带。

致远舰为英国制造，舰长七十六米，排水量两千三百吨，航速18 节，装备八门大炮和十门机关炮，在北洋舰队中排水量第五、速度第一，属于比较先进的战舰。邓世昌爱舰如命，与致远舰相始终、共存亡。

1888 年，北洋水师在威海正式宣告成立，分左、右、中、后四军。邓世昌被授予中军中营副将，不久升为中军副将，仍兼致远舰管带。

北洋舰队成立时，实力很强，在海上耀武扬威，但并没有经历过大的战斗。此后，海军军费日减，北洋水师再也没有增添舰船，军舰老化，物资短缺，实力被日本反超。北洋舰队的动力靠燃煤，需要大量高质量的煤炭，可经费短缺，丁汝昌经常为燃煤不足而发愁。

1894 年，中日甲午战争爆发，两国海军在黄海进行生死大决战。邓世昌在战前慷慨激昂地对将士们说："人谁不死，但愿死得其所，现在到了我们报效国家的时候了！"全舰二百五十余名官兵同仇敌忾，皆抱定为国捐躯之决心。

海战开始不久，北洋舰队就处于不利状态。旗舰"定远号"炮塔爆炸，丁汝昌负伤。紧接着，"超勇号"中弹沉没。"超勇号"是老式军舰，排水量只有一千三百吨。超勇舰管带黄建勋落水，其他军舰赶快营救，抛下长绳。黄建勋见军舰沉没，悲痛不已，拒绝相救，与军舰同沉海底。黄建勋也是一位可歌可泣的英雄人物。

邓世昌见情况危急，下令开足马力，冲上前去。致远舰速度快，猛打猛冲，一下子搅乱了敌舰队形。致远舰大小火炮一齐开火，日本赤城舰舰长坂元八太郎中弹身亡，西京丸舰也受重创。

致远舰迎头撞见了日舰"吉野号"。"吉野号"是日军主力战舰之一，排水量四千二百多吨，速度 22.5 节，舰长是日本海军名将河原要一大佐。"吉野号"各方面都优于致远舰，邓世昌毫不畏惧，指挥战舰冲上前去，靠近发炮，把"吉野号"打得起火。可是，"吉野号"性能先进，有灭火装置，很快扑灭了大火。

由于致远舰冲在最前面，过于突出，几艘日舰聚拢过来，将致远舰团团围住，一齐发炮攻打。日军的大炮能够连射，并且使用的是穿甲弹，威力很大；而北洋舰队的大炮只能单发，使用的是旧式炮弹，不能击穿铁甲。致远舰极其危险。

经远舰管带林永生见致远舰危险，急忙去救，却被日舰拦截，只得与日舰拼死搏斗。不久，经远舰中弹沉没，林永生壮烈殉国。

致远舰在数艘日舰围攻下，伤痕累累，船身起火，即将沉没。邓世昌两眼冒火，下令全速撞击"吉野号"，决心与它同归于尽。有的史料说，邓世昌驾船撞击日舰，是因为炮弹打光了。见致远舰撞来，日舰惊慌，集中炮火打击，致使致远舰爆炸沉没。全舰官兵除七人获救外，其余全部壮烈牺牲。

邓世昌落水后，有人抛下救生圈相救，被他拒绝。邓世昌所养的爱犬游到他身边，口衔其臂相救，邓世昌毅然将爱犬推开，誓与军舰共存亡。邓世昌与自己的爱舰共同沉没于波涛之中，享年四十五岁。

邓世昌牺牲了，他的英雄壮举和崇高的爱国主义精神，激励着中华儿女。

# 英名受污刘步蟾

在甲午战争中，涌现出许多像邓世昌一样的英雄人物，刘步蟾是其中之一。然而，在某些文学作品中，刘步蟾却被描写成投降派，是贪生怕死之人，使得刘步蟾英名受污。

刘步蟾，福建侯官（今福州）人，1852年生，比邓世昌小三岁，出身于富裕家庭。刘步蟾自幼聪颖，学习刻苦，长大后性格沉毅，素有大志。

刘步蟾十四岁的时候，考入沈葆桢创办的海军学校，与邓世昌成为同学。刘步蟾学习勤奋，驾驶、航海、枪炮各方面无不精通，最后以全班第一的成绩毕业。刘步蟾毕业三年之后，就当上了"建威号"舰长，年仅二十二岁，可谓英雄少年，风华正茂。

1877年，清朝政府挑选三十名青年才俊，到英国、法国留学。邓世昌因年龄偏大没有被选中，刘步蟾则成为中国第一批留学生。刘步蟾在英国学习三年，其间任英国军舰的见习大副，使他成为知识丰富的优秀海军人才。

刘步蟾回国之后，受到李鸿章赏识，将其留职于北洋水师。在筹建北洋水师过程中，刘步蟾发挥了重要作用。他见清朝水师与西方海军差距甚大，最大的军舰排水量只有千余吨，于是频频上书，请求购买先进的巡洋舰。在刘步蟾的建议下，北洋水师实力迅速提升。刘步蟾受过多年正规海军教育，负责起草了《北洋海军章程》等一系列法规文献，为北洋水师建设做出卓越贡献。

1888年，北洋水师正式成立。刘步蟾担任右翼总兵，兼旗舰"定远号"舰长，获一品顶戴，时年三十六岁。北洋水师提督丁汝昌是淮军出身，对海军是门外汉。北洋水师的日常管理和训练，实际上是由刘步蟾负责。

刘步蟾具有坚定的爱国思想，对国家主权毫不让步。北洋水师在训练当中，聘用了一些洋人做教练。有的洋人飞扬跋扈，竟然要求在兵营悬挂外国旗帜。刘步蟾坚决反对，闹了一场很大的挂旗风波，一直闹到李鸿章那里。李鸿章支持刘步蟾，才平息了事态。

刘步蟾有战略眼光，他密切关注日本海军动向，见日本海军发展很快，十分担忧，向李鸿章上书，要求更新北洋水师的舰船。李鸿章没有答复。刘步蟾干脆直接去见李鸿章，当面陈述意见。李鸿章认为意见很好，但清政府已经拿不出钱来了。

日本实力增强以后，终于挑起了甲午战争。刘步蟾担任舰长的"定远号"，是北洋水师的旗舰，丁汝昌在舰上指挥全军作战。

定远舰是大型战舰，为德国建造，舰长九十五米，排水量七千多吨，号称亚洲第一巨舰，是刘步蟾说服李鸿章，花了一百四十万两白银买来的。当时德国为了刺激重工业发展，这个价格不是很贵。刘步蟾爱舰如命，开战前发出誓言："舰在人在，舰亡人亡。"

定远舰虽说是巨无霸，可年久失修，已经老化，速度也不快，在性能上落后于日本军舰。战斗打响后不久，定远舰就出了问题，有的说是自己发生了爆炸，有的说是被日军炮火击中的。丁汝昌负了伤，有的说是摔伤，有的说是烧伤。

定远舰是旗舰，事关全局。见丁汝昌负伤，刘步蟾立即代替指挥。这时，邓世昌的致远舰冲到了最前边，牵制了数艘日舰。刘步蟾抓住这个机会，迅速炮击日本军舰。定远舰的主炮是305毫米口径，威力相当大，刘步蟾又技术过硬，指挥得当，所以连续击中日舰"比睿号""扶桑号"，可惜不是穿甲弹，没有将敌舰炸沉。

刘步蟾决定擒贼先擒王，瞄上了日军旗舰"松岛号"。定远舰对准"松岛号"一阵猛轰，松岛舰连中两发炮弹，引起弹药爆炸，发出震天巨响，船体倾斜，火焰冲天，舵机失灵，官兵死伤一半，失去了作战能力。日本舰队只好撤离战场，结束了黄海海战。

在海战当中，日本有五艘军舰受损，其中三艘是被刘步蟾指挥定远舰击伤的，尤其是重创了日军旗舰"松岛号"，迫使日军舰队撤离战场。刘步蟾对此立有大功。

北洋舰队损失惨重，只得躲入威海港内。第二年，日军占领威海，封锁了威海港，从水陆两地万炮齐发，对北洋舰队予以毁灭性打击，北洋水师全军覆灭。刘步蟾悲痛欲绝，愤而自杀殉国，践行了他"舰亡人亡"的誓言，年仅四十三岁。

刘步蟾虽然在文学作品中名誉受到玷污，但他的英雄壮举和英名，与邓世昌一样与世长存。

# 戊戌变法革新图存

在甲午战争中，日本侵略者用大炮毁灭了北洋水师，也惊醒了中国人，迫使中国民众发出愤怒的吼声。许多有识之士都在思索，怎样才能挽救积弱积贫、灾难深重的中国？

1895 年春，各省举人云集北京参加会试。中日签订《马关条约》的消息传来，立刻引发群情激愤，台湾举人更是痛哭流涕。康有为、梁启超等联络各省举人，联名给光绪皇帝上万言书，要求革新变法。因人们习惯用"公车"作为举人入京应试的代称，所以被称为公车上书。

与此同时，许多朝廷官员、知识分子、人民群众，也都通过上书、请愿和其他方式，表达对日本侵略者的愤慨，要求变法图存，挽救中国。

公车上书没有被清政府采纳，但在社会上产生了极大影响，被认为是中国群众政治运动的开端。康有为、梁启超、谭嗣同、严复等人以变法图强为号召，在北京、上海等地创办报刊，提倡新文化，主张改良社会，逐渐形成了维新派。维新思想广泛传播，被越来越多的人接受。

按照《马关条约》，中国需要赔偿日本白银两亿三千万两，清政府根本无力支付。当时国家收入每年七八千万两白银，但支出却需要九千万两，早已入不敷出，拿什么赔偿日本呢？

清朝政府饮鸩止渴，一方面把危机转嫁给民众，加重税赋，搞得民不聊生；另一方面向外国借钱，致使债台高筑。西方列强在借钱时，逼迫清政府拿关税、修路权、开矿权、土地等做抵押，使得中国主权进一步丧失。外国资本大量涌入，在经济上进行疯狂掠夺，随之而来的，是从政治、文化、军事、宗教等方面进行渗透和控制。列强们划分了势力范围，掀起了瓜分中国的狂潮。

1897年，德国悍然出兵，占据了胶州湾，民族危机进一步加剧。在严重危机激发下，维新变法运动迅速高涨。康有为再次给光绪皇帝上书，大声疾呼，说如不实行变法，中国必亡，皇帝即便想做老百姓，也不可能了。

光绪皇帝当时二十七岁，已经亲政八年，但大权仍然掌握在慈禧太后手里。光绪面对国家危机，也是忧心忡忡，他亲自接见了康有为，当面听取他的意见。听了康有为一番慷慨激昂的陈述后，光绪下定决心，任命康有为为总理衙门章京，主持变法。

康有为十分兴奋，立即与梁启超、谭嗣同等人研究变法事宜。不久，康有为上《应诏统筹全局折》，提出了变法的施政纲领。

1898年6月11日，光绪皇帝在征得慈禧同意后，颁布《定国是诏》，宣布开始变法。之后，光绪按照康有为等人制定的政策，相继发布上百道变法诏令，变法运动轰轰烈烈开展起来。因当时是戊戌年，所以被称为戊戌变法。

戊戌变法在政治改革上，主要是开放言路；精简机构，撤销朝廷六个衙门；任用新人，维新派成员得到重用；皇帝统领陆海军；准备迁都上海等。

戊戌变法在经济改革上，主要是实行工商立国政策，减少官办企业，鼓励民办企业；朝廷设立铁路矿务总局，统一管理修路开矿；奖励科技发明；编译外国科技类书籍；各省设商务局和商会，保护和鼓励商业发展等。

戊戌变法在教育改革上，主要是改革科举考试制度，废除八股文，增加经济、科技、历史方面的考试内容；各类学校改为兼习中西学；创办京师大学堂，各省设高等学堂，郡城设中等学堂，州县设小学；增设工、商、农、医、矿、翻译等方面学堂，培养专门人才；扩大留学生数量；鼓励私人办学等。

戊戌变法在军事、社会等领域也进行了许多改革，主要有：用西方办法进行军事训练；武科考试取消弓箭骑剑，改考枪炮；设立武备大学；破除封建迷信等。

戊戌变法实质上是统治阶级内部维新派发起的社会改良运动，并没有触及封建专制这个根本制度。但是，仍然遭到保守派的激烈反对，尤其是利益受到损害的皇戚贵族们，更是视康有为等人为仇敌，说他"摇惑人心，混淆国是"。李鸿章、荣禄等一些重臣，也反对变法。

慈禧太后起初对变法是默许的，但她看到反对派的势力很大，特别是变法也损害了她的利益，便改变了态度。光绪贵为皇帝，过去是没有任命官员权力的，如今却擅自任命了一批维新派官员，更让慈禧不能容忍。

9月21日，慈禧突然发动政变，囚禁了光绪皇帝。戊戌变法只有一百多天，就被扼杀了。

# 戊戌政变皇帝遭囚

慈禧虽然是女人，但性格刚毅，富有心机，手段毒辣，比男人还厉害。她一生搞过三次政变，均获成功，堪称政变高手。

第一次是辛酉政变，慈禧铲除八大臣，登上历史舞台；第二次是甲申易枢，慈禧把奕䜣为首的军机处罢斥，自己独揽大权；第三次就是戊戌政变了。

康有为等人依靠有名无实的光绪皇帝，搞起了表面上轰轰烈烈的维新变法，企图挽救中国危机。变法引起保守派强烈反对，维新派也有一些过激和不切实际的地方，两派展开激烈斗争。

保守派的主要代表人物之一，是直隶总督兼北洋大臣荣禄。荣禄是慈禧的心腹，李鸿章因签订《马关条约》引发众怒，沉寂了一段时间，荣禄顶替了他的位置，掌管北洋各军，权势显赫。另外，庆亲王奕劻、礼部尚书怀塔布、御史杨崇伊等人，都是保守派骨干成员。

保守派几乎都是慈禧的亲信，他们天天围着慈禧，请求慈禧"训政"，阻止变法。奕劻甚至下跪哭泣，声泪俱下，说如果任由维新派胡闹，祖宗留下的基业就完了。慈禧对变法也不满意，更重要的是，她感觉光绪似乎想通过变法，摆脱她的控制，这是绝不能允许的。这个时候，慈禧已经六十四岁了，但权力欲依然极强。

保守派有了慈禧支持，更加肆无忌惮，公开反对变法，并上书要求诛杀康有为、梁启超。康有为等人针锋相对，奏请光绪，罢免了怀塔布、许应骙、堃岫、徐会沣、曾广汉等一批保守派官员的职务。双方矛盾进一步尖锐，到了剑拔弩张的地步。

荣禄手握军权，调兵进京，做好了应变准备。保守派一伙密谋，想趁光绪到天津阅兵时，囚禁皇帝，诛杀维新派，由慈禧独揽朝政。

按照康有为的变法计划，需要在朝廷设"懋勤殿"，作为光绪与维新派推行变法的领导机构，实际上是想扩大光绪皇帝的权力。光绪不敢做主，去请示慈禧，这无异于与虎谋皮。

慈禧一听，果然勃然大怒，指着光绪的鼻子一顿臭骂，说："天下是祖宗打下来的，你敢任意妄为！诸位大臣跟随我多年，你敢随意罢免！难道康有为之法，能胜过祖宗之法吗？难道祖宗还不如洋鬼子重要吗？"吓得光绪跪在地上，诚惶诚恐，一句话也不敢说。

光绪见慈禧态度突变，变法恐怕难以持续，自己也处在危险境地，便让维新派商议对策。这时，宫中传言四起，说慈禧要废黜光绪，另立新君。

维新派慌了手脚，他们都是文人，手中又没有实权，一个个束手无策。谭嗣同为人侠义，气猛志锐，愤然说道："事到如今，只有破釜沉舟，诛杀荣禄，软禁太后，让皇帝掌握实权，除此之外，没有别的办法。"谭嗣同自告奋勇去联络袁世凯。

袁世凯，河南项城人，年轻时候投入淮军，后来在朝鲜驻军十二年，崭露头角，得到李鸿章赏识。甲午战争后，袁世凯向皇帝上万言书，提出十二条西法练兵的建议，得到光绪支持。于是，袁世凯在天津小站采用西式办法练兵，组建了中国第一支新式陆军。许多著名人物如徐世昌、段祺瑞、冯国璋、曹锟、张勋等人，都出自天津小站。袁世凯成为后来北洋军阀的始祖。

袁世凯倾向变法，与康有为、梁启超、谭嗣同等人有些交往，并加入了强学会。强学会是维新派组织的政治团体。光绪对袁世凯十分器重，在变法期间两次召见他。袁世凯信誓旦旦，大表决心，坚决支持变法。所以，谭嗣同才有底气，提出武力解决问题的方案，并把希望寄托在袁世凯身上。

9 月 18 日夜里，谭嗣同悄悄来到袁世凯住处，寒暄几句后，开门见山，把诛杀荣禄、软禁慈禧的计划和盘托出。袁世凯没有思想准备，一时愣住了。

谭嗣同诚恳地说："皇上现在处境危险，能够救皇上的，只有您一人。此事如能成功，您就立下了不世之功。当然，您如果不想救皇上，可以到颐和园去告发，让太后砍了我的头，您就有享不尽的荣华富贵了。"

此时，袁世凯已经回过神来了，他生气地说："足下把我当成什么人了！你我都受到皇上恩德，想救皇上的，不只是你一人。"谭嗣同见袁世凯态度坚决，十分满意地告辞走了。

谭嗣同走后，袁世凯一夜未眠，这事实在是太大了，他需要认真想一想。此事如能成功，自然是大功一件，必得皇上重赏，从此飞黄腾达；可如果不成功，必定是大祸临头，不仅自己性命不保，还会连累全家老小。

当时，袁世凯掌握的新军只有五千多人，用来软禁慈禧还是可以的，可要想对付手握重兵的荣禄，就十分困难了。再说，慈禧掌权已近四十年，满朝文武都是她的人，而光绪只是个挂名皇帝，光绪怎能斗得过慈禧呢？

袁世凯想了一夜，想得脑袋都疼了，经过再三权衡，最终决定倒向慈禧，出卖光绪，换取荣华富贵。

袁世凯向顶头上司荣禄告了密。荣禄大惊，立即跑到颐和园报告。于是，慈禧果断发动了戊戌政变。

还有一种说法是，袁世凯并没有立即告密，而是持暂时观望态度。在袁世凯没有告密之前，慈禧就已经决定搞政变了，所以与袁世凯告密没有关系。袁世凯在慈禧发动政变的前夕，为了自保，才向慈禧告了密。慈禧得知维新派有危害自己的计划，大为恼怒，下令诛杀了六君子。

9月21日，慈禧发动政变。政变过程很简单，没有遇到任何抵抗和阻力。慈禧从颐和园来到宫中，把光绪痛骂一顿，然后把他囚禁在瀛台，光绪从此失去了自由。慈禧宣布"临朝训政"，又独掌了大权。

慈禧下令在全城搜捕，逮捕了许多维新派人士，罢免了数十名支持变法的朝廷官员。康有为、梁启超逃往日本。

9 月 28 日，谭嗣同等六人被押赴刑场处斩，六人被誉为"戊戌六君子"。

袁世凯得到提拔重用，先任工部侍郎，不久升为山东巡抚，成为封疆大吏，此后飞黄腾达。袁世凯是用"戊戌六君子"的鲜血，染红了自己的官帽。

# 戊戌喋血六君子

慈禧为维护封建专制和个人权力，悍然发动戊戌政变，大肆迫害杀戮维新派成员，著名志士谭嗣同、林旭、杨深秀、杨锐、刘光第、康广仁惨遭杀害，史称"戊戌六君子"。

谭嗣同，号壮飞，湖南浏阳人，出身官宦之家。其父谭继洵，官至湖北巡抚兼署湖广总督。谭嗣同少年时，对王夫之的民主思想很感兴趣，长大后游历河北、河南、湖北、江西、山东、陕西、甘肃、新疆等地，目睹了百姓贫穷和苦难，萌生了改造社会、救国救民的豪情壮志。

谭嗣同积极开展维新运动，成立南学会，创办《湘报》，宣传变法，抨击旧政。他所著的《仁学》，充满了反封建的激进思想，是维新派的第一部哲学著作，在中国近代思想史上占有重要地位。

谭嗣同是戊戌变法的骨干成员，被光绪授予军机章京。谭嗣同与康有为、梁启超为变法呕心沥血，研究制定了大量变法政策。在变法危急关头，谭嗣同态度坚决，主张武力对抗，并为此做了许多努力。

在慈禧发动政变时，谭嗣同完全有机会逃走，但他置个人安危于不顾，多方活动，打算营救光绪皇帝，可惜均未成功。

这时，许多人劝他逃离。谭嗣同却决定以自己的牺牲，向封建保守势力做最后的反抗，用鲜血唤醒国人。谭嗣同满怀豪情地对人们说："各国变法，无不以鲜血而成；中国的变法，还未曾流血，就从我谭嗣同开始吧。"

谭嗣同把生死置之度外，并不逃避，从容被捕。谭嗣同在狱中写下了著名诗句："望门投止思张俭，忍死须臾待杜根。我自横刀向天笑，去留肝胆两昆仑。"

1898年9月28日，谭嗣同等六君子在北京宣武门外菜市口英勇就义。谭嗣同享年三十三岁。

谭嗣同在受刑前，仰天大笑，高呼道："有心杀贼，无力回天，死得其所，快哉快哉！"其冲天豪气，惊天地，泣鬼神，永留人间。

林旭，福建侯官人，出身官宦之家。林旭少年时就以聪慧好学、博闻强识而出名，被称为神童，十八岁考中举人第一名。

林旭的妻子叫沈鹊应，是著名洋务派大臣沈葆桢的孙女、民族英雄林则徐的曾外孙女。沈鹊应能诗善文，是有名的才女，与林旭志同道合，感情深厚。

林旭追随康有为从事变法维新活动，得到光绪皇帝赏识，被任命为军机章京。林旭才华横溢，年轻气盛，与保守派作坚决斗争，被指责为"年少轻狂"。

慈禧发动政变时，林旭最先得到消息，但他没有躲避，而是帮助康有为、梁启超逃走，自己却身陷囹圄。

林旭早把个人生死置之度外，唯一牵挂的，是他的爱妻沈鹊应。林旭悲怆地对人说："我妻性情刚烈，必从我死，挂念至极，肝肠寸断。"

林旭与谭嗣同等人一同遇害，临刑前神色自若，仰天长啸："君子死，正义尽！"林旭就义时，年仅二十四岁，是六君子中年龄最小的。

沈鹊应闻知林旭死讯，悲痛欲绝，两年后，忧郁而死。

杨深秀，山西闻喜人，出身名门望族。杨深秀进士出身，官至山东道监察御史。杨深秀是六君子中年龄最大的，而且早就是朝廷高官。

杨深秀为官清廉，忧国忧民，赞同维新派主张，积极支持变法。杨深秀因担任官职，公务繁忙，并没有参加变法的具体工作。

慈禧发动政变时，起初没有把杨深秀列入逮捕名单。可是，杨深秀义愤填膺，不顾生死，毅然给慈禧上书，为谭嗣同等人辩护，要求慈禧收回成命，言辞激烈，慷慨激昂。慈禧大怒，将他一同杀害。杨深秀遇难时五十岁。

杨锐，四川绵竹人，出身书香门第。杨锐毕业于张之洞创办的尊经书院，满腹学问，才华出众。张之洞常对人说，杨锐就是当代的苏轼。

杨锐是维新运动发起人之一，参与组建强学会，为变法四处奔走呼号，是戊戌变法的骨干成员，因而深受慈禧厌恶。

杨锐被捕后，坚贞不屈，视死如归。所以，虽经张之洞多方营救，终不能免，慷慨就义，享年四十一岁。

刘光第，四川富顺人，出身贫苦。刘光第幼年丧父，家中常吃豆渣充饥。母亲王氏是位坚强女性，她咬牙供子读书。刘光第很争气，童子试中考取全县第一，二十四岁考中进士，步入仕途。

刘光第积极参加维新运动，被光绪皇帝任命为军机章京。当时，谭嗣同、林旭、杨锐、刘光第合称"军机四卿"，负责变法的具体工作，在戊戌变法中发挥了重要作用。

刘光第被捕后，大义凛然，质问道："救国救民，何罪之有？"慈禧逮捕六君子后，不加审讯，就下令处斩。刘光第大声抗议说："你们口口声声维护祖宗之法，难道未讯而诛，就是祖宗之法吗？"

在刑场上，刘光第崛立不跪，头被砍掉了，身躯仍然挺立不倒。刽子手心惊胆战，百姓们纷纷为他焚香烧纸。刘光第遇难时四十岁。

康广仁，广东南海丹灶（今属佛山市南海区）人，康有为的弟弟。康广仁反对科举制度，认为国家弱亡，皆因八股锢塞人才所致，所以从不参加应试，而是跟随康有为四处奔走，宣扬维新变法。

康广仁被捕后神情自若，谈笑如常，对人说："若死而中国能强，死亦何妨？"临刑前，康广仁昂首向天，大声喊道："中国自强之机在此矣！"康广仁享年三十一岁。

慈禧发动戊戌政变，不仅要杀六君子，还要杀徐致靖、张荫桓等人。徐致靖的父亲与李鸿章是朋友，得以幸免，被革职监禁。张荫桓因其他原因免死，流放新疆，但不久遇害。徐致靖因没有与六君子一同就义感到羞耻，改名徐仅叟，意思是刀下仅存的老朽。

另外，在湖南也有唐才常、林圭、傅慈祥等维新派十一人惨遭杀害，一大批维新派人士遭监禁和流放。

　　戊戌六君子和许多维新派志士，用鲜血和生命激发了人们的爱国思想和民族意识，促进了中国人民的觉醒，为后来的民主革命和反帝反封建斗争做了必要的思想准备和舆论准备，在历史上产生了重要作用。

# 光绪是被毒死的

光绪是清朝乃至中国历史上最不幸的皇帝之一，他一辈子生活在慈禧的阴影之下，壮年时又被毒死，甚是可怜。

光绪的父亲是醇亲王奕譞。奕譞是道光皇帝第七子、咸丰皇帝的弟弟，因参加辛酉政变有功，得到慈禧信任和重用。奕譞为人谨慎，能力一般，于1891年病逝，享年五十一岁。

光绪的母亲叫叶赫那拉·婉贞，是慈禧的胞妹。婉贞生了四子一女五个孩子，可除了光绪以外，其他孩子都死了，光绪又居于深宫，不能相见。婉贞大受打击，愁苦悲哀，一蹶不振，五十六岁病逝。

光绪既是慈禧的侄子，也是她的外甥。同治皇帝死了以后，慈禧指定把光绪过继给咸丰当儿子，以便继承皇位，光绪又成了她的养子。当时，光绪只有三岁，稀里糊涂地被抱上了龙椅。

《翁同龢日记》记载，奕譞听说要让自己的儿子当皇帝，一声哀号，瘫倒在地，大哭不止，任凭亲贵大臣们搀扶，就是伏地痛哭不起来。奕譞心里很清楚，在慈禧手下当皇帝，儿子这辈子算是完了，所以心中悲痛，不能控制。

翁同龢是晚清著名政治家，品行端正，当过同治、光绪两代皇帝的老师，他亲手写的日记，可信度应该是比较高的。

慈禧热衷于政治和权力，既有智谋，又有手段，可就是缺乏女性的温柔和慈爱。光绪在慈禧的严厉管教下长大，自然养成了懦弱顺从的性格。光绪一生都十分惧怕慈禧，任何事情都不敢违背慈禧的旨意。慈禧需要的，正是这样的皇帝。

光绪长大以后，婚姻当然不能自己做主，慈禧指定自己的内侄女给光绪做皇后，她就是后来的隆裕太后。隆裕太后有一张照片流传于世，她长得相貌平平，大长脸，大嘴巴，两颗大门牙，还有点驼背，而且比光绪大三岁。

光绪皇帝不喜欢皇后，却喜欢珍妃，视为红颜知己。珍妃皮肤白皙，清秀俊美，聪明伶俐，性格开朗，她自幼在广州长大，接触了一些西方文化，对光绪影响很大。慈禧却看珍妃不顺眼，借故将她剥去衣服，一顿痛打。光绪贵为皇帝，也只能眼睁睁地看着红颜知己挨打受辱。

1889年，光绪十九岁了，慈禧不得不表示让光绪亲政。慈禧从皇宫搬到颐和园居住，但要求光绪每天前来请安，所有军国大事，都要向她禀报。更重要的是，光绪没有人事权，朝廷官员的任免升降，都由慈禧说了算。光绪没有实权，完全是个挂名皇帝。

在中日甲午战争中，光绪态度坚决，主张抗战到底。但他做不了主，慈禧派李鸿章去日本屈膝求和。李鸿章拿着拟好的《马关条约》回来，光绪愤慨，拒绝签字。慈禧一顿训斥，光绪不得不流着泪签字盖印。

康有为等人变法图强的主张，正合光绪心意。光绪请示慈禧同意后，开始了戊戌变法。变法触犯了保守派的利益，也冒犯了慈禧的权威，尤其是光绪不经请示，擅自提拔重用了一批维新派人士，罢免了一批保守派官员，使慈禧不能容忍。慈禧又把光绪痛斥一顿，准备阻止变法。

光绪见变法即将夭折，忧心忡忡，写了密诏，令杨锐交给康有为。密诏大意是：今日时局艰难，非变法不足以救中国。但皇太后不以为然，朕屡次上谏，太后发怒，朕位不保。康有为、谭嗣同、林旭、杨锐、刘光第等，可妥速密筹，设法相救。朕十分焦虑，不胜企盼之至。

康有为、谭嗣同等人看到密诏后，抱头痛哭一场，然后商定了诛荣禄、囚太后的计划。不料慈禧抢先动手，发动政变，囚禁光绪，诛杀六君子。

康有为逃到日本以后，痛骂慈禧罪大恶极，列举了慈禧十条大罪，并公布了光绪密诏，表示自己奉诏外出求救。慈禧看到密诏后，认为光绪有谋害她之心，所以至死不肯原谅他。

不过，有史料说，康有为公布的这份密诏，经过了他的篡改。光绪的本意是，让维新派想个办法，让慈禧同意继续变法。原来的密诏中有"勿违太后之意"等句，意思是说，既要变法，又不能与慈禧相对抗。

戊戌政变以后，光绪被软禁于瀛台涵元殿，失去了自由。朝廷对外宣称皇帝有病，由慈禧太后"临朝训政"。后来，光绪有了一些自由，也偶尔临朝，但仍然被慈禧严密控制着。光绪心爱的珍妃被慈禧害死了，他也无力营救。

1908 年 11 月 14 日，光绪驾崩，享年三十八岁。第二天，慈禧也死了，享年七十四岁。

年轻力壮的光绪，竟然死在慈禧前头，而且两人只相差一天，是很离奇的。所以，关于光绪之死，后世议论纷纷，存在许多疑问和争议。官方文件自然记载光绪是病死的，但许多史料说，光绪是被毒死的。

《崇陵传信录》记载，光绪驾崩十天之前，是慈禧的生日，光绪率百官祝贺。当时慈禧有病，光绪面露喜色。慈禧恶狠狠地说："我不能死在这小子前头。"

有史料说，光绪死时，面黑，舌焦黄，在床上翻滚，大叫肚子疼，痛苦万分。光绪死后入殓，一反常规地由宫内太监办理，讳莫如深。

民间更是有很多传言，都说光绪皇帝是被人害死的。光绪不是正常死亡，几乎成了公议，但由于没有确凿证据，长期难有定论。

2008 年，时间过了一百年之后，为了揭开光绪死亡之谜，有关科研机构和专家，运用现代仪器和技术，对光绪的遗骨、头发、衣物进行探测，发现光绪体内存有大量砒霜，远远超过正常情况。最后研究结论为：光绪是被人用砒霜毒死的。目前，这个结论被许多人接受。当然，也有一些不同的意见。

光绪是被毒死的，有了直接证据，基本得到证实。可是，谁是下毒凶手呢？人们纷纷猜测推理。

慈禧是最大的嫌疑犯。慈禧囚禁光绪十年，又害死光绪爱妃珍妃，她一旦离世，光绪皇帝必定亲自掌权，可能会对慈禧及她的亲信们进行报复。所以，慈禧在临终之前，先毒死了光绪。从慈禧的为人和手段来看，她是做得出来的。

也有人认为，光绪是被袁世凯或者李莲英毒死的。袁世凯出卖了维新派，造成严重后果，光绪一旦掌权，袁世凯肯定不得好死。李莲英是慈禧身边的第一红人，帮慈禧干了不少坏事，光绪亲政后，他是没有好果子吃的。所以，袁世凯或者李莲英也有可能抢先下手，毒死光绪。

看来，对于谁是毒死光绪的凶手，还需要做进一步深入研究。

# 义和团运动

中日甲午战争以后，西方列强掀起了瓜分中国的狂潮，中华民族陷入严重危机。清政府腐败无能，对内残酷镇压维新派，对外屈膝求和，使得危机越发严重。英勇的中国人民却不甘受辱，自发奋起反抗，一场轰轰烈烈的义和团运动爆发了。

义和团的前身，叫义和拳。义和拳是山东、河北一带的民间习武组织，带有江湖和宗教色彩，有些地方也叫大刀会、红枪会、斧头帮等名称。义和拳起初打着"反清复明"旗号，清政府曾多次派兵镇压。后来，随着西方列强入侵，义和拳觉得洋鬼子比清政府更可恨，于是改为"扶清灭洋"。义和拳人数越来越多，便改为义和团。

义和团运动爆发，完全是由帝国主义入侵引起的。清朝被日本打败，割地赔款，刺激了西方列强的野心和胃口，列强们接踵而来，在中国划分势力范围。俄国霸占东北，英国占据长江流域，法国霸占两广和云南，德国占领山东。列强们在中国土地上耀武扬威，开矿山、修铁路、建工厂、办学校，疯狂掠夺财富，同时，在政治、文化、宗教方面进行渗透和控制，尤其是宗教，已经进入农村和百姓生活。

西方的宗教，早在明朝时期就传入中国，那个时候完全是宗教行为，传教士遵守中国法律和习俗，被中国民众以平和包容的态度所接纳。在很长一个时期，西方宗教并没有与中国老百姓发生矛盾和冲突，而且发展很快，拥有了大量教徒。

可是，在西方列强瓜分中国狂潮中，西方宗教已经变了味道，成了列强们侵略中国的工具。有些教堂依仗本国势力，骄横跋扈，蔑视中国法律和习俗，干涉百姓信仰自由；有的勾结官府，欺压百姓，强占民田，敲诈财富，奸淫妇女，无恶不作；有些人只是披着传教士的外衣，实质上是侵略者，干着不可告人的勾当。教会的不法行为引起民众愤恨，因此，中国老百姓与外国侵略者的矛盾冲突，首先从教会开始了。

1897年前后，山东发生"曹州教案""冠县教案"，重庆发生"大足教案"，这三大教案震动全国，拉开了义和团运动的序幕。

三大教案都是由西方教会引起的，由于教会长期横行霸道，欺压百姓，民众不堪忍受，自发起来进行反抗，杀死外国传教士，捣毁教堂。各地民众奋起，抵制西方列强。

西方列强不肯善罢甘休，或逼迫清政府予以镇压，或直接出兵干预，结果激起民众更大反抗。维新派在义和团中开展活动，谭嗣同就与一个叫大刀王五的人结成了好朋友。义和团接受维新派的主张，打出了"扶清灭洋"旗帜，决心挽救民族危亡。一场轰轰烈烈的义和团运动爆发了。

义和团运动首先从山东兴起。山东民风朴实强悍，历来有习武风俗。山东冠县、茌平、高唐、平原等地先后发生义和团起义，建立坛、厂、炉、团等基层组织，有的也叫红灯照、蓝灯照等。义和团为了打消人们对洋枪洋炮的畏惧，利用封建迷信，宣扬"持符念咒，神灵附体，刀枪不入"。义和团越聚越多，逐渐形成了声势浩大的群众运动。

义和团具有朴素的爱国主义思想，反对不平等条约，痛恨帝国主义入侵。义和团编成歌谣，广泛传唱。歌谣道："神助拳，义和团，只因鬼子闹中原。天无雨，地焦旱，全是教堂止住天。兵法艺，都学会，要平鬼子不费难。洋鬼子，尽除完，大清一统靖江山。"歌谣清楚地表明了义和团运动爆发的原因和要实现的目标。

义和团反对西方列强的行动，使得一些朝廷官员感到心里解气，特别是义和团提出"扶清灭洋"口号，使他们能够接受。山东两任巡抚张汝梅、毓贤以及兵部尚书刚毅等人，都主张对义和团予以招抚利用。义和团势力越来越大。

义和团运动初期，有一定的组织纪律性，制定了十条团规，如不贪财、不好色、不违父母命、不犯朝廷法、杀洋人、灭赃官等。但到了后期，随着各种人员大量加入，义和团成分越来越复杂，就基本上没有纪律可言了。

义和团是民众自发形成的组织，什么人都可以参加，因而成分极其复杂。起初多数是贫苦农民，后来城市居民、小商贩、无业人员、地痞流氓纷纷加入，甚至还有一些富豪、王公贵族和清军官兵。义和团没有统一的组织领导，各团有很大的独立性，虽然人数众多，却是一个松散型团体。

义和团矛头直指外国侵略者，杀洋人，烧教堂，扒铁路，毁工厂，凡是洋人的东西一概捣毁，连电灯、电线杆等物也不放过。山东的教堂，有十之七八被捣毁，一些传教士和外国人被杀。

义和团盲目排外，对社会造成破坏，体现了农民思想的狭隘性，是一种不良倾向。可是，这种不良倾向没有得到清政府的正确引导，而是愈演愈烈。

1899 年，袁世凯任山东巡抚。袁世凯对义和团活动采取限制措施，企图把义和团赶到外地去。于是，大批义和团纷纷北上，进入直隶地区。

1900 年 5 月，有三万多义和团成员占据了涿州，这是义和团控制的第一个州城。慈禧令兵部尚书刚毅去涿州，劝散义和团。刚毅回来后，大讲义和团忠于朝廷，反对洋人，主张"民力可用"。皇族载漪、载勋、载澜和一些大臣也支持刚毅的意见。于是，朝廷不再限制义和团的活动。

在朝廷的默许下，大批义和团涌入北京城。西方列强十分恐慌，一面逼迫清政府剿灭义和团，一面调兵入京。清朝政府无力阻止外国军队进京，结果各国以保护使馆为名，分别调兵数十人至数百人不等。另外，西方列强也进行了一系列军事部署。西方列强从一开始，就做好了用武力镇压义和团的准备。

义和团进入北京以后，并没有与外国人发生冲突。可是，由于西方列强采取敌视义和团的态度，不允许义和团靠近使馆，双方矛盾开始激化起来。

德国公使克林德首先挑起了事端。克林德是老牌殖民主义者，1881 年来到中国，曾任广州等地领事官，后任德国公使。山东是德国的势力范围，义和团在山东兴起后，德国利益受到损害，因此，克林德对义和团十分仇恨，极力主张使用武力镇压。

6 月初，有些义和团成员路过德国使馆门口，被克林德擅自拘捕，激化了矛盾。大批义和团成员上门要人，克林德竟然下令开枪，当场打死二十多人，造成惨案，也成为战争爆发的导火索。义和团被激怒了，开始了大规模的报复行动。

进入北京的义和团有十几万人，人多势众，包围了各国使馆所在的东交民巷。外国使馆已有防备，筑起了防御工事。列强们虽然兵力不多，但火力很强，有机关枪和火炮。义和团都是大刀长矛，一时攻不进去。

义和团恼怒，一面围困东交民巷，一面攻打王府井、西直门、宣武门等地的教堂，结果有十余座教堂被烧毁，一些传教士和教徒被杀死。在混战中，许多仇恨外国人的清军官兵也参加了战斗，克林德就是被清军士兵打死的。

义和团纪律松弛，成分复杂，不仅烧毁了外国教堂，也烧毁了许多中国人的商铺和民房，有些人趁机抢掠财物。更严重的是，有些义和团成员滥杀无辜，不少信徒和平民遭到杀害。

西方列强在华利益受到损害，以此为借口，八国列强联合出兵，开始了侵华战争。中华民族又面临一场更大的灾难。

# 八国列强侵华

1900 年，八国列强以平定义和团运动为借口，悍然发动对中国的侵略战争，多灾多难的中华民族，陷入了一场空前浩劫。

义和团运动在山东兴起以后，西方列强感到不安，早就做好了武力干涉准备。1900 年 1 月，英、法、德、意、美等国，联合照会清政府，态度强硬，要求取缔义和团；3 月，各国列强在渤海进行军事演习，公开向清朝示威；4 月，列强们再次照会清政府，限两月内剿灭义和团，否则直接出兵干预，赤裸裸地进行战争威胁。

与此同时，西方列强也采取了实际行动，调兵遣将，进行军事部署。列强们调集二十四艘军舰，集结在大沽口外，组成了两千多人的联军，驻扎在天津。列强们已经做好了准备，随时可以发动侵略战争。

6 月初，西方列强见义和团不仅没有被剿灭，反而势力越来越大，并且进入北京，威胁到列强们的利益，于是紧急商议对策。

英国、法国、德国、日本、俄国、美国、意大利、奥匈帝国八个国家，经过磋商，制订了联合出兵、攻打中国的作战计划。很快，作战计划就得到各国政府批准。战争一触即发。

正因为如此，德国公使克林德才有恃无恐，敢于挑起事端，枪杀义和团二十多人，造成惨案。义和团被激怒了，采取围困东交民巷、烧教堂、杀洋人等一系列报复行动。

事件发生以后，英国海军中将西摩尔带领两千多人的联军，立即从天津出发，进攻北京。八国列强的侵华战争开始了。

清军董福祥部、聂士成部顽强抵抗，阻击侵略者。义和团闻知，义愤填膺，纷纷赶来参战。面对用先进枪炮武装起来的联军，义和团毫不畏惧，前仆后继，奋勇杀敌。联军死伤三百多人，溃不成军，狼狈逃回天津。联军第一次进攻北京被击退了。

在西摩尔率军进犯北京的同时，由俄国将军指挥，联军攻打大沽口炮台。清军守将罗荣光率军抵抗，击伤击沉敌舰六艘，毙伤敌军二百余人。联军恼怒，集中炮火猛轰。罗荣光不幸中弹牺牲，大沽口炮台失守。

联军占领大沽口以后，增兵数千，攻打天津。清政府被迫向侵略者宣战，动员军民进行抵抗。董福祥、聂士成和义和团联合起来，奋起投入天津保卫战之中。

天津保卫战异常激烈，聂士成身中七弹，肠子都流了出来，仍然坚持战斗，直到血竭而死。联军付出了近千人的代价，仍然不能攻占天津。最后联军使用了惨无人道的毒气弹，使大批清军和义和团将士中毒死亡，这才占领了天津。

八国列强见清朝军民顽强抵抗，恼羞成怒，又抽调了二万军队，英、法、俄、日的军队占多数，进一步扩大对华侵略战争。

与此同时，德国组织了三万人的远征军，由陆军上将瓦德西为统帅，气势汹汹地杀向中国。远征军出发之前，德国统治者威廉二世亲自送行，并发表演说。

威廉二世狂妄地说："中国人竟敢杀害我国公使，德意志帝国的尊严受到侮辱。你们要用手中的武器去杀死他们，切勿留情，不要俘虏，让中国人即使在一千年之后，听到德意志帝国的名字，也会吓得浑身发抖。"

瓦德西因为军衔最高，被任命为八国联军侵华总司令。瓦德西侵华有功，后来晋升为元帅。

1900年8月中旬，八国联军从天津出发，杀气腾腾向北京进犯。清军马玉昆部、李中来部在北仓一带进行阻击。将士们誓死保卫北京，与敌殊死搏斗，联军伤亡六百多人。

联军再次发射毒气弹。毒气弹是英国发明的，刚发明生产不久，只在英布战争中使用过，这次野蛮地使用到中国人身上。

清军官兵根本不知道毒气弹为何物，只见炮弹爆炸后，烟雾弥漫，气味刺鼻，将士们顿时感到头疼恶心，呼吸困难，不大一会儿，就全身抽搐，口吐白沫而死，十分恐怖。清军将士大部分为国捐躯。

联军突破北仓防线，很快抵达北京城下，分别攻打广渠门、东便门、东直门、朝阳门。英军负责攻打广渠门，又使用了毒气弹，首先破城而入。

北京民众惊恐，纷纷出城逃难。慈禧挟持光绪也逃出城外，一直逃到西安，留下奕劻、李鸿章为全权代表，向列强们屈膝求和。慈禧在外流浪一年多之后，才回到北京。

清政府为了推卸责任，将事情全都赖到义和团头上。慈禧发布上谕说："此案初起，义和团实为肇祸之由，非痛加铲除不可。"在中外反动派联合绞杀下，义和团运动失败了。此后，义和团余部仍在各地坚持斗争，而且把口号改为"扫清灭洋"。

义和团运动是中国人民自发组织的反对帝国主义的爱国行动，虽然有些缺陷和问题，但沉重打击了帝国主义的嚣张气焰，阻止了西方列强瓜分中国的图谋，促进了中国人民民族意识的觉醒，加速了清朝灭亡，成为五十年之后中国取得反帝反封建斗争伟大胜利的奠基石之一。

八国联军占领了北京，仍不肯罢休，派兵四处攻城略地，扩大侵略。德军攻占保定、张家口等地。俄国除派兵参加八国联军外，还出动二十万大军，分五路进兵，占领了东北地区。

八国联军在侵华期间，大肆烧杀抢掠，犯下滔天罪行。颐和园、紫禁城的国宝被抢掠一空，许多至今仍在国外。圆明园有部分得到修复，这次又遭劫难，被彻底摧毁。联军杀人、抢劫、放火、强奸妇女，无恶不作。

瓦德西在日记中津津有味地记载了各国抢劫的方式，说俄军最粗鲁，以原始的方式抢掠，东西被扔得满地都是，许多珍贵宝物被砸碎；法军最聪明，专门寻找抢夺珍品，很小心地把珍宝打包运走；英军最有纪律，士兵们抢来的东西一概上缴，一部分运回英国，一部分在当地拍卖，拍卖的钱再平均分配。

李鸿章奉命与西方列强谈判。列强们首先蛮横地提出惩办"战争祸首"，要求处死十二名朝廷大臣和百余名地方官员。十二名大臣中包括皇族载漪、载勋、载澜，兵部尚书刚毅，大臣毓贤、董福祥等人。李鸿章再三请求，最后联军同意处死了五人，其余监禁或流放。另有一百四十二名地方官员受到斩首、流放、监禁等处罚。

李鸿章艰难地与联军讨价还价，在年底签订了《议和大纲》。又经过数月谈判，1901 年 9 月，双方终于签订了极为屈辱的《辛丑条约》。

《辛丑条约》内容很多，光附件就有十九个，主要内容有：

第一，清政府向各国赔偿白银四亿五千万两，相当于国家六年财政收入的总和，平均每个中国人一两白银。清政府无力支付，只好拿关税、主权做交换。

第二，西方列强在北京等地划定租界，清政府不得过问租界内任何事务。此后，中国领土支离破碎，形成了许多国中之国。

第三，拆除大沽口炮台和北京周围炮台，天津周围不得驻军，而列强们可以任意驻军。这意味着列强们可以随时攻击北京，清政府无力阻拦。

第四，中国人不得有仇外行为，不得成立仇外组织，违者处死；地方上如果发生仇外行动，官员革职，永不叙用；在义和团活动频繁地区，停止科举考试五年，以示惩罚。

第五，清政府派出亲王为代表，亲自到德国、日本道歉；在德国公使克林德毙命的地方，建立石牌坊作为纪念。

《辛丑条约》是中国近代史上主权丧失最严重、赔款数目最多、屈辱最沉重的不平等条约，标志着中国已经彻底沦为半封建半殖民地社会，完全处于任人宰割的境地。

八国列强侵华，清政府签订《辛丑条约》，进一步激起中国人民的反抗，在此后不到十年间，各地民变达一千三百多起，反帝热潮更加高涨。

与此同时，人们普遍认识到，清朝统治者已经腐朽透顶，不能挽救民族危亡。于是，一场以推翻清朝统治为目标的资产阶级民主革命，在全国各地蓬勃兴起。

# 伟大先驱孙中山

历史到了 20 世纪初的时候,世界上许多国家都废除了封建专制制度,走上了资本主义道路。资本主义比封建制度有着巨大优势和生命力,这些国家纷纷崛起,成为强国。这是历史发展潮流和必然趋势,任何人都无法抗拒。

然而,以慈禧为首的清朝统治者,却逆历史潮流而动,为了一己私利,依然死抱着封建专制制度不放。他们对内镇压戊戌变法,绞杀义和团,对外屈膝求和,企图苟延残喘,竭力维护"家天下"的封建统治。西方列强趁此机会瓜分中国,中华民族到了生死存亡关头。

在这种形势下,越来越多的有识之士认识到,洋务、变法、改良都不能解决中国问题,只有彻底推翻封建专制,才能挽救中国于危亡之中。这个时候,一位伟大人物应运而生,他就是中国民主革命的伟大先驱孙中山。

孙中山,也叫孙文,1866 年生,广东香山(今广东中山)人。孙中山出身于一个普通家庭,他的父亲叫孙达成,为生活所迫,曾在澳门做过鞋匠。孙中山小时候常随父亲去澳门,澳门中西文化交融,对他产生一定影响。后来,孙中山的兄长孙眉到夏威夷的茂宜岛开垦荒地,又经营牧场和商店,家中日子才逐渐富裕起来。

孙中山十岁时,入村塾读书,接受儒家教育。孙中山只有兄弟二人,兄长孙眉比他大十二岁,对这个弟弟十分疼爱。孙眉在夏威夷立足之后,便把弟弟接去,让他在夏威夷首府檀香山读书。此时,美国已经建立起资本主义制度,国势日渐强盛。孙中山在檀香山学习五年,系统接受了西方近代教育,对西方民主制度有了一些了解,这对他的一生产生了重要影响。

孙中山十七岁时，由檀香山回国，在香港读书。年轻时候的孙中山，看到中国医学很不发达，尤其是西医，尚不被人们认识和接受。孙中山立志当一名医生，希望能够治病救人，于是，他考入香港西医书院，潜心学习西医。

1892年，孙中山来到澳门镜湖医院，出任新设的医务局首任义务医师，成为澳门第一位华人西医医生。孙中山医术精湛，待人热情，救治了不少病人，赢得人们称赞。

这个时候，中国与西方国家的差距越拉越大，工业和科技处于落后状态，广大民众陷于苦难之中，整个国家就像患了病一样，很不健康。孙中山越来越觉得，"医人"不如"医国"重要，于是，他开始注重社会问题，关心国家和民族的命运。

1894年1月，孙中山经过长时间的思考和反复修改，给清朝当权者李鸿章写了一封信，被称为《上李鸿章书》，系统阐述了他的政治主张和关于强国富民的建议。

《上李鸿章书》长达八千多字。孙中山结合自己对西方国家的了解，建议清政府仿照西方资本主义制度，兴办学校，培养人才；设立农业管理机构，发展农业生产；大力推进工业，开矿山，修铁路，开办近代工厂；积极发展商业，制定保护商业发展的政策措施。

孙中山视野开阔，思想深邃，有过人之处。当时，人们普遍认为，中国之所以落后，打不过西方国家，主要是因为西方船坚炮利，所以洋务派热衷于造枪造炮。孙中山对此却有独到的见解，他认为西方之强，不完全在于船坚炮利，而主要在于人尽其才，地尽其利，物尽其用，货畅其流，这才是强国之根本，才是最需要向西方学习的地方。

《上李鸿章书》主要提出了发展实业方面的建议，涉及社会变革的内容不是很多，更没有触及封建专制制度。这说明孙中山对清政府还抱有希望和幻想，还没有推翻清朝统治的想法。当时，孙中山还不是一位革命者，而是和其他知识分子一样，是一位社会改良者。

孙中山上书以后，满怀希望地等待，可毫无消息。后来，孙中山认识了李鸿章的幕僚盛宣怀，将上书副本拿给他看。盛宣怀是洋务运动代表人物，热衷于搞实业，被誉为"中国实业之父"。盛宣怀看过孙中山上书之后，大加赞赏，觉得孙中山是个难得的人才，便自告奋勇，带孙中山去见李鸿章，想把孙中山推荐给他。

孙中山又满怀希望，跟着盛宣怀去见李鸿章。不料，李鸿章听说孙中山只是一个二十多岁的医生，哈哈大笑说："一个乳臭未干的娃娃，也懂得治国？真是天大的笑话！"虽经盛宣怀极力推荐，李鸿章依然拒不接见，也不肯看孙中山的上书。孙中山只好失望而归。

孙中山不仅因为上书没有结果而失望，更重要的是，他看到了清朝官员的腐败和无能，这更令他失望和丧气。孙中山回来以后，转道上海去了檀香山。

不久，中日甲午战争爆发，清朝军队一败涂地，北洋水师全军覆灭。消息传出，举国震惊。中国人长期以天朝上国自居，看不起日本这个小小的岛国，如今却被小国打败，人们在震惊之余，开始深刻思索。

日本人用大炮炸沉了北洋舰队，同时也惊醒了中国人。许多有识之士都在探索挽救民族危亡的道路，其中很多知识分子选择了社会改良，搞戊戌变法，结果不能成功。这些人，只能算是半醒半睡，仍然处于迷糊之中。

而孙中山则是为数不多的彻底觉醒之人，他知道日本在短短几十年之内，就由落后国家变为亚洲强国，根本原因是国家制度发生了根本性变化。孙中山看到清朝的封建专制制度已经腐朽不堪，要想挽救中国和中国的百姓，非彻底推翻封建专制、走民主道路不可。

于是，孙中山毅然走上一条革命的道路，开始宣传、发动一场气势宏大的资产阶级民主革命，掀开了中国历史新的一页。

# 民主革命蓬勃兴起

　　孙中山顺应世界潮流，满怀救国救民的豪情壮志，以推翻封建专制、创立共和政体为目标，开展了一系列革命活动。在孙中山宣传、发动、组织和领导下，一场资产阶级民主革命蓬勃兴起。

　　1894 年 11 月，在美国檀香山，二十多名志同道合的年轻人聚在一起，热烈地议论着国家大事。当时，甲午战争接近尾声，中国战败已成定局，国家遭受重大损失和耻辱。这些热血沸腾的年轻人，有的慷慨激昂，阐发自己的政治主张；有的痛哭流涕，为国家民族命运忧心忡忡。

　　大家经过商议，一致同意成立一个团体，取名兴中会，立志振兴中国。孙中山起草了《兴中会章程》，章程文字不多，只有十条，却字字警语，振聋发聩，充满了战斗精神。章程猛烈抨击了清政府的腐朽反动，深刻揭示了目前中国之现状，动员人们起来推翻封建统治，是向封建专制制度宣战的战斗檄文。

　　兴中会是孙中山创立的中国近代第一个民主革命团体，宗旨是驱除鞑虏，恢复中华，创立合众政府。兴中会第一次提出了推翻封建专制制度、建立民主共和政权的革命纲领。从此，在中国大地上，拉开了资产阶级民主革命的大幕。

　　兴中会的主要成员有杨衢云、陆皓东、郑士良、朱贵全、史坚如、陈少白、邓荫南等人。除陈少白、邓荫南病逝外，其他人都在不久后壮烈牺牲。

　　兴中会成立以后，把总部迁到香港，在全国各地开展反清斗争。兴中会创办《中国日报》等报刊，宣传革命，广造舆论，同时发展会员，建立分支机构，还筹划武装起义。兴中会的反清活动，遭到清政府的禁止和迫害，一批仁人志士流血牺牲，孙中山被迫流亡海外。

孙中山流亡海外期间，到过欧美国家和日本，他一面继续从事反清事业，一面考察各国的政治、经济状况，研究了各种流派的政治学说，形成了三民主义理论，成为中国资产阶级民主革命的指导思想。

在兴中会的宣传发动下，越来越多的人接受了民主共和思想，大大小小的革命团体，像雨后春笋一般涌现出来，影响比较大的，有华兴会、光复会等。

华兴会是近代民主革命家黄兴创建的。黄兴是湖南善化（今长沙）人，出身地主家庭，比孙中山小八岁。黄兴少年时，受到王夫之民主思想影响，后来在新式学堂两湖书院学习时，又接触到资产阶级民主学说，因而产生了民主思想。

1902年，黄兴被选为留学生，到日本学习。当时，孙中山在留学生中大力宣传革命，民主革命气氛很浓，黄兴很快被吸引，并积极投身其中。黄兴创办《游学译编》，宣传西方政治制度，抨击封建专制。黄兴喜好军事，常听军事课程，每天早晨练习骑马射击，为日后领导武装起义创造了条件。黄兴在日本留学一年多，思想上发生了重大变化，使他成为一名坚定的反清战士和民主革命家。

1904年2月，黄兴与好友宋教仁、刘揆一、章士钊、陈天华等人，在长沙发起成立了华兴会，立志振兴中华。华兴会以"驱除鞑虏，复兴中华"为号召，吸引许多有识之士参加，首批会员达一百多人。

华兴会成立后，积极从事反清斗争，并筹划举行长沙起义。华兴会的活动，同样遭到清政府禁止和迫害，黄兴、宋教仁等一批骨干成员，只得逃往日本。

在华兴会成立的当年，蔡元培、陶成章、龚宝铨等人在上海成立了光复会，立志光复中华。光复会以推翻清朝统治、救国救民为宗旨，不计个人利益，其入会誓词是："光复汉族，还我河山，以身许国，功成身退。"

光复会吸引了大批热血青年参加，很快达到数百人，著名人物有章太炎、柳亚子、秋瑾、徐锡麟等。秋瑾是第一位引发社会反响的民主革命女烈士，被誉为近代中国女性革命的象征。

光复会以组织暴动和暗杀为主要手段，广泛联络会党，策反新军，发动起义，暗杀清朝高官。清政府对光复会进行残酷镇压，不少人牺牲，许多人流亡海外。

眼看民主革命烈火越烧越旺，身在日本的孙中山产生了组织政党的想法，他多方奔走，广泛联系，打算把分散的各个团体联合起来，建立一个全国性的革命政党，统一领导中国的资产阶级民主革命。孙中山的提议，得到许多团体和革命志士的赞成拥护。

1905 年 8 月 20 日，在日本东京召开了中国同盟会成立大会，到会代表一百多人，代表涵盖全国十七个省。大会通过同盟会章程和《同盟会宣言》《同盟会对外宣言》等文件，选举孙中山为总理，黄兴为执行部庶务长。

同盟会以兴中会、华兴会、光复会为基础，广泛吸收其他团体和个人，骨干成员有宋教仁、胡汉民、汪精卫、廖仲恺、蔡元培、章太炎等人。

同盟会是由孙中山组织和领导的全国性的资产阶级革命政党，其政治纲领为"驱除鞑虏，恢复中华，创立民国，平均地权"。后来，该纲领被解释为孙中山的三民主义，即民族主义、民权主义、民生主义。

同盟会的成立，标志着中国资产阶级民主革命进入一个新阶段。革命党人有了统一领导，有了革命纲领和理论指导，极大地激发了革命热情，封建统治者的末日就要到了。

同盟会成立以后，除了继续宣传革命、发动群众，还组织策划了多次武装起义，企图以暴力手段推翻清朝统治，实现民主共和。这些武装起义，对唤醒民众、打破封建秩序发挥了重要作用。

# 革命党人大起义

同盟会成立以后，民主革命形势更加高涨，在全国形成了很大势力。为了实现革命目标，同盟会和其他革命团体先后策划发动了十多次武装起义，给清朝统治者造成沉重打击。

1906年，同盟会发动了第一次大规模武装起义，即萍浏醴起义。江西、湖南交界的萍乡、浏阳、醴陵地区，山堂林立，民风强悍，反清组织哥老会势力较强。当时，这一地区又遭水灾，民不聊生。同盟会决定趁此机会，发动起义，派同盟会会员刘道一、蔡绍南等人去组织策划。

刘道一、蔡绍南都是本地人，与当地联系密切，他们回乡后，经过一番联络和动员，很快在萍乡、浏阳、醴陵三地同时发动了起义。起义以同盟会的名义发布檄文，历数清朝统治者十大罪恶，宣布要推翻专制，建立共和民国。

起义军有数万之众，头系白布包巾，手持土枪土炮、大刀长矛，号称"中华国民军南军革命先锋队"。起义军攻占麻石、上粟、文家市、永和等地，声势浩大，威震数省。

赣、湘两省官兵乱作一团，频频向朝廷呼救。朝廷也慌了手脚，急忙调集赣、湘、鄂、苏四省军队五万多人，火速进兵围剿。起义军与清军激战月余，终因组织松散、武器简陋而失败。清军疯狂屠杀起义军和百姓一万多人。

刘道一是刘揆一的弟弟，他兵败被捕，英勇就义，年仅二十二岁。刘道一是同盟会会员中为革命流血牺牲的第一人。蔡绍南侥幸逃脱，不久病逝。

1907 年 5 月，孙中山派同盟会会员许雪秋、陈芸生、陈涌波、何子渊等人，在广东潮州黄冈发动起义，同时在广东惠州发动起义，两地互相配合。

黄冈起义起初比较顺利，一举攻占黄冈，成立军政府，以"广东国民军大都督孙"的名义发布公告，痛斥清政府罪恶，宣传革命。后来，清朝派大军镇压，起义失败，起义军部分人逃到香港避难。惠州起义没有得到黄冈起义支援，大部分人退入罗浮山区。

后来，同盟会又连续发动钦廉防城起义、镇南关起义、钦廉上思起义、云南河口起义等多次起义，光复会也组织了安庆起义等。起义虽然均遭失败，但造成很大社会影响，动员和锻炼了革命力量，也使得清政府四处派兵，疲于奔命，消耗了不少实力。

在革命党人发动的起义当中，影响最大、最有意义的，是 1910 年爆发的广州新军起义。过去的起义，都是受压迫剥削的农民、手工业者和无业人员起来反抗，而这次起义，来自清朝军事力量内部。

清朝过去的军事力量，都已腐朽不堪。当年威震天下的八旗兵，早就成了寄生虫；后来出现的湘军、淮军、防军、练军等，因编制混乱、官兵素质低下、武器简陋，也都过时了，没有战斗力。所以，清军在与西方列强战争中屡战屡败，甚至不堪一击。

清朝为了维系统治，于 1903 年进行军事改革，统一军制，裁减老弱病残，招收有文化知识的青年人入伍，按照西式方法练兵，聘用洋人做教练，被称为新军。当时，计划全国编练三十六镇新军，每镇一万多人。新军是清朝最后一支武装力量，是清朝统治者全部希望所在。

令清朝统治者没有想到的是，部队的军制、装备、训练采用西式方法，而西方的民主思想也不可避免地渗透到新军中来。革命党人注重在新军中传播革命，发展革命力量。同盟会还派出大批会员参加新军，许多人当上了军官。著名人物蔡锷、阎锡山、许崇智等人，都是同盟会派到新军中去的。结果，新军成了辛亥革命的主力军。

当时，广州新军有步兵两个标，炮兵两个营，辎重兵、工程兵、学员兵各一个营，还有巡防营等，总计两万余人。新军大部分驻在广州城外，一部分驻在城内。

同盟会在南方势力发展很快，新军中有许多人参加了同盟会，炮兵营军官倪映典，步兵营军官陈炯明、赵声等人，都是同盟会会员。同盟会觉得已经控制了新军很大一部分力量，决定举行起义，夺取广州，进而控制广东全省。

为了保证起义成功，同盟会专门设立了南方支部，由胡汉民、汪精卫负责，以加强与新军中同盟会员的联系，协调有关事宜。黄兴专程抵达香港，主持起义大计。任命倪映典担任起义总指挥。

起义正在按计划进行，不料发生了意外。有几个同盟会士兵与警察发生纠纷，引发军警械斗。许多士兵知道快要起义了，有恃无恐，干脆群起而动，打死警察，捣毁了警局，结果把事情闹大了。

两广总督袁树勋闻讯大怒，令新军统领张培爵弹压，追究责任，严厉惩处。士兵们听说以后，纷纷跑到军械房夺取枪支弹药，准备抵抗。倪映典见群情激愤，难以控制，于是当机立断，宣布提前举行起义。

由于起义仓促，没有做好准备，只集合了三千多人，武器弹药也不充足。但箭在弦上，不得不发，倪映典集合好队伍，对天宣誓"愿为革命战死"，然后率军攻打广州。

起义军到达牛王庙时，张培爵已经得到消息，做好了阻击准备。清军占据有利地势，枪炮齐发，起义军伤亡严重。

正在这时，巡防营军官李景濂来到阵前，大声呼叫倪映典。李景濂曾参加过同盟会，而且与倪映典是安徽老乡，两人关系不错。倪映典见李景濂呼叫自己，还以为他要参加起义呢，没有怀疑，出面答话。不料，倪映典刚一露头，就被清军埋伏的枪手一枪毙命，年仅二十六岁。

指挥官一死，起义军立刻大乱，不少人悄悄溜走了。剩下的人义愤填膺，开枪回击，一直战斗到深夜。后来，因弹药罄竭，无法再战，起义军便一哄而散，各自逃命去了。第二天，清军四处搜剿，抓获百余人，全部斩首。

新军起义失败了，但影响和意义很大，表明清朝统治者赖以维系的最后一支武装力量，也不可靠，反过来成为革命的力量。不久后爆发的武昌起义，就是新军发动的。

# 黄花岗七十二烈士

在广州市越秀区白云山南麓，有一处规模宏大、庄严肃穆、松柏常青的烈士墓园，黄花岗起义的烈士们长眠在这里。他们为了民主共和，为了挽救国家危亡，献出了宝贵的生命，被人们称为黄花岗七十二烈士。烈士们永远受到后人敬仰。

同盟会成立以后，连续发动十多次武装起义，因准备不足或敌众我寡，都归于失败。广州新军起义本来有希望成功，因出现意外，总指挥又被清军射杀，结果也失败了。面对失败和挫折，革命党人并没有气馁和畏缩，反而激发了更大的勇气和豪情。

1910年11月，孙中山在马来西亚的槟榔屿岛召开会议，同盟会重要骨干黄兴、胡汉民、赵声等人参加。会议分析了国内形势，认为经过广泛宣传和多次武装起义，动员和锻炼了群众，积蓄了很大的革命力量，广州新军中仍有大批同盟会员和倾向革命者，依然具备发动起义的条件，于是决定再次发动武装起义。

孙中山他们远在海外，对国内情况缺乏深入了解。广州新军起义之后，引起朝廷警惕，已经采取了许多措施，以防止类似事件发生，再次起义必然面临更多的困难。同盟会对情况了解不透，这就埋下了失败的种子。

会议做出再次武装起义决定后，同盟会骨干成员分头进行准备。孙中山在海外广泛联系华侨，负责筹款，寻求支持；黄兴赶到香港，具体策划组织起义。他们都是清政府通缉人员，难以在国内活动。

黄兴汲取历次起义失败的教训，做了大量准备工作。在香港成立统筹部，下设调度、储备、交通、联络等部门，认真细致开展筹备工作；在广州设立秘密据点，加强各方联系，建立秘密仓库，用来储藏物资。

在筹备过程中，黄兴他们发现，朝廷对新军加强了控制，士兵不能自由行动，军中布满朝廷眼线，更重要的是，枪械子弹集中保管，士兵们平时手里是没有武器的。黄兴将情况报告了孙中山，孙中山立即在日本购买了一批军火，准备运到广州。

经过五个多月的准备，起义工作大体筹备就绪。黄兴他们制订了详细的起义计划，准备 4 月 13 日发难。起义仍以新军为骨干，再加上数百名同盟会员，分为十路，黄兴届时潜入广州，担任起义总指挥。起义军占领广州后，进兵湖南、江西。同盟会会员谭人凤、焦达峰等人在长江流域举兵响应，两军会师于南京，然后直捣北京，推翻清朝。计划鼓舞人心，可有点不切实际。

在起义爆发前夕，革命党人温生才刺杀了广州将军孚琦，广州全城戒严，清军大肆搜捕革命党人。起义被迫推迟，时间改为 4 月 26 日。

4 月 23 日，黄兴由香港潜入广州，准备领导起义。但朝廷对新军控制更加严格，特别是在日本购买的军火迟迟没有到达，起义只好再次延期。

朝廷大概察觉了同盟会的起义活动，突然下令，要将广州新军大部分调往外地。新军一走，起义就泡汤了。黄兴心急如焚，当机立断，决定 4 月 27 日举行起义。

起义计划也被迫改变，由原来的十路改为四路。黄兴亲率一路，攻打总督衙门，打掉敌人首脑机关；姚雨平率一路夺取北门，迎接城外新军入城；陈炯明率一路攻打巡警教练所；胡毅生率一路攻取南门。

陈炯明、胡毅生反对仓促起义，认为准备不足，弹药缺乏，尤其是清军已有防范，起义必定失败。姚雨平虽然没有明确表示反对，但提出枪械不足，必须给他至少五百支枪，否则难以完成任务。黄兴不愿意让几个月的心血付诸东流，仍然下决心举行起义。

4 月 27 日下午，黄兴、林文等人率领一百二十余人的敢死队，臂缠白巾，手执枪械炸弹，吹响海螺，扑向总督衙门。敢死队大部分是同盟会会员，人人奋不顾身，拼死向前。衙门的清军抵挡不住，溃散逃命，两广总督张鸣岐也逃跑了。黄兴占据了总督衙门，下令放火焚烧，广州城内浓烟滚滚。

黄兴这一路进展还算顺利，但张鸣岐逃走，并没有打掉敌人的首脑。尤为严重的是，其他三路均未发动，黄兴处于孤军作战的不利境地。黄兴无奈，只好将敢死队再分为三路，分别夺取北门、南门和攻打巡警教练所。敢死队本来人数就不多，一分为三，更显得势单力薄了。

张鸣岐逃到水师提督李准大营，立即组织清军反击。李准亲率亲兵大队，去围剿起义军，正好撞见了黄兴、林文带领的一路人马。林文知道李准的亲兵大队里有不少同盟会会员，便走上前去高呼："我等皆汉人，应当同心勠力，共除异族，恢复汉疆，不要再打了！"

林文话音未落，李准一声令下，亲兵大队乱枪齐放，林文顿时倒在血泊之中。李准也是汉人，却卖力地镇压起义，深为革命党人所憎恨，多次派人刺杀他。李准两次被刺受伤，差点丢了性命。李准后来投靠了袁世凯。

在李准亲兵大队的乱枪下，敢死队员大部分中弹牺牲。黄兴右手负伤，改用左手射击。战至最后，只剩下黄兴一人。黄兴躲进一家小店，改装出城，逃回了香港。

同盟会会员喻培伦率一路去攻打巡警教练所，遇到清军抵抗。喻培伦胸前挂着满满一筐炸弹，一面高呼杀敌，一面投掷炸弹。敢死队员奋勇杀敌，但寡不敌众，全部壮烈牺牲。喻培伦受伤被俘，英勇就义。

夺取北门的一路敢死队员，也遭遇了清军，不仅没有夺取城门，反而陷入清军包围之中，敢死队员大多战死。

陈炯明、胡毅生、姚雨平逃出城外，保全了性命。后来陈炯明背叛了孙中山；胡毅生成为国民党极右派，涉嫌杀害廖仲恺；姚雨平继续追随孙中山，在辛亥革命中立有大功。

广州起义是在清朝已有防备、准备不足情况下仓促举行的，起义后又没有夺取城门，无法得到城外新军支援，陷于孤军作战，因而不可避免地失败了。但是，广州起义在国内外造成很大影响，加速了清朝灭亡，尤其是烈士们大无畏的英雄精神，激励着更多的人去英勇战斗。

广州战事平静后，同盟会会员潘达微冒着生命危险，组织收尸队，把七十二位烈士的遗体安葬在黄花岗，史称黄花岗七十二烈士。这次广州起义，也被称为黄花岗起义。

后来查实，黄花岗起义的死难者并不止七十二位，有姓名可查的八十六名，还有一些无名英雄。由于习惯，人们仍称黄花岗七十二烈士，黄花岗七十二烈士成为无数英雄先烈的代表。

为了推翻清朝统治，革命党人不仅发动了多次武装起义，而且组织了一些暗杀活动，其中著名的有汪精卫刺杀摄政王。

# 汪精卫刺杀摄政王

    汪精卫，臭名昭著的大汉奸，因投靠日本而声名狼藉。然而，汪精卫在年轻的时候，却心怀救国理想，很早加入同盟会，为民主共和而奔走。特别是他冒着生命危险，去刺杀清朝最高掌权者摄政王，在当时引发全国轰动。

    汪精卫原名汪兆铭，祖籍浙江绍兴，出生于广东三水。其祖父、父亲是不得志的读书人，汪兆铭受家庭影响，自幼读书，学问很好，长大后被选为赴日留学生。

    汪兆铭在日本结识了孙中山，产生了民主共和思想，成为革命党人。汪兆铭为了表示革命坚定性，决心以精卫填海精神推翻封建专制，便改名为汪精卫，并以精卫为笔名发表多篇文章，受到人们好评和孙中山赏识。

    汪精卫是同盟会元老之一，参与起草同盟会章程，并被选为同盟会评议部评议长，后又担任同盟会机关报《民报》主编，是同盟会的骨干领导成员。

    同盟会成立以后，先后发动多次武装起义，均遭失败，大批热血青年献出了宝贵生命。这个时候，一股流言在东京悄然兴起，说同盟会的头头们都身居海外，说着空洞的理论，过着舒服的日子，却唆使国内青年流血牺牲。随着流言越来越广，同盟会陷入不利的舆论环境之中。

    汪精卫当时二十五六岁，年轻气盛，血气方刚，听到流言后怒不可遏，拍案而起，决心独自去刺杀清朝高官，用实际行动粉碎流言，维护同盟会的声誉。

汪精卫只给好友胡汉民留了一封信，表明自己的心迹。汪精卫抱定牺牲个人之决心，原打算只身回国，可瞒不过妻子陈璧君，只好带她一同踏上了去香港的轮船。

孙中山得知后大惊，急忙电令香港的同盟会会员，务必把汪精卫留下，不准他去冒险。可是，汪精卫决心已定，摆脱了同盟会会员，毅然坐火车前往北京。

1910 年 1 月，汪精卫、陈璧君到达北京，与同盟会会员黄复生取得了联系。黄复生也是赴日留学生，与汪精卫十分熟悉。黄复生热衷于搞暗杀，会制造炸弹，曾经策划实施了好几起刺杀活动。

黄复生对汪精卫的豪情壮志大加赞赏，两人一拍即合。他们在北京琉璃厂大街开了一家照相馆做掩护，开始谋划刺杀行动。刺杀谁好呢？当然是官越大越好，两人不谋而合地瞄向了摄政王载沣。

当时，慈禧已死，小皇帝溥仪只有四岁，溥仪的父亲载沣担任监国摄政王，成了清朝最高掌权者。如果除掉摄政王，已经濒于灭亡的清王朝必然分崩离析，至少会乱成一团，民主共和的理想就能实现。

一想到这些，汪精卫、黄复生就热血沸腾，激动不已，觉得这是名垂青史的壮举，即便丢了性命，也死得其所，无上光荣。两人立即分工进行准备，汪精卫负责侦察载沣的行踪，寻找下手的地点和方式；黄复生负责制造炸弹，并到铁匠铺定制了一个大铁壶，以便把炸弹装到里面。陈璧君等几个人也参加了行动。

载沣上朝时，必须经过一座甘水桥。汪精卫觉得可以把炸弹埋在桥边，在载沣路过时引爆。黄复生制造的炸弹是烈性炸药，威力巨大，一定会把载沣送上天。另外，载沣上朝是在清晨，行人稀少，也容易下手。

汪精卫、黄复生都觉得这是个好办法，于是在前一天夜里，悄悄来到甘水桥，挖了一个洞，埋上炸弹，打算在清晨引爆。不料，炸弹还没有埋好，就被人发现了。汪精卫、黄复生顾不上拿炸弹，匆忙而逃。

是谁发现了他们？有的史书说，是巡逻的清兵见几个人可疑，过来查问，他们只好弃弹而逃；有的史书说，是附近居民见深夜里几个人鬼鬼祟祟，大声喝问，吓跑了他们，然后报告了官府。不管是哪种情况，总之是暴露了，清军虽然没有抓住人，却取走了炸弹，并追查凶手。

汪精卫、黄复生逃回照相馆，自我安慰，认为现场没有留下证据，朝廷不可能知道炸弹是他们的。炸弹丢了不要紧，可以重新制造，再想别的办法行刺。

可是，清朝的侦探也不是吃干饭的，他们以大铁壶为线索，找到了铁匠铺，顺藤摸瓜，又找到了照相馆，把汪精卫、黄复生抓走了。清军还搜去了汪精卫写的遗书《告别同志书》，证据确凿，无法抵赖了。

汪精卫压根儿也没想抵赖，面对清廷审讯，他大义凛然，慷慨陈词，说自己早已把生死置之度外，为挽救国家危亡而死，重于泰山。汪精卫还大讲革命道理，阐述封建专制必然灭亡，民主共和一定会实现。汪精卫口才很好，连审讯官肃亲王善耆都有些被他说动了。

汪精卫在狱中挥笔写下著名诗作："慷慨歌燕市，从容作楚囚。引刀成一快，不负少年头。"

孙中山听说汪精卫被捕，立即指示同盟会全力相救。大富豪张静江联络一批社会名流，拿出巨款，上下打点，力保汪精卫性命。陈璧君四处活动，联络各方势力，开展营救活动。

同盟会发动大批市民、学生和民众，上街游行请愿，声援汪精卫。汪精卫的诗悲壮豪迈，气势恢宏，广泛流传。汪精卫成了轰动全国、妇孺皆知的英雄人物。

清朝政府忌惮革命党人的势力，为了挽救其统治，想要搞君主立宪；汪精卫刺杀未遂，没有造成严重后果。因此，善耆等人也主张不要对他施以极刑。

由于多方面的因素，清政府最后判决汪精卫、黄复生终身监禁。不久，清朝垮台，汪精卫、黄复生昂首出狱，像英雄一般受到民众欢迎。

汪精卫刺杀摄政王未成，却因祸得福，捞取了很大的政治资本，后来成为国民政府的领袖人物之一。

不料，抗日战争爆发以后，面临国家危亡，汪精卫却投靠了日本人，由昔日人人崇拜的英雄沦为人人不齿的汉奸。

有人把汪精卫当年的诗稍作修改，变成了"当年慷慨歌燕市，曾羡从容作楚囚。恨未引刀成一快，终惭不负少年头。"同样引起人们广泛传颂，但不是崇拜，而是嘲笑了。

# 末代皇帝溥仪

1908 年 11 月，在民主革命风起云涌之时，清王朝发生重大变化，在两天之内，光绪皇帝和慈禧太后相继死去，只有两岁多的溥仪被抱上龙椅，成为清朝最后一个皇帝，年号宣统。

慈禧太后通过政变上台，实际统治晚清长达四十七年。慈禧执政前期有所作为，剿灭太平天国和捻军起义，收复新疆，支持洋务运动。但她死抱着腐朽的封建专制制度不放，发动戊戌政变，扼杀维新运动，明显逆世界潮流而动。

在帝国主义入侵和民主革命双重压力下，慈禧为了维护统治，又大耍手段，派载泽、徐世昌等五大臣出洋，考察欧美国家和日本，宣称搞君主立宪，颁布《钦定宪法大纲》。

慈禧搞的君主立宪带有很大的欺骗性。《大纲》第一条是"大清皇帝统治大清帝国，万世一系，永远尊戴"，第二条是"君上神圣尊严，不可侵犯"。《大纲》共二十三条，其中维护皇权的就有十四条。慈禧搞的君主立宪，实际上是想给专制制度蒙上一块遮羞布。

慈禧临死的时候，对皇位继承也做出了安排。慈禧打算让光绪死在她前头，下令将两岁多的溥仪养在宫中，以备急用。光绪去世的当天，慈禧立即命溥仪继承皇位。慈禧办完了这件大事，第二天也死了。

溥仪是奕譞的孙子、载沣的长子。奕譞参加辛酉政变有功，为人谨慎，又是慈禧的妹夫，因而他的儿子光绪、孙子溥仪都当了皇帝，但都是有名无实。

溥仪被抱进宫去的时候，他的奶奶当场昏厥过去。载沣其实也不愿意，但没有办法。有史书说，溥仪举行登基大典的时候，因程序复杂，溥仪不耐烦了，又哭又闹。载沣只好哄他说："快完了，快完了。"大臣们听了，都觉得很不吉祥。

溥仪年幼，隆裕太后垂帘听政，载沣担任监国摄政王，两个人一块儿主掌风雨飘摇的清王朝。可是，两个人都是能力平平，大清王朝自然就快完了。

溥仪七岁的时候，清王朝果然完了。溥仪年幼，对清朝灭亡不负责任。

清朝皇帝逊位以后，民国政府给予优待，每年拨给四百万两银子，紫禁城内一切照旧。所以，溥仪虽然退位，但照样过着皇帝般的生活，一大群太监宫女伺候着。宫中仍然保留内务府、宗人府、慎刑司等机构，俨然像个独立小国，史称"逊清小朝廷"。

溥仪在宫中养尊处优长到十二岁，突然发生了张勋复辟。有一天，一支军队进了皇宫，人人脑后拖着一根长辫子。张勋等几个军官见了溥仪，立即趴在地上磕头，要拥立他复位。这次溥仪没哭没闹，而是美滋滋地坐到龙椅上，第二次当了皇帝。可惜好景不长，只过了十二天，张勋的"辫子军"就被打跑了，溥仪只好再次退位。对这次复辟，溥仪年少，也没有责任。

1931 年，日本发动"九一八事变"，占领了东北。日本想找一个傀儡，帮助他们统治东北，选中了溥仪。溥仪怀着复辟清朝的梦想，当上了伪满洲国执政，成了傀儡皇帝，这已经是他第三次当皇帝了。这个时候，溥仪三十多岁，自然要负责任了。

溥仪当傀儡皇帝十一年，其间，他按照日本的要求，大力鼓吹"大东亚共荣圈"，美化日本侵略，帮助日本奴役东北人民，支持日本全面侵华战争，犯下了战争罪行。

1945 年，日本战败投降。溥仪作为战犯，先被羁押在苏联，后被引渡回国，在战犯管理所接受改造。

溥仪接受了十四年的教育改造，对他的前半生进行了深刻反省，使他认识到自己的错误和罪行，思想上发生了脱胎换骨的变化。

1959 年，鉴于溥仪在改造中的良好表现，中华人民共和国中央政府决定予以特赦，溥仪获得了中国公民的一切自由和权利。

溥仪获得新生后，积极参加新中国建设，担任全国政协文史资料研究委员会资料专员、中央文史馆馆员和全国政协委员，为文史工作和政协工作做出了贡献。溥仪写的回忆录《我的前半生》十分畅销，具有很高的史料价值。

1967 年，溥仪病逝，享年六十二岁。

# 辛亥革命清朝崩溃

1911 年是辛亥年，是决定中国命运的一年。这一年，爆发了旨在推翻封建专制、建立共和政体的全国性革命，迅速摧垮了清朝统治，被称为辛亥革命。辛亥革命有狭义、广义之分，狭义指武昌起义，广义指孙中山领导的资产阶级民主革命。

黄花岗起义之后，广大民众被激励动员起来，民主革命迎来高潮。1911 年春夏，在四川、湖南、湖北、广东爆发大规模保路运动，四川尤为激烈。

自洋务运动以来，民间投资修建了许多铁路，与西方列强的修路权产生了矛盾。清政府为了取悦西方列强，宣布将铁路收归国有，目的是把路权卖给外国人，以换取贷款，可并没有对民间投资给予补偿，显然极不合理。

消息传出，群情激愤，民众游行示威，罢工罢课，抗粮抗捐。清政府派兵镇压，制造了"成都血案"。四川成立"保路同志会"，组织二十万人围攻成都，与清军交战。荣县宣布独立，是中国第一个脱离清王朝的政权。事情越闹越大。

清政府急忙派军队进行镇压，驻在武昌的新军也被调走一部分，致使武昌兵力空虚，为武昌起义创造了良好条件。

武昌起义是同盟会外围组织文学社和共进会发动的。文学社的领导人叫蒋翊武，参加过同盟会，与宋教仁关系密切，后加入武昌新军，在新军中大力发展会员。武昌新军有一万五千人，文学社会员占到五分之一。共进会的领导人叫孙武，参加过同盟会，后在武昌从事反清活动。

蒋翊武、孙武都是民主革命家，以推翻专制、建立共和为己任，志同道合，关系密切。他们见革命形势高涨，清朝在武昌的统治力量薄弱，便酝酿发动新军起义。

1911 年 9 月 14 日，文学社和共进会的领导成员开会，除蒋翊武、孙武外，还有刘复基、刘公、彭楚潘、杨洪胜等人。会议气氛热烈，大家都赞成举行起义，并推举蒋翊武为总指挥，孙武为参谋长。会议还决定，将文学社、共进会合并，统称革命党。

会议之后，大家分头进行准备。蒋翊武感到自己名望不够，分别给黄兴、宋教仁、谭人凤去电，请他们来武昌主持大局。

十天之后，起义准备工作大体就绪。蒋翊武、孙武召开联席会议，各营士兵代表一百多人参加。会议确定了起义计划、各营任务和联络方式等问题，初步讨论了起义后临时政府的框架及人选。会议决定，在 10 月 26 日举行起义。由于参加会议的人多，准备时间长，起义几乎公开化了。

清朝统治者得到消息，立即采取行动。10 月 8 日晚，清军突然逮捕了蒋翊武。所幸蒋翊武逃脱，但不能待在武昌了，只好逃到监利隐藏起来。10 月 9 日，孙武在制作炸弹时，炸弹意外爆炸，孙武伤重住进了医院。这样，两位起义的主要领导人都失去了作用。

湖广总督瑞澂感到事态严重，下令武昌全城戒严，关闭城门，大肆搜捕革命党人。起义重要领导成员刘复基、彭楚潘、杨洪胜等人被捕，随即遭到杀害。清军还搜去了起义文件、旗帜、花名册等，打算按名单抓人。武昌城处于白色恐怖之中，起义人员人人惶恐不安。

10 月 10 日傍晚，新军第八营突然传出一声枪响，武昌起义被迫提前行动了。打响第一枪的，是八营士兵熊秉坤。熊秉坤是湖北江夏人，早年做搬运工，后加入新军。熊秉坤接受民主共和思想，加入共进会，积极发展会员二百余人，被指定为八营代表。熊秉坤见形势危急，当机立断，吹哨集合八营士兵，宣布举行起义。

第八营枪声一响，各营纷纷响应，很快聚集三千多人，占领了军械库，夺取武器弹药。当时群龙无首，起义士兵中官阶最大的，是楚望台左队队官吴兆麟。吴兆麟担任了临时总指挥，指挥起义军攻打总督府和统制张彪的司令部。

当晚十二点，起义军包围了总督府。瑞澂见势不妙，打破督署后墙，坐船逃走。张彪也抵挡不住起义军的进攻，率残部逃出武昌。起义军经过一夜战斗，控制了武昌城，接着又占领汉口、汉阳等地。

11 日清晨，起义军聚集在一起，一面欢呼胜利，一面商议下步行动。按照原定起义计划，当务之急是组建湖北军政府，确定都督人选，然后通电全国。可是，当初起义的主要领导者，有的逃走，有的住院，有的牺牲，黄兴等人也未赶到，一时竟无合适人选。

吴兆麟提议，由第二十一混成协统领黎元洪担任都督。黎元洪并没有参加起义，但他当时是新军中官职最高的，平时与士兵们的关系也不错，因而得到大家同意。吴兆麟是黎元洪的学生。有的史书说，黎元洪并不想反叛清朝，躲在姨太太床底下，被士兵们用枪逼着，才当上了都督。

起义军立即以湖北军政府都督黎的名义，张贴布告，发出通电，宣布脱离清朝，建立共和政权。同时，照会各国领事，要求他们不要干预中国事务。各国领事馆被迫宣布中立。

12 日，蒋翊武从监利匆忙赶回武昌，可为时已晚，都督宝座被黎元洪坐上了。后来，黄兴、宋教仁等人也赶到武昌，更是晚了三春。黎元洪不费吹灰之力，摘取了武昌起义成果，先后当了民国副总统和民国大总统。

蒋翊武并不计较个人得失，继续为民主革命四处奔走，不久被袁世凯杀害，享年三十岁。孙中山赞誉蒋翊武为中华民国开国元勋。孙武伤好以后，继续从事民主革命，六十岁病逝。熊秉坤后来任国民党中将，新中国成立后任全国政协委员，八十五岁病逝。

武昌起义成功，起到了极大的鼓舞示范作用。同盟会借此良机，在全国各地发动大起义。大起义以摧枯拉朽之势摧毁了清朝统治，只有短短两个月时间，全国十八个省爆发起义，不少地方宣布独立，脱离了清朝政府。大清王朝分崩离析了。

# 清帝退位皇制终结

武昌起义震动天下，也吓坏了清朝统治者。当时，清朝赖以维系的救命稻草新军已经靠不住了，朝廷无兵可派，更缺乏领兵大将。在万般无奈之下，载沣只好同意，重新起用袁世凯。

袁世凯在戊戌政变的时候，出卖光绪，投靠慈禧，用戊戌六君子的鲜血换取了高官厚禄。袁世凯先任工部侍郎，接着升任山东巡抚，然后担任练兵大臣，负责编练新军。

袁世凯利用这个难得的机会，在保定编练成北洋六镇，每镇一万两千五百人，总兵力近八万，被称为北洋军。北洋军的重要将领徐世昌、冯国璋、段祺瑞、曹锟等人，都是袁世凯在小站练兵时期的旧部和亲信，后来都成为叱咤风云的人物。北洋军几乎成了袁世凯的私人军队。

李鸿章死后，袁世凯顶替了他的位置，一跃升为直隶总督兼北洋大臣，还在朝中担任军机大臣，成为中外瞩目的实力人物。袁世凯很有手段，他内结亲贵，外树党援，结党营私，很快形成了一个以他为首的庞大北洋军事政治集团，势力无人能及。

慈禧死后，载沣摄政监国。载沣是光绪的弟弟，十分痛恨袁世凯，于是罢免了他的职务。袁世凯回到河南老家，过了三年赋闲垂钓生活。不过，袁世凯依然与朝廷大臣和北洋军保持着密切联系，随时准备东山再起。

武昌起义爆发，朝廷大臣们纷纷建议，恢复袁世凯官职，让他指挥北洋军去镇压起义。当然，也有一些人反对，说袁世凯是曹操式的人物，一旦掌握实权，必会养虎遗患。载沣没有别的办法，只好饮鸩止渴，打算先利用袁世凯，把起义镇压下去再说。

袁世凯却故意刁难，不肯出山，提出许多条件，直到朝廷全部答应，并任命他为内阁总理大臣，袁世凯才姗姗赴京上任。

袁世凯上任后，组织新内阁，把朝中大臣大部分换成自己的亲信，然后命冯国璋率领北洋军，与其他清军一起，去武昌镇压起义。

北洋军确实有些战斗力，在汉口、汉阳一带与起义军激战，史称阳夏战争。此时，黄兴已赶到武昌，亲自指挥战斗。双方打了四十多天，最后清军获胜，攻占了汉口、汉阳。阳夏战争规模不是很大，但却是辛亥革命中最大的战役，可见清朝统治者的力量已经衰竭。

在阳夏战争期间，全国大部分省爆发武装起义，先后宣布独立。清政府勉强能够控制的，只剩下直隶、山东、河南、甘肃四省了。

1911 年 12 月 29 日，已经独立的十七个省的代表齐聚南京，酝酿成立中华民国，选举临时大总统。会议提出了三个候选人：孙中山、黎元洪、黄兴。选举结果是：孙中山得十六票，黎元洪得零票，黄兴得一票。当时孙中山刚从国外回到上海，并未到会，却高票当选，可见他影响力巨大。

1912 年 1 月 1 日，孙中山在南京举行就职典礼，宣布中华民国临时政府正式成立，决定把武昌起义的十月十日定为国庆节。

袁世凯见大势已去，清朝灭亡不可避免，便开始与南京政府谈判。袁世凯依仗手中尚有一支实力较强的北洋军，野心很大，想谋求大总统的位置。孙中山以国家大局为重，不计较个人利益，明确表示，只要袁世凯赞成共和，能让清朝皇帝退位，就把大总统位子让给他，并对退位的清廷给予优待。

袁世凯得到承诺，大为兴奋，回过头来，开展了一系列逼宫活动。袁世凯首先去见隆裕太后，大讲法国大革命的时候，如何将皇室斩尽杀绝，吓得隆裕太后脸色灰白。袁世凯接着劝隆裕太后答应南京政府条件，可以保住性命和富贵，隆裕太后有些动心了。袁世凯买通说服了皇室奕劻、那桐等人，在皇室中造成很大影响。袁世凯还通过外国公使，对朝廷施加压力，逼皇帝逊位。

袁世凯最厉害的一招，是授意段祺瑞等四十六名清军高级将领联名通电，要求皇帝退位。朝中许多大臣，也都上奏请求答应南京政府条件。朝野上下，要求皇帝逊位的呼声一浪高过一浪。

载沣不想让儿子失去皇位，但已无能为力，他见袁世凯果然是"曹操"，又气又悔，干脆辞去摄政王职位，闭门不出，什么事也不管了。载沣一直活到新中国成立，于1951年病逝，享年六十九岁。

皇室良弼是个顽固派，他主张把宫中珍宝全部拿出来，充作军费，与革命党人决一死战，宁可战死，决不退位。不料，良弼在回家的路上，被革命党人用炸弹炸死了。良弼一死，顽固派心惊胆战，再也不敢吭声了。

1912年2月10日，南京政府发布《清室优待条件》，主要内容有：清帝退位后，尊号不废，皇宫人员留用，但不得新招太监和宫女；皇室宗庙、陵寝永远奉祀，共和国设卫兵保护；皇族保留财产、免除当兵纳税义务；共和国每年为皇室拨款四百万两白银，保证其优越的生活待遇。

隆裕太后随即召集皇室和王公贵族们开会商议。会上哭声一片，但仅仅是痛哭流涕而已，谁也没有别的办法。最后，隆裕太后说："事已至此，无可奈何。亡国的罪责，就由我一人背负吧。"隆裕太后说完，放声大哭，哭昏在地。第二年，隆裕太后抑郁病逝，享年四十六岁。

1912年2月12日，隆裕太后携七岁的小皇帝溥仪，在养心殿举行最后一次朝见仪式，颁布《清帝退位诏书》。

《诏书》说，最近各省起事，九夏沸腾，生灵涂炭。全国人民多倾向共和，怎能忍心因一姓之尊荣，拂万民之好恶？当此新旧代谢之际，由袁世凯组织临时共和政府，为中华民国。皇帝得以退处宽闲，优游岁月，长受国民之优礼，岂不懿欤？

至此，历经二百九十六年、统治全国二百六十八年的清王朝宣告灭亡。

清朝的灭亡，也标志着历时两千多年的封建专制制度宣告终结，中国的封建社会画上了句号。

# 后 记

中国历史源远流长，博大精深，能给人以启迪、智慧和开创未来的力量。

笔者很早就有一个愿望，即撰写一套新视角读"二十六史"丛书，把数千年中国历史以通俗故事的形式贯穿起来，呈现给读者。经过十年努力，如今愿望实现，深感欣慰。

笔者在撰写过程中，得到许多领导、同事、朋友以及读者的大力支持，提出很多宝贵意见，在各方面给予帮助；老领导魏礼群给予热情鼓励，并亲自作序；出版社的同志给予精心指导，付出了大量心血。在此，笔者一并表示诚挚的感谢！

笔者水平有限，书中难免有缺陷和错误，敬请读者给予批评指正。

宋玉山

2021 年 6 月于济南